"新时代创业者"文丛
打造创业者的"中国芯片"

穿越迷途

——创业维艰的 81个解决之道

罗国锋　高双喜◎著

CROSS THE MIST:

81 SOLUTIONS FOR
THE STRAY ENTREPRENEURS

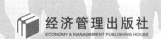

经济管理出版社
ECONOMY & MANAGEMENT PUBLISHING HOUSE

图书在版编目（CIP）数据

穿越迷途：创业维艰的 81 个解决之道/罗国锋，高双喜著 .—北京：经济管理
出版社，2018.10

ISBN 978-7-5096-6045-4

Ⅰ.①穿… Ⅱ.①罗…②高… Ⅲ.①创业—研究 Ⅳ.①F241.4

中国版本图书馆 CIP 数据核字（2018）第 220638 号

组稿编辑：张　艳
责任编辑：张　艳　乔倩颖
责任印制：黄章平
责任校对：陈　颖

出版发行：经济管理出版社
　　　　　（北京市海淀区北蜂窝 8 号中雅大厦 A 座 11 层　100038）
网　　址：www.E-mp.com.cn
电　　话：（010）51915602
印　　刷：三河市延风印装有限公司
经　　销：新华书店
开　　本：720mm×1000mm/16
印　　张：19.75
字　　数：283 千字
版　　次：2018 年 10 月第 1 版　2018 年 10 月第 1 次印刷
书　　号：ISBN 978-7-5096-6045-4
定　　价：58.00 元

《新时代创业者丛书》编委会

主　任：

李家华　中国青年政治学院 教授，KAB 创业教育中国研究所所长

副主任：

刘曼红　中国科学院虚拟经济与数据科学研究中心风险投资研究室原主任

中国人民大学风险投资研究中心主任，教授、博士生导师

王国成　中国社会科学院研究员、博士生导师

北京炎黄英才创新创业科技发展中心创始主任

常务编委（按拼音排序）：

李根文　中国科技咨询协会创业导师工作委员会　秘书长

曹红志　石家庄市科技创新服务中心副主任，石家庄科技创业投资有限公司

总经理

戴丽娟　北京市创业创新协会　副理事长兼秘书长

高双喜　北京青年创新创业人才测评技术开发中心　创始人

孙俊科　山西省高新技术创业中心主任、研究员、中国火炬创业导师

王　维　中国实践教育产学研创新联盟　执行秘书长

执行编委：

罗国锋　中国火炬创业导师（2012），东北大学创新创业与风险投资研究所

所长

硕士生导师（创新创业与风险投资方向）

编 委（按拼音排序）：

陈德虎 浙江理工大学创业学院副院长

陈永霖 温州医科大学团委书记，副研究员

黄景荣 合肥工业大学创新创业教育中心主任

黄明睿 广东技术师范学院教授

顾振芳 西北工业大学党委研究生工作部创新创业办公室主任

贾建锋 东北大学创新创业学院副院长

李 敏 安徽大学团委书记

李 涛 山东财经大学管理科学与工程学院党委专职组织员、党委秘书

李 燕 南京市职教创新创业名师，南京市电子商务专业学科带头人

刘同锋 山东商业职业技术学院 招生就业创业处主任

刘志超 华南理工大学创业教育学院副院长

沈兆梅 安徽农业大学招生就业处处长

王 军 西南民族大学创业学院副院长

王佳妮 首都经济贸易大学金融学院

王爱侠 皖南医学院学生处处长

徐萃萍 辽宁工程技术大学创新实践学院院长

徐东明 云南大学滇池学院创新创业学院院长

杨兴新 金华市高级技工学校团委书记

杨忠雄 网易互动娱乐集团 投资与合作总监 广州创新谷等多家创投孵化

机构创业导师

张 磊 西南石油大学创新创业中心（学院）副主任（副院长）

张淑梅 东北大学秦皇岛分校大学生创新创业中心主任

赵迎军 宁波财经学院工商管理学院副院长

朱 原 网易互动娱乐事业群 总经理

所谓创业者，

不一定是企业创建者；

更不是擅长创新的发明家；

他们是一群具有创业者精神的人，

他们整合各种资源，为社会创造新价值！

罗国锋　高双喜

创业者宣言

我们不愿乐享一世的安稳，
渴望夏花般绚烂的人生；
我们不愿屈服于流俗，
立志实现非凡的改变；
我们热爱生活和自由，
相信创造成就未来。

我们也许平凡，但生而骄傲，
即使在贫瘠的土地上，也要做个拓荒的人；
我们渴望成功，择正道而行，
纵然世事纷杂，也不忘创业的初衷。
我们要做创业者，创造新价值，圆我中国梦；
我们就是创业者，谁也无法阻挡我们的征程。

我们，为创而生！

总　序

新时代创业者需要用创业者精神铸就灵魂

　　党的十九大报告对我国经济社会形势做出了两个非常重要的判断：一是中国特色社会主义进入了新时代，二是我国社会主要矛盾已经转化为人民日益增长的美好生活需要和不平衡不充分的发展之间的矛盾。新时代的到来意味着我们将迎来新的历史发展机遇，人民日益增长的美好生活需求则蕴含着创新创业在促进产业发展方面的巨大前景。

　　创新创业是社会进步的基石，是国家兴旺发达的不竭动力，是推动经济社会发展和改善民生的重要途径。鉴于创业是基于需求驱动的一种行为，随着我国社会主要矛盾已经转化为人民日益增长的美好生活需要与不平衡、不充分发展之间的矛盾，无论是创新创业实践还是创新创业教育都必须顺势而为，实现正确定位和有效调整，以满足"新时代、新思想、新矛盾、新目标"对创新创业型人才的需求。

　　新时代呼唤创业者，创业者弄潮新时代。客观上看，在党中央和国务院的高度重视下，创新创业已经成为当今中国的最大亮点之一：举国上下发挥大众创业、万众创新和"互联网+"集众智、汇众力的乘数效应，打造众创、众包、众扶、众筹的平台，构建大中小企业、高校、科研机构、创客多方协同的新型创业创新机制，落实创业引领计划，鼓励以创业带动就业，从而使创新创业成为我国经济发展的核心动力。

　　党的十九大报告在强调加快建设创新型国家的基础上，更是明确指出要"激发和保护企业家精神，鼓励更多社会主体投身创新创业"。北京大学厉以宁教授认为，从根本上说，中国可持续发展的不竭力量蕴藏在人民群众之中，9 亿多劳动力、1 亿多受过高等教育和有专业技能的人才，这是我们最大的资源和优势。实现新旧动能转换，推动发展转向更多依靠人力、人才资源和科技创新，既是一个伴随阵痛的调整过程，也是一个充满希望的升级过程。未来，我们可能面临重大挑战，其中，创新不足使弯道超车难度加大是最大的挑战，这就需要全中国不拘一格，营造鼓励创新、勇于创新的良好氛围，让人才创造附加值。

时势造英雄，伟大者即时代者，创业者就是今天最具代表性的时代者。创新创业人才作为创造力最强的高端人力资源，是新经济发展的"第一资源"。事实上，"双创"不仅带动了大量就业，促进创新驱动发展战略深入实施，它也是一场改革，因为它抓住了人这个生产力当中最重要的因素，让人的聪明才智和活力充分展现出来，让大家有改变命运、获得纵向上升的平等机会。

创业是一种创造性劳动，本质上是要创造"新"价值，提供新的产品或者服务、创立新的组织、建立新的制度等，其过程就是把"新"的价值推向社会，从而让社会更加和谐，人民更加幸福。从这个意义上说，在今天的中国，创业已经超越了一般创建企业和商业运营的范畴，创业者也不仅是初创企业的企业主，而是超越了一般意义上的企业家的一个概念。我以为，新时代的创业者应该而且必须具有一些新的特质，诸如：

（1）必须具有实现中华民族伟大复兴的使命担当。"创业"中的"业"必须是"正业"。创业者需要守正出新，以人民为中心，确保自己所做的产品或所提供的服务有利于群体利益、有利于行业进步、有利于社会发展、有利于国家富强。正所谓"君子爱财，取之有道"，"得人心者，得市场"。坚持正义、正道、正业，才能历经风雨终见彩虹，才能柳暗花明走上康庄大道。

（2）必须具有以"创新"为信念的创业者精神，致力于创造新价值。新时代创业者应不局限于现有的资源约束，善于创新性地组合各种要素，致力于向社会提供"更美好"、"更便捷"、"更便宜"、"更舒适"的产品和服务，建立"更有效率"、"更加赋能"、"更公平"、"更完美"的新组织。

（3）必须具有能够承受高度不确定性，即应对风险的能力。创业是在充满不确定性的情况下进行产品或服务创新，新创企业常常难以清晰它们的产品应该是什么样的、顾客在哪里。同时，创业者免不了会面对很多恐惧，如对不能按时发工资感到恐惧、对资金不足感到恐惧、对破产感到恐惧等。显然，创业者在恐惧中可以选择放弃，也可以战胜它继续前行。为此，创业者必须认识到创业最根本的意义在于对现有存在的突破，本身就体现了有效地面对不确定性的实践，并承担起人类探索未知的实践传承。创业固然需要众多的外部条件，但最根本的还在于人的主观上能否勇于和善于面对三个"未知"：第一个未知，是创新创业所指向的方向的正确、合理与可行性的未知；第二个未知，是创新创业应该采取的具体方法路径的未知；第三个未知，就是创新创业落实的具体形态的未知。如今，我们所提倡的大学生创业，是基于创新的创业，这种高技术含量的创业，对学生的创新能力和创业素质要求更高，实现更难。因此，大学生要综合考虑多方因素，谨慎地选择创业项目及方式。另外，也不要因害怕失败而不创业。事实上，创业没有失败者。创业者在前期经历的失败与挫折，往往会成为创业者后期不断前行、取得成功的经验和动力。当然，即使最后创业者选择了放弃创业转而就业，他们也从中获得了非常宝贵的经验和工作能力，在创新意识、创造能力、团队精神乃至工作抗压性等方面，某种程度上要比毕业后直接走上就业岗位的大学生略胜一筹，更容易受到招聘者的青睐，也更能够在就业岗位上充分施展自己的才干。

（4）必须具有远见和预测未知机遇的能力。创业者必备的特质之一是能预测到他人所没有预知的事情。创业者必备的好奇心会帮助他们辨识出一些被忽略的市场机遇，使其走在一些新兴领域的前列。创业者还能想象出另一个世界，把自己的远见有效地转化为一种切实可行的业务，随之而来会吸引到投资人、客户和员工。腾讯公司联合创始人张志东在演讲中提到："如果企业遭遇艰难和路径分歧的时刻，有没有能发光的产品人能够挺身而出，给团队带来信念，非常关键。"那么什么样的人是能发光的人？就是"要能拿得起，放得下"。"拿得起"是指这个人有这样的经验、资历，有对未来的洞见，团队信任他。而"放得下"，就是指这个主将不那么在乎自己的面子，他输得起，他对产品理念的追求胜于取悦上司。有本叫《战争论》的书讲到将领的作用：在茫茫的黑暗中，能发出内在的微光，这样的将领才有可能在挣扎期带领企业建立新的方向、新的共识。

近年来，罗国锋博士与我屡次探究创业者精神，使得我们越来越明晰地认识到在今天这个新时代背景下，"创业者精神"所具有的深度价值。实践证明，但凡成为伟大创业者的，都离不开其本质的创业者精神内核。比如说，乔布斯、马化腾、陶华碧、胡玮炜四个创业者都不同程度地改变了我们的生活，因而创业有成。但是，他（她）们在性别、年龄、文化背景、受教育程度、专业、行业和运营模式等方面却差别很大。究其本质，他（她）们有一点是共同的，都具有伟大的"创业者精神"。

人是精神动物，人身上真正值得传承的是精神，精神力量可以转化为物质力量。创业者精神就是创业者的灵魂，谁的身上具有更好的创业者精神，谁就有可能把创业做得更久、更好、更有价值。

何为创业者精神呢？熊彼特将创业者精神看作是一股"创造性的破坏"力量。大多数经济学家认为，创业者精神是在各类社会中刺激经济增长和创造就业机会的一个必要因素。我们讨论认为，创业者精神是指创业者主观世界中，具有开创性的思想、观念、个性、意志、作风和品质等，是创业者在实践体验基础上凝练成的主观认同和文化价值，是创业者的内在觉醒。创业者精神的特征可以概括为：①综合性。创业者精神是由创新精神、冒险精神、进取精神、合作精神等多种精神特质作用而成的。②三维性。创业者精神是由哲学层次的创业思想和创业观念，心理学层次的创业个性和创业意志，行为学层次的创业作风和创业品质三个层面所构成的缺一不可的整体。③超越性。创业者精神的最终体现是要开创新事业，本身必然具有超越固有观念的先进性。④时代性。创业者精神产生的基础和所带来的影响都与所处时代密切可分，具体内涵必然呈现出时代特征。

从价值效用角度分析，创业者精神可以体现在三个层面：一是能够达成个人的某些成就；二是能够帮助团队和他人，带来公司和机构的发展壮大；三是能够有利于国家建设，促进社会的进步和发展。由此，创业者精神支撑和构成了积极的个人价值观、集体价值观和社会价值观。

一位创业前辈曾告诫创业晚辈：对于创业者来讲，先不要说"活着是为了改变世界"，先要说"活着就要先改变我们自己"，如果连自己都不能改变，怎么去改变别人呢？更谈不上改变世界！

我由衷地期望《新时代创业者丛书》的出版，能帮助更多的创业者去改变自己，以创业者精神铸就自己的灵魂。

李家华

教授、博导

国际劳工组织 KAB 创业教育中国研究所所

教育部高等学校创业教育指导委员会副主任委员

全国青少年井冈山革命传统教育基地原党组书记

中国青年政治学院原副校长

2018 年 10 月 7 日于北京

自　序
去戈壁完成生命的绽放

2018 年 6 月初，我报名参加了中国创投户外联盟和草根天使会共同组织的第三届创投戈壁徒步挑战赛，和来自全国各地的 108 名创业者以及投资人在戈壁共度了 4 天 3 夜。我们队在队长倪伟（分众传媒联合合伙人）的带领下，以"不可能是认为的，可能是人为的"为信条，完成了 108 千米的徒步赛事。

创业犹如戈壁行！戈壁归来，感触万千，特作文纪念，并以此为《创业者》之序。

1. 期待看到新的自己

2018 年 4 月 18 日，当看到草根天使会创始人陈维伟发的第三届创投戈壁徒步挑战赛的消息时，没有片刻的犹豫，我就报名了。

朋友们很不理解，但又非常佩服我。家人则更多的是担心，毕竟我已经 43 岁，而且平时缺少运动，体力可能是个大问题。无论别人怎么看，我义无反顾。我相信我可以！自从年初我辞去管理学院副院长职务之后，我一直期待看到一个崭新的自己，而戈壁行，就是最好的镜子。

18 日下午开始众筹，到 19 日上午 8 点多，不到 20 小时众筹成功。新朋老友以及我之前教过的 10 名优秀学生共 60 位支持者，给我加油鼓劲。好友高双喜看到我的众筹，也立即报名参加，而且很快也众筹成功，我的戈壁行有了第一个同伴！

报名之后，一切都为戈壁行让路。工作做了"减法"，一些重要的事情则推迟进度。每天午后我都给自己腾出 2 个小时左右的时间来锻炼身体。家人也给了我更多的自由，可以安排晚饭后的闲暇时间去工作或者锻炼身体。这一段时间，陪伴小女儿的时间也少了很多。

5 月 31 日下午，我提前两天到达敦煌。敦煌是个干燥的城市，湿度近乎于零，衣物洗过，随便放在哪里很快都能干。与人握手，或者触碰金属物品，就噼啪放电。据当地司机介绍，敦煌年降水量不过几十毫米，由于干燥，鼻子很容易出血，嘴唇容易干裂。

大赛秘书长刘文静和队友荒井健一（中日混血日本人）也提前到了敦煌，我们三人一起去敦煌夜市吃饭，然后沿着党河景观带步行，路上我试着用脚跺地，发现真的可以弹起细细灰尘。晚上 10 点，夜幕降临，我们用手机地图指引，徒步 4 千米回到华夏酒店。

6 月 1 日中午，队友李庚生也到了敦煌。荒井、庚生和我，三人一起去鸣沙山月牙泉游玩，在景区门口的沈记驴肉黄面馆吃完午餐后进入景区。饭馆老板和老板娘热情开朗，有着标准的西北人特征。

进入景区，直奔月牙泉。阳光很毒辣，气温很高，很多人骑骆驼参观。而我们为适应戈壁气候，步行游玩。月牙泉很美，静静地躺在沙山之中。沙山连绵，棱角分明，用伟岸的身躯护守着沙洲城。泉水清澈，从不干涸，就像戈壁之眼，晶莹剔透。真不知道是沙山造就了月牙泉的美丽，还是月牙泉成就了沙山的壮观。

攀登沙山，在尖尖的山脊上行走，看沙河流淌的美丽画面，听沙子摩擦发出的嘶嘶声。一切都简简单单，无须任何人为修饰。山顶的沙子被人踩踏后向下滑落，而用不了多久，风又把沙子吹上山顶，把独特的山脊曲线重新勾勒出来。山脊适应着人们的踩踏，迅速自我再生。鸣沙山和月牙泉，就像男人和女人，刚柔并济，相得益彰。简单自然，才是生活该有的状态。任何修饰，也抵不过风和时间的雕琢。

任何过去，皆为序曲。不必感叹已经过去的蹉跎岁月，顺其自然，向前看，主动去适应新的环境。

戈壁大幕即将开启，虽然经年累月的疲劳工作造成了身体日渐老化，但经过一个多月的训练和一些高强度的拉练，我相信自己不仅可以顺利完成戈壁之行，而且能够为队友提供力所能及的帮助。

我想，创业大概也是这样，做好充分的准备，可以更加自如地应对未知的市场。

2. 放下重负，开启征程

行走剧《又见敦煌》是王潮歌导演的一部力作，到敦煌的游客大多会选择通过该剧来了解敦煌的历史。在所有著名的故事中，最广为人知的是唐玄奘。我们不得而知，大法师当年是发了怎样的心，从古都长安经由敦煌大漠，不远万里到西域取经！玄奘是少有的戈壁行的幸存者，他还是绝无仅有的能够通过中国四大名著之一——《西游记》一直活在人们心中的戈壁行的幸存者。

正因为玄奘，几乎所有的戈壁户外活动，都被冠以"重走玄奘之路"的名号。而在所有的活动中，和"玄奘之路"最为类似的是创业的路。我想，若把唐玄奘放在今天，他一定是一个最著名的创业者。

6月2日下午到晚间，创投论坛和出征前的培训工作有条不紊地进行着。胡子帮主作为本届大赛组委会主席给大家训话：创业犹如戈壁行，得忍受煎熬！赛事发起人、中国投资人户外联盟主席、松禾创新的合伙人张云鹏分享了他风险投资的珍贵经验。将军队队长倪伟作为特邀嘉宾分享了自己的创业和投资感悟：土厚宜植、人厚宜交；不可能是认为的，可能是人为的（这也成了将军队的信条）。

在之后的启动仪式和培训会上，魔王、天使、飞鹰等组委会成员悉数登场，为我们传授戈壁徒步"秘籍"。通过视频，我们还看到，远方的营帐已经扎好，67名后勤服务人员有条不紊地做着准备工作，只待勇士到来。

记不清是魔王还是飞鹰在培训会上告诉我们，进入比赛区域后，将会4天3夜没有手机信号，我们将从一个"手机人"退回一个"传统人"。在大漠里，金钱失去了作用。手机和充电宝要带上，尽管不能通信和支付，但可以充当相机使用，用它来记下戈壁中的精彩或者苦难瞬间。组委会给了一个卫星电话号码用于紧急联系，我没有把它发给我的妻子和家人。

6 月 3 日早晨，天还没亮，我们早早地起床，然后用早餐、退房、存行李、集合，戈友们都非常守时，7 点半，大巴车准时出发。

大巴车启动的那一刻，有种说不出的感觉。这种感觉中包含着兴奋、激动和不安，甚至还有点害怕和不舍。戈壁徒步 108 千米，确实可以称为一种壮举，让人兴奋，让人激动。即将要离开舒适区的人，多少都会有一些不安和焦虑，就像决定要去创业的人，也会有一定程度上的焦虑。

第一次参加戈壁徒步挑战赛，对戈壁的了解来自于道听途说。听到了很多让人害怕的事情。干燥的空气和毒辣的阳光，据说可以让人三天变成肉干（干尸）。无情的风沙，曾经掩埋了多少英雄豪杰！即便没有极端的情况发生，每天 30 千米左右的行程，也远远超出我们日常行走的距离。而在松软的沙石上行走，需要花费更多的体力，让人有种有劲使不出的感觉。

一个创业者决定去创业的时候，大概也是这种感觉。戈壁不会因为"你是谁"而为你缩短距离或者提供优越的天气和环境条件。你必须学会放下。放下，是一种智慧，修心之旅就从放下开始。你要放下过去所有的虚名、职位、身份、成就。在徒步中，你要谦逊地向每一位戈友学习。

在戈壁上，你必须放下恐惧的心理，你也不能有诸多名利念想。你要聚焦于现在，与团队成员一起去征服茫茫戈壁。

在比赛起点，组委会专门准备了锣鼓喧天的出征仪式。作为壮行，三碗水酒（以水代酒），敬戈壁，敬前辈，敬伟大的……我们自己！

我们毅然踏上征程！前路漫漫，有队友相伴。

我们有必胜的信念！无论能否凯旋，我们已经赢了，我们战胜了自己的胆怯、懒惰、懦弱和恐惧。向着伟大的目标出发，这本身就是一种胜利！

听听赛事主席陈维伟在出征前给大家的祝福吧：

各位勇士，我们即将踏上征程，去征服那茫茫的大漠戈壁。出征前，让我们共同举杯！

第一杯，我们敬这茫茫戈壁，这片寂静如深渊般的大漠戈壁，见证了千年王朝兴衰、历代皇权变更。多少英雄豪杰在这攻略杀伐，多少忠贞将士在这马革裹尸，漫漫的黄沙下埋葬了多少勇士的英魂，撰写了多少缠绵悱恻的儿女情长，又成就了多少文人骚客的千古绝唱！如今，这一切重归寂静，当你们从这经过，聆听漫天风沙的吟唱时，能否听到当年那壮怀激荡、刀光剑影、金戈铁马般的战场呼啸，感受无数忠烈们那至死不屈的铮铮铁骨？

第二杯，我们敬玄奘，敬他那"宁可向西一步死，绝不东归半步生"的坚毅和"为求八字故，不惜丹躯舍此山"的执着！一千三百年后，当我们沿着他足迹前行，是否能隔空和他来一场穿越千年的对话？

第三杯，我敬各位，敬各位姐妹兄弟，你们将在这阳光暴烈、黄沙肆虐，昼夜温差极大的自然环境下挑战身心的极限。这杯酒祝各位在这里战胜自我、超越自我！108 位戈友，你们即将踏上的这条路，玄奘走过、张骞走过，但，俱往矣！今天我们创投戈壁行 108 位勇士来到这里，数风流人物，且看今朝！干了这杯，我在终点恭候各位凯旋！

3. **热情而冷酷的大漠**

大漠不仅热情奔放，可以让人热血沸腾，而且也异常冷酷，可以让人受伤甚至丧命。面对凶险的竞争对手和恶劣的环境条件，若没有执着的信念和坚定的毅力，大概只能半途而废，铩羽而归。但是，我们不怕。敢来大漠的，都是勇士，自然不会半途而废。连提供后勤保障的本地人都说，来大漠徒步的人，都是有梦想的人。看看我们的队员吧：

队长倪伟，分众传媒联合合伙人，大学肄业，在江南春的带领下，创建了分众传媒这一中国传媒第一巨头。他还作为投资人，投资了不少企业。

队友李明晓，创业成功人士，虽然年龄最大，但心态超级年轻。他是我们中最喜欢户外的一位。将近 50 岁的年龄，还保持着 19 岁的心态和体力。戈壁行对他来说是第二次了，这次来戈壁之前，他还在兰州横渡了黄河。

队友李庚生，北京创业者，主业是室内装修工程，同时销售一种名叫"矿颜"的新型涂料。摄影发烧友，带着一架很酷的相机。他是我们队出色的副队长。

队友陈锋源，广东梅州客家人，年龄比我稍大一点，主要从事实景舞台演艺工程的文旅产业的创业者，非常有才华。他还创建了"客青会"，专门服务客家青年创业者。他在我们队中担任安全部长，人特别实在。出发时，他大大的背包塞满了补给品，足有 20 多斤重。

上面的几位队友，还有我，都是"70后"。下边的几位，是"80后"的美女帅哥。

队友邵成松，曾经在国家残疾人足球队踢球，是一个非常有魄力的聋人，作为声活公司的首席手语主持人，他来戈壁，是为聋人而战。他有个外号，叫"聋行者"。

队友荒井健一，中日混血日本人，是河北大学的日籍留学生，也是我们队中年龄最小的一位。他去年刚刚毕业，毕业即创业，致力于中日合作项目对接，为中日友好贡献力量。

队友刘野，美籍华人，年轻的创二代，担任队中环保部长。

队友张晶婷是我们队的两位女生之一，她是来自南京的创业者，拥有两家品牌幼儿园，在校儿童 700 余人。作为园长，六一儿童节从早忙到晚，2号一大早就乘飞机来戈壁。

队友祝金妮，来自上海的美学创业者，文艺才能突出，她被委任为将军队的文艺委员。

按照赛事规则，第一天为适应性比赛，不计成绩，队员们自由前行，在这一天队员们可以相互了解，看看大家都有怎样的实力。

正午时分，踏入大漠腹地，放眼四望，似乎没有了方向感。参照物没有明显的差异，没有左右，只有前方。若不是赛旗的指引，恐怕早就迷失在沙漠中。

第一天的戈壁毫不留情地用高温来迎接勇士。火辣辣的太阳，晒得皮肤灼痛。防晒霜只能防护一时，并不能持久防护。帽子遮阳的同时，却不能通风。汗水流出来很快便干，一天的行程几乎没有尿液排出。所有的物品都被晒透，手机放在背包里，拿出来拍照的时候，竟然烫手到不能触碰。

骆驼刺点缀着戈壁滩，为荒凉的戈壁带来了一丝生机。一不小心，我的左脚踩上了一株骆驼刺，剧烈的刺痛感让我对它望而生畏。再看它们时，它们在风中摇动着身上的小刺，似乎在示威：哼，不要碰我，否则你会后悔的。刺痛感会让你怀疑你的前进道路是否值得坚持。剧烈的疼痛，还能让弱者产生恐惧，动摇你的信念，使你产生放弃的念头。对于勇敢的强者，疼，能让你保持清醒，帮助你不会在漫漫征途中变得麻木。

遇到骆驼刺，你只需要绕过去，就可以避免受到伤害，而空中的蚊虫则驱之不散，它们跟着徒步者前行，在身边绕来绕去，伺机咬上一口，毫不留情地吸出你体内的血液。而当你感觉到痛的时候，它往往已经吸出血来。由于不知道它什么时候会落到身上，你需要不断地挥动手臂来驱赶它们。若贪心的蚊子在你发现后还继续吸血，你当然可以把它无情地打死，而一些狡猾的蚊子，见好就收，跟你玩捉迷藏。

蜥蜴为了觅食，全然不顾太阳的炙烤，它们扭动着身躯在戈壁滩上快速穿梭着。蛇在绿洲阴凉处狙击可能出现的猎物。沙漠甲虫拖着乌黑油亮躯壳，爬来爬去，不知道想要去向何方，它随遇而安，善于把自己藏于沙中。

戈壁上的物种很少，它们各自以特有的方式对待外来者。有的攻击，有的躲避，有的无动于衷。万物生灵，仿佛都有自己的世界和对待世界的方式。你来了，它们在。你走了，它们仍在。

创业的漫漫长路，也一定会遇到各种障碍，骆驼刺就像在位者筑起的堡垒，蚊虫则像队伍内部吸血鬼，蜥蜴和蛇好像是凶猛的竞争对手，沙漠甲虫则等着觅得一些残羹冷炙。

第一天的征程共 26 千米，经过沙区、戈壁和土长城，还有雅丹地貌，迷人的景色为大家带来新鲜感，戈友们异常兴奋。但经过快速长距离徒步之后，一些戈友脚上开始起泡，腿、膝盖、腰部和髋部开始有不适感。

第一天行程还发生了两件意外之事。一件是我队队友陈锋源的鞋子张开了口，他用塑料带和纸盒套住鞋子继续前行。乐天派的他用塑料袋、纸袋、绳子等把鞋子包起来继续前行。另外一件事来自我们的女队友。张晶婷的鼻子刚刚动了手术，不适应大漠干燥的气候，在行进中一度不能呼吸。出现症状的时候，恰恰又没有队友陪伴和照顾，晶婷心里很不痛快。回到营地后，见到晶婷闷闷不乐，大家想各种办法安慰她。

在冷酷的大漠中，队友们的相互帮助和关怀是最强大的前行力量。无论大家有没有表达出来，这都是千真万确的。

4. 无所不能

"无所不能"是战神队选用的口号，而最后几乎成了每一支队伍的口号。大家不仅能够在大漠中砥砺前行，而且也可以在联欢晚会上放声欢歌、纵情狂舞。

第一天晚饭后，大家一起开联欢会。在营地旁边搭起一个临时的舞台，大家一起唱歌跳舞，吃烤全羊，纪念在戈壁的首个夜晚。戈友们非常有才，自编自演的一些节目让人笑得肚子疼。马勒队的队歌《马勒戈壁》，被戏称为"戈壁神曲"。战神队的节目悬念迭起，引人入胜，将"无所不能"的战神们的才华演绎得淋漓尽致。胡律师为爱来到戈壁，当然要来一曲"月亮代表我的心"表白爱意，全队一起助演，一度把气氛推向高潮。成败不重要，爱要大胆地说出来。

我们将军队在队友晶婷的建议下，决定表演"嘟拉舞"。嘟拉舞简单易学，但对于我们队中的"70后""老同志"却并不容易。队友金妮非常热心，一遍一遍不厌其烦地教我们跳。"80后"的成松、刘野、荒井以及"70后"中最小的队友、来自北京的创业者庚生，他们差不多一学就会，只练习了几遍，就跟上了节奏。进入状态最慢的是我，经过反复练习，最后终于勉强过关。排练中，我们还发掘了"胖瘦"组合，锋源和明晓大师兄（队中的大哥）的舞姿别有风味，被称为搞笑版。正式演出的时候，晶婷不顾身体不适、跪在舞台前给我们指挥。我们全队一起合唱了"精忠报国"，把"将军"的"使命"通过歌声表达。

在晚会的最后，组委会别出心裁地设计了一场闹剧，让 4 名队员从惊恐到惊喜。只见飞鹰用异常严厉的语气高声训话，并点名4位队员，命令他们站到舞台中央，要求他们背对观众，仰望星空，反思自己犯了什么错。气氛一下子紧张起来。只见4名队员转过身去，看着天空，冥思苦想，不知道自己到底做错了什么，心中忐忑，担心给队伍带来不利影响。4名队员中包括我们队的陈锋源，我在想，陈锋源到底犯了什么错误？是没有穿规定的赛服吗？真想提醒一下他。正在这时，生日蛋糕已经搬上舞台，礼花燃起，气氛一下子到了高潮。陈锋源特别有才华，在切生日蛋糕的当口，他用粤语即兴朗诵了岳飞大将军的《满江红》，高亢的声音在大漠上空回响。第一天的旅程就这样在欢声笑语中结束，时近午夜，大家入帐休息。

"无所不能"，是一种信念。信念的力量，可以帮助你战胜任何困难。

5. 痛并快乐的旅程

6月4日早晨6点钟，全体人马统一起床吃饭，7点钟准时出发。营地很快被拆掉，队伍再次踏上征程。由于第一天的意外，队长安排锋源专门负责殿后。

这是比赛的第二天，赛程全长33千米，强度加大，而且天气比第一天更热，正午时分，热浪扑面而来，让人喘不过气。

几位体力超级棒的戈友不到5个小时就到了终点。大多数戈友需要6~8小时才能走完全程。个别体力不支的戈友则忍受高温，需要行走12个小时，这些戈友能够走完全程，靠的不是脚力，而完全是坚强的意志支撑着他们。

意外情况再一次发生，金妮在途中几近晕倒，医生为她测了血压，低压竟然只有36。幸运的是，当时有其他队的队员伸出了援手。为了确保安全，医生强制金妮退赛。

如果说第一天只是少数人脚底起水疱，那么第二天大家的脚底几乎都起了水疱。徒步大军成了名副其实的"水疱大军"。将军队伟大的队长倪伟脚底起水疱后，同伴刘野帮其把水疱挑破，然后继续忍痛前行，获得当日个人第26名。脚底起水疱最多的队友，几乎整个脚底、脚趾和脚后跟都起了水疱，即便如此，没有一个队友因为脚底起水疱而坐上收容车。

到了终点，回到新搭起的营地，换上拖鞋，然后洗去脸上和手上的灰尘，去找随队医生处理脚底的水疱。医务帐篷门口排着长队，医生一刻不停地工作，熟练地处理着队员们脚上的水疱：用针插入，挑破，把水挤出。较大的水疱，则用剪刀剪开，赶出里面的水，然后敷药，医生发给大家创可贴，叮嘱大家最好在第二天起床后贴到创口。

处理完伤口的队员，把睡垫从帐篷拖出来，大家在帐篷的阴凉下或相互拉伸放松，或闭目养神。处理后的伤口，引来了许多苍蝇。苍蝇趴在刚刚剪破的脚上，吸着伤口渗出来的体液。

第二天是赛程最长的一天，而且也是天气最热的一天。队友锋源这一天拖在队伍的最后，他一直咬牙坚持，挑战着自己的体力极限。"我要走完每一步"，"不要问我哪里疼，问我哪里不疼吧"。

犒劳的时间到了，大家迈着企鹅步，左右摇晃着，每走一步都有一个特写式的停顿。就这样，大家挪到餐厅，虽然酸痛难忍，但戈友们的脸上却洋溢着灿烂的笑容，就像打了胜仗的士兵。

每个队友来到戈壁都有自己的初心。有的想来放松一下神经，看看戈壁不一样的风景；有的想来找回一下奋斗的感觉，或者找回自我；有的则可能在创业的道路上困惑或者迷茫了，要来理清自己的发展思路；还有的可能是想通过自虐来治疗因为某种原因而久久不能愈合的伤口。

经过两天的磨合，队员之间终于相互了解，沟通顺畅多了。在分享会上，大家展开讨论并各自反思。一个临时组建的团队，要建立怎样的组织目标？什么是必须坚持的？什么是可以放弃的？在获得比赛名次之外，我们每个人到底为了什么来到戈壁？在自我拷问过程中，个人的目标和组织的目标开始协调，开始逐渐融合，实现组织的目标成为每个队员的至高荣誉，而同时，团队也要帮助队员实现个人目标。

晚饭后，风沙肆虐地袭击着营地，帐篷在风中摇摇晃晃，插在门口的旗帜被风吹得铮铮作响。然而，风沙丝毫不影响大家的热情，集体分享活动如期进行。就在营地中间，大家席地而坐，大屏幕就挂在食堂大帐的门口。各支队伍轮流派出代表分享感悟。情感丰富的乐天派创业者的分享，有时把人逗得捧腹大笑，有时把人感动到哭。

两天来，将军队发生了两次意外，均源自没有安排好殿后工作，倪伟队长勇于承担，对两位女士表示了歉意。我们队派出副队长庚生上台分享，庚生代表队长向两位发生意外的女生表示歉意，同时也对向我们伸出援助之手的朋友表示感谢。庚生含着泪，读了聋人队友成松兄弟写的感悟：

"大学毕业后在北京找工作更难。60个公司都拒绝招聘聋人，只好做体力活，北京23万聋人都不好找，原因是正常人嫌聋人交流有问题，聋人文化有限。后来我来深圳，当声活手语主持人，我会打国际手语，去采访每个聋人创业开店等，不过全国有2800万聋人，希望我努力帮聋友们，可以靠自己开店做生意（谋生）。以后我可能会开小店。还有，我报名参加徒步是要给全国聋友们看看，不要认为自己做不到，加油！没想到我的腿拉伤了，郁闷。没关系，后天采访你们每人说徒步的感受和心得，给全国聋友们看我和你们交流，我和你们在一起4天3夜，我不会忘掉你们，有美好回忆，谢谢大家。"（原文有些许笔误，依据作者的理解略有改动）

所有人都被感动了。大家用聋人世界的鼓掌方式，举起双手，伸开五指，在头顶摇动，为成松兄弟加油点赞。

当队员分享结束，大屏幕上突然出现戈友们的妻子、丈夫、儿子、女儿的视频画面，他们用各自的方式，为自己的家人鼓劲，这是种什么样的感觉？我看到许多戈友流下了幸福的泪水。家人祝福的画面，真的是催泪神器。日常，我们对家人的关心和体贴习以为常，不懂得珍惜，不知道感动。而在困难的时候，一句来自家人暖心话语，那就是暖阳、春风，是满满的正能量。无须任何修辞，甚至可以是无声的祝福，即使是一个眼神或者一个手势，都会为创业者带来巨大的动力。

对于戈壁徒步的痛，戈友冯科成写下感悟：

"所有的黑夜都终将过去，所有的疼痛辛酸都化作诗篇！远方你不一定会找到想要的结果，但你一定会体悟出所有过往经历存在的价值！完善自我，优于过去的自己！痛并快乐着！"

女戈友李玉冰写了很多感恩的话：

"感恩独行在大漠备受煎熬时，前方不知名的身影，透过光影传递出的笃定与坚毅！感恩所有路过身边只闻其声，不知是谁的那句：'加油！'让原本已经迈步的双腿，注入一股无形的力量，推动自己再次向前。"

戈友向阳（嘉阳创投董事长）用诗一般的语言纪念戈壁徒步的痛与快乐：

"戈壁荒漠，千年古道，卷沙，烈日灼心。这里有凋零的古迹，也有历史的沧桑，痛苦和磨砺令人生畏，孤寂和凄凉令人望而却步。然而，我们无惧风沙扑面，无畏荆棘阻路，在荒原戈壁上，坚定前行，挑战自我，挑战极限。用信仰克服苦难，用执着抵抗疲劳，最终凭借玄奘'不至天竺，终不东归'的坚定信念，完成 108 千米赛程，最终实现灵魂的升华！"

6. 旗手的使命

第三天，我充当旗手，完成光荣的扛旗任务。第二天的比赛，日籍队友荒井健一扛着大队旗，抢得个人第三名，全队都认为荒井可以在第三天取得更好的成绩。为了支持荒井，我主动扛起队旗，希望荒井减轻负重，让他获得更好的个人名次。

充当旗手，就得履行旗手的职责，虽未上过战场，但我听说战场上有句话叫作"旗在人在，旗毁人亡"。战旗的作用，大概就是充当团队愿景和使命的象征物，在最困难的时候，用呼啦作响的声音来激励队友。由于风大，扛旗者要消耗更大的体力。为了减轻体力消耗，第三天出发后没多久，总裁判长见我仍扛着大旗，好心建议让我把旗子放到保障车里，我没有同意。我要将队旗扛到终点，用在大风中铮铮作响的大旗，激励队友走向终点。旗手如此，每个队员亦如此，不辱使命，不负同行。

然而第三天的比赛并不顺利。荒井健一意外受伤。虽然他非常坚强，咬牙坚持，但看得出来，他的步履越来越沉重。对个人名次的争夺不得不放弃。但是放弃冲刺，就不能让团队取得好成绩，这让人很纠结。比赛规则规定团队的成绩取本队第五个到达终点者的成绩。

荒井已经走得越来越慢，为了关键第五名的成绩，我面临着重要抉择：要么开始冲刺，为团队荣誉而战，成为本队第五名，提升我们队的排名；要么继续原来的节奏，并且想办法激励落后队员完成比赛。

这是一个艰难的决定。在我内心深处，有一个声音很强烈：冲吧，为了团队的荣誉！在通过第二个补给区后，我决定冲刺。我跟荒井说，我会兑现早晨出发时的承诺，我要在到达终点后，再返回去赛道去接最后一个队友，和他一起走回终点。

我扛着旗，鼓足劲，一路小跑，超过了 19 个人，个人排名第 30，这个成绩为我们队争得了团队季军。

到达终点后，稍事休息，补充水分，重新穿上防晒防风沙装备，扛上队旗，沿着赛道逆行去接队友。在第 76 号赛旗处，碰到好友高双喜，他因为加快速度，却不幸膝盖受伤，只好一步一步在赛道上蹒跚前行。

从终点出发，往回走了近三千米，在第 72 号赛旗处，终于接上队友。此时队友正和另一个队的微胖队员一起缓步前行。见到大旗，队友犹如神助，脚步轻了很多，竟然越走越快了！

创业者为了实现心中的梦想，不惜代价，他们真的非常令人尊敬。但邵成松、荒井健一、高双喜等人的受伤，让我深深感到遗憾。一个团队，应该了解每一个队友，并据此设定合适的目标，制定适当的战术。一个创业者，也应根据自己的实际情况，在追求创业成功的路上，保证身体健康。

7. 静思黎明前

最后一日的比赛开始于夜行。

凌晨 3 点钟，大家都还在熟睡当中，帐篷中的灯"唰"地一下亮了。仿佛是条件反射，大家竟然一起坐了起来，担心自己的拖延会影响队伍的集结。收拾行李，吃早餐，背上行李，带上头灯，4 点钟集结完毕，然后列成一队，静悄悄地出发。长长的队伍，就像一条浩浩荡荡的灯河，安静地在大漠上流淌。最后一天的征程就这样开始了。

组织者播放轻缓的音乐，引导大家静静地思考，向自己的内心发问：我是谁？我来自哪里？我要去向何方？夜空中缀满了明亮的星星，衬托着冷却下来后大漠的宁静祥和。

在创业过程中，我们经常走得太快，而缺少思考。我们只是一味地走，而忘记了生命的真正意义。找个能让自己完全静下来的时候，问自己这几个问题：你是谁？你要去向何方？如果明天你将要离开这个世界，你今天会做什么？

在宁静的大漠，顶着明亮的星星，微风拂面，正是思考这个问题的好时候。我们将军队的队长、分众传媒的联合创始合伙人倪伟当天即写下这样的文字：

"今天是戈壁徒步第 4 天，组委会要求凌晨 3 点开始在黑夜中徒步，享受人与星空的对话，我从未感受过自己的内心，在如此空旷的大自然中，学会与自己对话，并思考：我到底是谁？我来自哪里？我最终会到哪里去？相信各位在日常生活中，内心深处经常是麻木且不容易察觉的，做过许多事，说过许多话，回过头想想，都是想当然，无论是开心或烦恼，还是奉承，其实都是大脑表层思考的结果，而我们至今不解也不懂。我们活着，不能局限于形式，也不能流于表面，我们需要在夜深人静时或独处的时候，问自己，我快乐吗？为何以及原因所在？我悟出，一个人想快乐生活与工作，一定要懂得放下，不是放弃，就是阶段性认识一个全新的自己，再出发，才会是你想要的。人，只有经历过生与死，或在面对绝境的环境中，你才能想明白想透彻许多事情，这也是我此次参加戈壁 108 千米后，最深的感悟。"

我们有太多的时候，会说："如果……，那么……"。现实没有"如果……"，哪来的"那么……"。我们经常会说："其实我也可以……，"而不是："我可以……，我做到……。"

然而，梦想不能在睡梦中实现，创业是行动者的游戏。想清楚了自己要向哪里去，剩下的就是执着的前行、坚定的信念和永远的坚持。创业者需要思考，更需要坚定地前行。

在创业的路上，创业者可能会遇到迷茫，会迷失方向，会失去动力。那就来一次与星空的对话，想一想自己的创业初心。

黑暗过后，必是黎明。大约 6 点钟，天边露出了鱼肚白，慢慢地，东方出现了一抹红光，那就是大漠黎明，我们看到了最美的曙光。

8. 沙尘暴中凯旋

没有沙尘暴的戈壁徒步，不能算得上完美。在戈壁徒步的最后一天，沙尘暴与我们不期而遇。

大约上午 10 点钟，气温开始回升，空气对流加剧。戈壁上的微风变成了小风，不久后，小风变成了大风。终于，在我们队走到赛程的最后的 5 千米时，沙尘暴不期而至。大风把细沙吹离地面，整个大漠就像一幅巨大的画板，任由大风来做一幅沙画。

创业者的心，是无所畏惧的心。我想起沙尘暴队的口号：让沙尘暴来得更猛烈一些吧！肆虐的沙尘暴正好反衬出创业者的伟大。那就让沙尘暴来得更猛烈一些吧！

这几天一直担心沙尘暴的到来，但当你看到，在大风中沙粒飞舞，整个沙漠仿佛涌起了此起彼伏的沙浪，你还是能够真切地感到一种震撼的美。

沙尘暴之所以能够刮起来，是因为它在风口，它代表着大趋势。从创业者的视角来看，创新产品占领市场的过程恰似从起风到沙尘暴产生的整个过程。新产品先是一点点蚕食夹缝市场，然后逐渐让自己更加强大和深入人心，最后，用其为用户带来的不可抗拒的价值，以迅雷不及掩耳之势，席卷整个市场，摧毁掉旧的业态。

在沙尘暴中行走的过程中，我在心里反复重复这句话：不经历风沙不知道戈壁的美。不在沙尘暴中爆发，就在沙尘暴中灭亡！沙尘暴来了，它不期而至。不要慌，站稳了脚步，扎实前行！也不要怕，迎着沙尘暴，出击，出击，出击！

创业大概也如此，风口之上，你可以飞速发展，势不可当。当风停下来的时候，能否用持续不断的创新持续不断地为用户创造价值，这是存活下去的关键。

最后的一天征程，如果全队能够一起冲过终点，将获得沙克尔顿奖。这是戈壁徒步挑战赛的最高荣誉。为了预防因为队员受伤无法行走，组委会给每个队发了一副担架，以备抬伤员。担架是用钢管和帆布做成的，非常重。我们把其中的一根钢管拆下，担架分成两部分，由体力好的队员轮流扛。大家抢着扛担架，谁也不叫一声苦。担架成了我们的道具，大师兄和队友们玩起了孙悟空三打白骨精的游戏。

在沙尘暴中，将军队的团结一致达到了空前的水准。大家在沙尘暴中相挽而行，谈笑风生。快到终点了！终点处，震天的锣鼓声在迎接英雄们凯旋。

我们排成一排，手挽手，一起走过终点！

这一幕就像电影大片中经典的剧照，定格在每个人的脑海中。

108 千米戈壁徒步，画上了一个圆满的句号。

9. 永远在路上

戈壁徒步，大家战胜了各种困难，完成了自虐和修心之旅。我们都看到了全新的自己，更加强大的"自己"。

走过大漠戈壁，就是姐妹兄弟！第 4 天中午时分，回到宾馆，来不及一起吃饭，队友金妮就要回上海了。送走了金妮，我们 9 个人一起找饭店开始庆祝。下午 6 点钟，组委会组织的庆功宴开始，全部参赛者集体庆祝！庆功宴上，舞台中央的大屏幕播放着每个人的精彩瞬间。大家的表现真的太棒了！我们不敢相信自己的眼睛。大家分享戈壁徒步的点点滴滴，组委会为大家颁发各种奖杯和奖牌。晚上 9 点钟，庆功宴结束，大家再到敦煌夜市继续庆祝！

戈壁征程，留下了多少故事和感动！

戈友丁玉华在朋友圈写道：

"一个人可以走很快，一群人可以走得更远……4 天 3 夜 108 千米的戈壁徒步，有开心也有脚部一个个水疱带来痛苦的煎熬，有坚持也有一瞬间放弃的犹豫，人生就像一场徒步旅行，体会用脚步丈量人生……用心行走，用心感悟，内观自我……我做到了！"

戈友杨佳岭在朋友圈写道：

"2018年第三届'创投戈壁行'4天3夜108千米，很庆幸自己顺利完赛。只有走过的戈友才会有的共鸣：所有的不可能都是认为的，所有的可能都是人为的。感谢胡子帮主、组委会段总、魔王、飞鹰、组委会团队所有成员以及所有的戈友们给我的帮助和鼓励，同时也要感谢大漠感谢戈壁以及戈壁上所有的生命。我会把戈壁学到的精神在工作生活中延续下去。2019年我们大漠戈壁再见。"

戈壁征程中，每个人尽自己的全部力量为团队做出贡献。在比赛的第2天，队友邵成松（聋人）因大腿肌肉拉伤，医生强制他退赛，他回到营地后把每个人的睡垫铺好，给我们每个人都做了力道十足的全身按摩。我们队，1个"60后"，4个"70后"，5个"80后"，有已经大成的企业家，也有正在摸索前行的创业者，还有继承家业的创二代。大家为了团队，都表现出了自己最好的一面。

然而，天下没有不散的筵席。前路漫漫，我们都要再踏上新的创业征程。

创业犹如戈壁行，有队友的相伴，就是美好的征程。正如队友祝金妮总结的：

"终于完成108千米挑战赛，一路上有欢声笑语更有煎熬难耐，4天3夜的徒步更是浓缩版的人生，赞叹闯线的勇士，感动团队的凝聚，更羡慕自己可以一路看见……美好就在当下，已然存在无须证明！"

前　言

写作此书，是我做过的最难的事情之一。从身份来讲，我是大学教师，并不是传统意义上纯粹的创业者。虽然在很多场合，朋友们都说，我就是一个典型的创业者，但我深知，对比那些杰出的创业者，我太初级了。在最困难的时候，是戈壁徒步精神，让我咬牙坚持，绝不放弃，直到最终完成了书稿，才终于松了一口气。而这本书，可能只达到了及格的水平，权当作抛砖引玉了。

1. 为何要创作市书

2009 年 11 月，东北大学创新创业与风险投资研究所正式成立。很多人可能会问，这个名字是不是后来改的？并不是，研究所成立伊始就叫这个名字。研究所用这个名字，完全是因为我个人的研究兴趣和志向所在。创新创业与风险投资是我攻读博士学位期间的研究方向，我的博士论文题目是《新技术企业价值认知与评价研究》，其中涉及风险投资，也涉及与之相伴的创新创业。而且，创新创业是风险投资的对象，国家促进风险投资的发展，当然是希望能够有更多的创新创业者产生。所以，"创新创业"这四个字用在研究所名称中，绝对不是为了找风口，也不是先知先觉地预测到五年后国家实施"双创"战略。研究和帮助创新创业者，是我组建研究所的初心，所以研究所成立之初，就确定了"传播创业者精神、搭建科技金融桥梁、帮助创业者成长"这样的使命。

研究所成立九年来，我在学校面向本科生陆续开设了《创业与风险投资导论》《创业管理》《风险投资》《创业融资》等课程，也经常外出为创业者讲授创业融资。2013 年我们出版了中国第一本将创新创业四个字连在一起作为书名的教材：《创新创业：行动学习指南》，希望通过这本书为创业者提供一个行动学习的知识框架，引导创业者边学边干。2016 年，我们又出版了《创新创业融资：天使、风投与众筹》一书，为创业者融资提供理论指导。

在课程中，我开始发现，创业者的"身份认同"，是创业教育领域一个急需解决的问题。只有你的教育对象认同了创业者这种身份，创新创业教育的效果才能真正体现。创业者在中国的含义，本来就是一个广义的概念，它超越企业创建者而存在，因此，创业教育并不是商业教育。在我国的教育体系中，本科阶段的工商管理专业和研究生层次的 MBA 教育，是培养企业高级管理者（也叫职业经理人）的。同时，创新创业教育也不是为了培养创新者，我们的创新教育体系渗透在各个专业、各个学科和层次。

既不是要培养"创新者"，也不是要培养"职业经理人"，那么，创新创业教育到底要培养什么？思考了数年，我终于有所感悟。创新创业教育绝不是培养"赚钱机器"，也不是要培养"发明家"，我们要培养具有社会主义核心价值观的创业者，来促进创新的社会应用，为国家的创新驱动发展战略提供人才支撑。

反思以往的创新创业教育，我们太重于"术"了。与之相对，我们对于创新创业教育的精神层面过于忽略，精神层面的教育内容几近空缺。偶尔请到校园的企业家貌似可以解决"传播创业者精神"的作用，但很多所谓的"企业家"他们自己都没有关于创业的正确认识，这种依靠外部"企业家"带来的创业者精神教育风险实在太大，因为你不知道他们来了之后要讲什么，他们讲的内容可能是"心灵鸡汤"，也可能是"心灵毒汤"。

在听完某"企业家"在学校对数百名学生的演讲之后，我越发感到事情的严重性。在创业者精神的传播领域，创新创业教育工作若不行动，这个讲台将不知道被什么样的人占据。企业家进校园有其必要性，这是学生了解社会的一扇窗，但大学教师不能因为自己没有创办过企业，而不去尝试理解和传播创业者精神。创新创业教育工作者必须有所作为，创新创业教育一线教师有责任快速行动起来，捍卫神圣的讲坛。

我这样说，并不是要抵制杰出的创业者来学校传播创业者精神，而是要通过我们的行动降低创业者精神教育走偏的风险。我们要写一本书，为将要成为创业者的人提供一个"要不要成为创业者"的思考框架，为已经成为创业者的人，提供些许精神食粮，帮他们应对创业中的问题。

于是，2017年，我组织团队创作了《创业者宣言》，《创业者准则》，发起举办"首届创业者精神论坛"，进一步，就是写作本书，这本书要引导创业者思考：什么是创业，什么是创业者精神，帮助创业者真正理解"创业者"的含义，端正自己的创业动机，了解创业过程的关键问题，以及针对这些问题的正确思考方法。希望本书能够为我国现阶段如火如荼的创新创业教育提供新的内容，也为处于迷雾中的创业者指引迷津，所以本书最终定名为《穿越迷途：创业维艰的81个解决之道》。

2. 本书的写作思路和特色

从最广泛意义上讲，能够自谋生路、自食其力、自主管理或者自己创建企业的那些人都是创业者，如同全球创业观察（GEM）项目中的分类，把创业分为生活型和机会型两类。但是，经典意义上的创业者，并不是指他们。我国的《辞海》早已为创业下了定义：创业是创建一番事业。所谓事业，一定不是做一件小事，而是具有鲜明的时代特征、可以为人类带来一些独特价值的事情。所以，创业可能没有人们想象的那么简单，创业者也不是一般意义的企业创建者。他们整合各种资源，目的在于为社会创造"新"价值。

创业者不是一种职业，而是一种不同于普通劳动者的身份，作为一种独特的身份，就要讲清楚这种身份的含义，要说清楚这种身份的主要特征。否则，如何让创业者有这种身份认同？

《创业者宣言》可以初步解决创业者的身份认同问题，为创业者提供了第一步的精神食粮。但我们知道，这还远远不够。要将《创业者宣言》中的含义，让年青一代创业者们真正理解创业的真谛，却需要进一步的工作，那就是创作本书。

那么采用什么风格来写作本书呢？本书的作者之一高双喜提出意见，说创业者不喜欢教科书风格，他建议我让书中的内容活跃起来。我接受了双喜的建议，并尝试进行改进。

要不要放很多的理论进来？戈壁徒步期间与很多创业者接触，我深刻地体会到：在坚定前行面前，理论真的是微不足道！我感到，对于创业而言，前进是硬道理。因此，本书一定要为创业者答疑解惑，一定要帮助创业者解决实践中的问题。《穿越迷途》就是为了给要走向创业道路的人足够的精神食粮，为他们指明通向创业成功的关键路径，所以，我们采用了问题和解答的形式，针对创业者最常见的迷惑，为创业者提供一个思考的框架。

3. 本书的内容结构

本书总结了创业者在创业前和创业过程中常见的疑问，并以此来编排了第一篇和第二篇。在此之外，我们还希望本书能够在创业者获得初步成功时给以警醒和提示，在他们阶段性失败的时候，给他们以昂首自立的理由和信念，所以我们编排了第三篇：创业者的反思。想想最近接连发生的创业者跑路（特别是 P2P 领域）以及自杀（茅侃侃等）这一类的事件，这部分内容实在是太有必要了。

所以，本书分成三篇，从创业前的思考，到创业者形成、成长和历练的过程，再到创业后的反思，共九章、涉及 81 个问题，这些问题是创业者常见的疑虑，我们试图给出自己的解答或者引导。我们还选编了大量的案例，为创业者树立学习的榜样。

我们希望创业者精神教育的内容多样化，所以，我们组织了创业者精神征文活动。一些优秀的文章，我们收录在附录中。我们还把团队原创的创业歌曲在附录中分享。

本书的章节结构如下：

上篇：创业前的思考。本篇分成两章，分别阐述"创业者"作为一类人到底是什么？和"创业"作为一种生活方式，到底值不值得自己去追寻。这部分内容，主要由高双喜完成。

　　中篇：创业者的形成、历练与成长。该篇分五章，包括如何选择创业方向，如何规划创业之旅，以及如何组建团队、如何创业营销、如何做融资。后三个环节是创业过程中最关键的三个环节，我们称之为"三座桥"。我们比喻创业者就像山林中的寻宝者，他们需要知道宝藏大概在哪里，这就是所谓的选择创业方向。如何接近宝藏，这就是创业规划。而如何行动，包括怎么通向团队，通向市场和通向资本，这三个"通向"，是创业者必经的历程，创业者要顺利跨越山林中的鸿沟，最短的路径就是"搭桥"。

　　下篇：创业者的反思。这一篇分两章，首先提示正在创业中的创业者，虽然"渴望成功"，或者说"渴望得到用财富来衡量的成功"，但一定要"正道而行"，所以，我们针对创业者可能步入的歧途进行警示。然后，嘱咐创业者要以平常心对待成败，从创业失败中学习，而不是在创业失败后放弃一切（包括生命）。我们还提示创业者，在创业成功之后要谨言慎行，并且能够正确使用财富，做真正的人生赢家。

　　全书用81个问题，引导创业者思考，并拷问着创业者的心灵。这81个问题，为创业者提供了一个思考的框架。针对这81个问题，我们虽然提出了自己的观点，并非给出了问题的标准答案。对这所有的问题，创业者需要在创业过程中体悟。我们希望能够引导创业者正确思考。

　　本书还编撰的"案例"、"投资人说"、"创业者说"、"专栏"等，以帮助创业者正确思考这81个问题。这些案例大多来自于网络和微信公众号。我们对原文进行改编、简化，摘其精华，以飨读者。在此，对原文作者和所在机构表示深深的感谢！特别感谢创业邦、混沌大学、创业黑马、36氪、创客总部、品途、亿欧、天使成长营、正和岛、猎云网、铅笔道等网络媒体、教育机构以及创投服务机构。因为你们的杰出工作，我们才能为创业者奉上如此精妙的精神食粮。

　　4. 致谢

　　本书写作过程中，还得到了众多的创业导师、投资人和创业者的帮助。大家线上线下交流活跃，为本书贡献了不少智慧。在此一并表示感谢！

我们乐意做创业者的朋友，创业者可以加作者的微信（微信号：199102），线上交流。我们知道，单靠这本书，还不能帮助创业者解决所有的疑惑问题，所以，我们会组建读者微信群，欢迎读者朋友加入我们的微信群进行讨论交流。我们希望读者们可以在微信群里得到心理关怀、方向指引、方法指导和资源支持，在你创业最为迷茫的时候，我们愿意提供力所能及的帮助。

罗国锋

2018 年 8 月 8 日

目　录

中篇　创业者的形成、历练与成长

下篇　创业者的反思

上篇　创业前的思考

创业是创造新价值的劳动。创业的过程就是把新的价值推向社会。劳动创造价值，当一种劳动在创造新的价值时，这种劳动就是创业。

创业，从机会识别开始，以价值创造为目的，以价值提供物为载体，通过创造性的资源整合，实现新价值的创造、传播和交付全过程，以必然的投入博取可能的收益，从客户或者第三方获得收入，最终实现创业者和投资人的商业价值。

1 创业者是什么"鬼"：
我能成为创业者吗？

没有人生来就是创业者，更没有人生来就注定会创业成功。

1.1 创业者与企业家有什么不同？

> 如今在中国，成功的创业者被称为是企业家，但企业家不能涵盖商业领域之外的创业者。

在当今的中国，企业家指的是成功的创业者，他们一般都是企业的创始人或者联合创始人（合伙人），他们拥有或者部分拥有企业的股权，承担企业经营的风险，获得企业经营的利润。

有的人认为，企业家这个词，翻译自英文"Entrepreneur"。实际上英文这个词的原意是创业者。在美国，即便是比尔·盖茨、扎克伯格、乔布斯这些最著名的"企业家"，他们对自己的称谓仍然是"创业者"，他们经常称自己的企业仍然处于创业之中，而公众对于这类成功的创业者，也没有一个区别于"Entrepreneur"的统一的称谓。

"企业家"这个词，带着中国文化和中国历史的烙印。为了探索"企业家"这个词的由来，我们在中国知网检索标题中包含"企业家"3 个字的文献，发现了一些有趣的地方。在改革开放之前，私营企业主的正式称谓是"资本家"和"实业家"，企业家相关文献非常少；在改革开放后的十几年里，文献依然很少，当时的少量文献把国企的领导人（厂长、经理）称为企业家。

上海社会科学院文学研究所的董德兴于 1980 年 4 月在《社会科学》撰文评论当时轰动全国的短篇小说《乔厂长上任记》、《班车》和《乔厂长后传》，采用的标题就是"无产阶级的企业家——谈乔光朴"。作者在文章中这样写道："主人翁乔光朴是一个有血肉、有灵魂、有个性的党的老干部的形象；一个具有现代化科学管理水平，朝着四化目标勇于献身的党的无产阶级企业家的形象。"

1985 年，由经济日报报业集团主办的《中国企业家》杂志创刊。随着改革开放的进一步发展，谈论企业家的文章也随之增多，中共浙江省委党校的陈自芳于 1989 年 5 月在《浙江学刊》上发表文章时说道："改革以来，中国企业家重新崛起，在人数和质量上，都超过了以前任何时候，并具有鲜明的时代特色。……新崛起的中国企业家阶层，除了国有企业领导管理干部，还包括乡镇企业家、私营企业家，乃至部分经济实力雄厚的个体户，是由不同所有制结构、不同管理方式、不同素质、不同层次与档次的人共同组成，具有较大的包容性和可变性。"由此可见，彼时的企业家，主力还是"国有企业领导管理干部"，但也有"私营企业家"，企业家的组成开始多样化了。

泰蓝于 1995 年 6 月在《企业管理》杂志撰文，记录了被美国总统接见的中国企业家豪门啤酒总经理陈世增。该文标题是"美国总统第一次单独接见的中国企业家"。作者说豪门啤酒是"国有大一型企业"，称陈世增是"国有企业中颇具中国特色的企业家中的优秀代表"，还当过"公社书记、县工业局副局长、县委宣传部长"等。

在那个时代，企业家主要是国有企业领导干部。对企业家的这种认识一直持续到中国民营经济真正崛起。

1995 年，吴廷嘉在《中国企业家》上发表文章《撑起中国现代化的脊梁骨》，文中说道："不少所谓的企业家，其实只是抓住机会捞一把的生意人，根本没有现代企业管理的基本常识和运作能力。一些初具规模的企业家，也缺乏足够的财政金融、法制、企业形象设计意识和国际市场的开拓开发能力，很难适应今后国际社会的挑战。"这篇文章明确提出了企业家和生意人的区别，在于是否具有企业管理的基本常识和运作能力。

由此我们能够看出，在中国"企业家"这个词的真正来源和它背后的文化和时代特征。所以，我们认为"企业家"这个词是中国专有的词，而非来自英文"Entrepreneur"。

随着时代的发展，特别是民营经济的崛起和创新创业浪潮的涌现，"企业家"这个词逐步从国有企业经营管理人员"归位"到企业创建者。但是，因为带着"家"的名头，所以严格来说，一般的企业创建者不能被称为"企业家"，只有成功的企业创建者，才可以称为"企业家"。

"创业者"这个词，在中国还有更深刻的含义。传统意义上，创业者是开创一番事业的人，是参与某项事业创建活动的最核心的成员。从这个意义上说，孙中山、毛泽东，以及当今习近平总书记，他们虽然没有创建企业，但他们都是伟大的创业者。

【观点 1-1】创业者开创伟业，但未必创建企业

> 创业者开创伟业，但未必创建企业。创建企业的创业者，成功后被称为"企业家"，而优秀的企业家，本质上就是创业者，他们并不标榜自己是企业家，而仍然会说"我是创业者"。

1.2 创业者和生意人（商人）的区别是什么？

> 创业者为了长远目标，可以忍受长时间的亏损和没有销售收入的状态，而生意人一般会更加注重眼前得失，不做短期内亏本的买卖。

杰弗里·蒂蒙斯在《创建新企业：21 世纪的创业管理》一书中这样定义创业者：创业者是认识到市场机会，通过发起创立企业，试图获得机会带来的收益，而同时又必须为错误的决策承担风险的人。这个定义从机会的视角出发，强调创业者对商机的利用，但这个定义不能把"创业者"与"生意人"（商人）进行区分。

生意人（商人）本身并不创造价值，他们只是传递价值。因此，可以从价值创造的视角来做定义，把创业者同生意人（商人）区分开来。

本书所谈的最严格的创业者概念，从精神和价值两个维度给创业者以限定。

第一个维度，是精神层面。创业者是具有创业者精神（企业家精神）的一类人，他们以"创新"为信念，赋予企业以价值观，不局限于现有的资源，创新地组合各种要素，"建立新的生产函数"。

第二个维度，是价值层面。创业者应该追求新价值的创造，致力于创新并向社会提供"更有效率"、"更美好"、"更便捷"、"更便宜"、"更舒适"的产品或者服务。尽管有些时候，新价值创造活动可能会失败，但创业者愿意承担这样的风险，并享有创造新价值可能带来的收益。

以价值创造的视角，还可以区分创业者与普通的劳动者。创业者是劳动者，但创业者创造的价值与一般劳动者创造的价值不一样，他们创造的是新价值。另外，创业者创造价值的方式和一般劳动者也不一样，他们通过创造性地整合资源来创造价值。尽管新价值创造过程可能会失败，但他们不畏惧失败，而且试图把新价值带给人们。

【观点1-2】企业家精神和新价值创造，是创业者的本质特征

> 创业者就是具有"企业家精神"并致力于创造新价值的劳动者。他们经常以企业创始人的身份出现，但并不局限于企业创始人，还可以是其他组织的创始人，甚至可以在现有的社会组织内部存在。

【投资人说1-1】沈南鹏：知道可能会失守阵地，仍然义无反顾[①]

斗转星移，改革开放已40年。当年，中国经济几近停滞，我们从一个非常边缘的位置出发，开始奋力追赶世界。今天，中国站在了全球经济舞台的中央，在不少方面甚至实现领跑。如此巨变，仅仅在40年间便发生了，着实令人惊叹。更值得惊叹的是，一代又一代企业家的成长，在中国经济崛起过程中扮演了重要角色。我有幸亲身经历和见证时代巨变，对企业家精神感触尤深。

比我们更早一代的企业家，他们每个人都拥有杰出的胆识和魄力。改革开放之初，在连职业经理人、产权等名词都还没有出现的时候，他们便敢于跳出体制，"摸着石头过河"，在一片混沌之中敏锐地找准市场突破口，开辟出一番事业。

---

① 根据沈南鹏在亚布力中国企业家论坛发言删减改编。

而我们这些赶上了互联网浪潮的人，在中国与世界经济全面交融的时期开始创业，有外国模式可以借鉴，有风险投资提供助力。更重要的是，有信息革命在中国带来的巨大红利，这无疑是幸运的。我看到这一代优秀的企业家，学习能力极强，富有契约精神，在阳光之下创世纪，同时也敢于承担风险，有担当。

企业家精神并不是一种与生俱来的性格特征，事实上，我见过大量气质、性格迥异的创始人与企业家，他们都在企业经营中展现了勇于担当、追求创新的企业家精神。因此可以认为，企业家精神是可以经由后天学习培养的。

风险的承担在某种程度上也可能会受到外部环境的激发与感召。以我自己为例，自幼接受的教育中并没有太多鼓励创新与冒险的因素，而我却有机会成为一名互联网创业者和风险投资人，这份动力首先源自改革开放创造的伟大时代。

每一个时代的企业家，都有着自己的时代注脚，有着自己的时代使命。但不论何时，有一些精神永远是相通的。

1. 创新

彼得·德鲁克曾经阐述过"创造性模仿"的企业战略。现在回过头看，我们会发现携程、百度、腾讯、阿里巴巴和同时期的一批企业，都是这一战略的受益者。这其中隐藏着最根本的企业家精神：洞察和创新。

这类企业往往肇始于朴素的愿景，但却要求企业家具备准确的洞察力，他必须比绝大多数人更加清晰地认识到自己所模仿的商业模式其核心价值所在，并且在成长过程中寻求创新点与突破口。

1999 年我们创办携程网的时候，Expedia 在美国已经相当成功，但没人能够想到携程从事的酒店、机票预订行业在中国改革开放的红利下，在时代大潮中能够催生出如此庞大的市场规模。早期我们从呼叫中心入手，做了一系列创新与改良，并坚守 3 年才等来盈亏平衡点。2017 年，携程的市值一度达到 300 亿美元，甚至将当年的对标企业 Expedia 都甩在身后。

创新也可以视为是实践企业家精神的一种工具，它的驱动力在很多时候源自市场结构的变化与人群的认知变化，这往往是在潜移默化中出现的市场机遇。

譬如，美团自创立以来连续在团购和外卖市场的竞争中胜出。可在中国市场上，无论是团购还是外卖领域，最初的领先者都不是美团，它甚至不是最早参与的那一家。但显而易见的是，王兴对市场结构的变化与客户人群的认知理解通透，而且他在竞争中将服务和用户体验做到了极致，并一路坚持下来。

创新的另一种驱动力来自技术的变革与进化，这一类创新在商业应用中所需要的周期更长，存在的风险更大，也意味着面对的产业壁垒更高。高科技固然是实践企业家精神和实施创新的前沿阵地，但更大规模的创新，一定存在于看上去不那么耀眼的传统行业中，它们在国民经济整体增长的过程中起到基础性作用，为社会提供更多就业机会，许许多多创始人与管理团队以企业家精神创造出更大的社会价值与经济价值。

2. 担当

"Entrepreneurship"早年在硅谷经常被提到，中文可以翻译为"创业者精神"或者"企业家精神"。企业家精神的特征是什么？我认为要能够并愿意去承担风险。诚然在经济体系中，每一个个体都在以现有资源博取未来发展，也可以认为，每个人都不可避免地有承担风险的义务，但企业家与众不同的是，他需要用智慧、决策为更大范围内的资源、人员投入负责。

不仅如此，我所理解的企业家的担当，是要用自己的一言一行弘扬商业正气，是要通过自身影响力推动公益慈善事业的发展，是要不断努力打造基业常青的企业以承担起更大的社会责任。

创业者简介：沈南鹏，1967 年出生于浙江海宁，上海交通大学学士，耶鲁大学硕士，红杉资本全球执行合伙人，红杉资本中国基金创始及执行合伙人，携程旅行网和如家连锁酒店创始人。

1.3　创业者都是天生的吗？

> 创业者不是天生强大，而是天生要强。

没有人天生就是创业者。人在语言、逻辑、音乐、空间、感知、人际关系或者运动等方面可能会拥有天赋，但天赋只是成功的部分要素，并且这些要素不起决定性作用。一般认为，语言、逻辑和人际关系，是对创业有重要影响的天赋因素，但对成功的创业者的研究发现，有的创业者非常腼腆不善言辞，有的创业者人际关系并不好，甚至有点神经质，有的创业者逻辑能力很差，但富于感染力。马云的数学考 1 分，不影响马云成为最伟大的企业家。

创业者其实是一个人人皆可能成为的角色。蒂蒙斯指出，创业者可以是"任何一个敢于经历如同幽深黑暗的峡谷一般的不确定性和模糊性的人，也是那些想要登上令人激动的成功巅峰的人"，"他们在别人看到混乱和迷惑的地方发现机遇，他们是市场变化的催化剂，他们被比作挑战自我、打破纪录的奥林匹克运动员，是耐得住漫漫长途的长跑健将，是平衡不同的技能和声音使之成为和谐整体的乐队指挥，或者是最优秀的不断挑战速度和胆量极限的飞行员"。

当然，必须承认，人的智力对创业者来说非常重要，可是单有智力远远不够。

人的性格也会影响创业者创业的成败，但人的性格会在创业的过程中发生变化。

同样，你可能现在尚不具备创业的关键能力，但这些能力可以在创业的过程中变得更加强大。甚至，你只需要具备其中的一项能力，只要你的这项能力足够强大，其他所需能力可以由团队成员来弥补。

【观点 1-3】 天赋并不是创业者成功的必要条件

创业者的成功非天赋可以达成。天赋并不是创业者成功的必要条件。当人们说一些创业者是天才的时候，实际上他们忽略了这个天才表面下掩藏着的不为人知的奋斗故事，他们在你睡觉的时候拼命钻研技术，他们在你四处游玩的时候虚心地拜访客户，他们在你犹豫不决的时候，已经早已悄悄地在付诸行动了。

【专栏1-1】这些性格特征不适合创业[①]

失败的企业家基本上都是性格出问题，这仿佛是一个不破的规律。

有些企业家一看就特别强势，在企业里一言九鼎，谁都不能说反对的声音，他像一个皇帝一样，他说什么就是圣旨，这种企业肯定是不行的。

还有一个是特别软弱的，特别弱势的企业家也碰到几个，什么主意都没有，大事小事都找投资人商量，特别小的事也找投资人商量，我说这个肯定是有问题的，拿不定主意。

还有一类，就是文人气质的，情怀特别多，理想特别大，每次都是谈情怀、谈理想。后来我们说打住，这次就不谈情怀了，每次见面都是谈情怀，这次谈数字，谈财务报表，谈咱们这个项目的进度，每一周开周会，每个月开一个会，每个季度做一个反思，评价项目的进展，拿报表来，最终体现在报表上。他觉得这些东西太俗了，你要谈钱，我是谈情怀、谈理想的。企业家就是一个很俗的事，就是得一个个地趴着干，一块一块地赚回来，每天都得关注你的现金流、报表、库存、CPI，如果不看这些，而整天想那些（情怀），企业就死了。

【创业者说1-1】稻盛和夫：六项精进是创业者的成功秘诀

稻盛和夫被称为企业家的人生导师，先后创建了三家世界500强企业：日本京瓷、第二家电（KDDI）和日航。他的经营之道、商业理念、思维方式等都给我们很深的启发。

稻盛和夫认为，生命即将终结时的价值高于开始时的价值，这就是我们生命的意义和目的。对于一个合格的经营者来说，最重要的不是知道多少复杂的知识和理论，而是懂得珍视那些看似简单的"引导人们采取正确生活态度的原理原则，即哲学"。

稻盛和夫认为，"六项精进"是搞好企业经营所必需的最基本条件，同

[①] 改编自达晨财智合伙人肖冰的演讲。

时也是度过美好人生必须遵守的最基本条件。如果人们能够日复一日地持续实践这"六项精进"，人生必将更加美好，美好的程度甚至超乎我们自己的能力和想象。

（1）付出不亚于任何人的努力，比任何人更多地钻研，而且一心一意保持下去。如果有闲工夫抱怨不满，还不如努力前进、提高，即使只是一厘米。

（2）戒骄戒躁。"谦受益"是中国的古语，谦虚之心能招来幸福、净化灵魂。

（3）每天自我反省。每日检查自己的行动和心理状态，是否只考虑了自己的利益，是否有卑怯的举止等，自省自戒，努力改正。

（4）感谢生命。只要活着就是幸福，培养对任何细小的事情都心怀感激的心性。

（5）行善积德。"积善之家有余庆"，提倡行善、积德，特别注意要有同情心，行善积德有好报。

（6）摒弃掉感性所带来的烦恼。不要总是愤愤不平、杞人忧天、自寻烦恼。相反地，为了不致事后后悔，更应全身心地投入。

1.4　成功创业者的共同特征是什么?

> 创业者各不相同。成功的创业者，也没有两个完全相同的。但他们身上必然有一些共同点。

每个成功创业者都各不相同。管理大师彼得·德鲁克这样描绘成功的创业者："有的偏激，有的驯服；有的胖，有的瘦；有的焦躁，有的从容；有的喜欢豪饮，有的滴酒不沾；有的英俊热情，有的呆板冷漠。"在笔者见过的众多创业者中，也没有任何两个具有完全一样的个性特征。

成功创业者虽然天赋各异，但在态度和行为方面，却有着众多的共同点，例如有首创精神、责任心，坚决而且有恒心，情绪控制力强，适应性强等。

有些天生的因素，如语言、逻辑、人际交往，在创业之后变得更强大。

百森商学院杰出创业者协会在讲述自己成功的原因时，都提到三种重要品质：面对挑战时的正面反应，从错误中学习的能力，极大的恒心和决心。由于恒心的重要性，牛文文领导的创业黑马公司，把创业黑马大赛的赛歌定名为"坚持"。

百森商学院的杰出创业者协会吸纳了越来越多的企业家，他们为百森提供了不错的研究样本。遗憾的是，百森的研究发现"还不存在完美企业家这回事"，有的企业家具有一套态度和行为标准，而别的企业家则是另外的一套。

实际上，即便是在创业团队层面，也找不到完全一样的具有完美特征的两个创业团队。根据行业差异、地域差异，所对应的优秀团队特征也不一样。

根据对成功创业者群体的总结，以下特征对于创业成功至关重要。创业者可以在这些方面不断提升自己。

（1）使命感。创业者必须有强大的使命感。你的创业活动，是基于某种特定的创业初心，你希望你的客户（用户）能够因为你的价值创造而获得更好的满足。

（2）责任感。能够理解你的产品和你的组织对各利益相关者应该负担的责任，并竭尽全力去承担责任。

（3）决策力。具有决断能力，在应对不确定性的时候知道怎么做是对的、有效的，在做出决策的时候，不会犹豫不决、拖泥带水。

（4）领导力。具有主动的精神，善于鼓舞团队和赋能团队，你对待别人就像对待自己，与伙伴分享财富，能够公平行事，并且尊重别人。

（5）坚强的意志。在危机和困难面前，你不被左右，你会主动承担风险。谁也动摇不了你朝着目标前进的决心。

（6）创造力。敢于创新、思维开放、不受束缚，能够摆脱现状，主动调整和做出变化。

（7）快速学习和适应。可以从成功和失败中学习，善于总结，并能与团队分享经验教训，促进团队共同成长。

（8）诚实守信。即使面临损失，也不会违背合约，信用是创业者最大的资本。

（9）善于沟通。能够与自己的团队和利益相关者建立有效的对话，用良好的沟通解决团队问题。

（10）自信。他们以"可能是人为的，不可能是认为的"为信条，认为通过自己和团队的努力，可以解决一切问题。

（11）身体健康。你最好能够身体健康并在创业过程中保持健康的状态，以应对创业带来的工作强度。

（12）情绪稳定。创业者最好善于控制自己的情绪，有办法克服孤独感，避免沮丧的情绪传播给团队成员。

（13）勤奋。创业者大多数是非常勤奋的人。稻盛和夫在自传中谈到，没有别的成功路径，只有勤奋。勤奋到感动自己，也一定也会感动别人。

【观点 1-4】人无完人，企业家也没有完美的企业家

> 不要试图找到一个完美的企业家，就像没有一个人是完美的一样。和一些创业者近距离接触你会发现，他们也有喜怒哀乐，但他们不轻易使负面情绪影响团队。他们也会犯错误，但他们能够在错误中吸取教训。他们有时候看起来很傻很固执，但在他们所专注的领域，谁都没有他们的嗅觉敏感。

【投资人说 1-2】张颖：顶级创始人的共性[1]

在经纬十周年 CHUANG 大会上，经纬中国创始人张颖在回答记者提问时总结了顶级企业创始人的一些共性。

如果要通过观察那些顶级的创始人，总结一些共性，我觉得就是心胸，渴望去赢的决心，固执但是又变通的思考。另外，有人格魅力能够让自己的

---

[1] 改编自创客总部微信公众号。

团队持续提升。最后一点，我比较有信心，我们每次见他们的频率如果是一个多月、两个多月，会发现他们在不断地改变自己。

举个例子，杨浩涌、何小鹏、米雯娟等这些人，当你以一定频率跟他们接触的时候，你会慢慢发现，他们变成了完全不一样的人。他们在吸收资本、业绩的支持，整个市场给他们带来正面影响，让自己快速提升，这个非常明显。

很重要的一点，我们跟技术类的，或者说更加理想化的创始人聊天的时候，还是要理解他对商业本质的理解和重视程度。创始人是否持续地在想，怎么去演变，有没有一个落地的场景等，这些都是非常重要的。

如果创始人只能泛泛说一些东西，但是对其他有关整个行业的大环境没有太多的思考，我们也会比较担心。

一直以来，我觉得坚持价值观这件事情，其实是让一个人背着沙包、腿上绑着沙袋在行走，是非常艰难的。

像这样坚持，把细节处理好，等这些事情做透之后，这种对价值观、底线的拿捏就会在某一天爆发。这样的话，整个公司就会日行千里，很多事情来得更加容易，而且这个护城河非常深、非常宽，是很难超越的。

说出来似乎非常抽象，但事实上，我们大概是从 2013 年、2014 年开始的，就在享受这种由价值观、底线带来的重大效益。

投资人简介：张颖是经纬中国的创始管理合伙人。2008 年成立至今，张颖带领的经纬中国聚焦中国新经济领域，投资公司包括：滴滴出行、陌陌、链家地产、饿了么、瓜子二手车、猎豹移动、ofo 小黄车、36 氪等。

1.5 创业成就与学历高低成反比吗？

高学历的创业者越来越多，相比低学历创业者，他们创业的起点更高，创业项目的门槛更高，他们更加容易获得阶段性成功。

很多人认为创业者是学术上的失败者，并且与社会格格不入。美国最成功的两位创业者比尔盖茨和马克·扎克伯格，都是哈佛大学的肄业生。我在戈壁徒步时的将军队队长倪伟也是大学肄业，但他联合创建的分众传媒早就在美国上市，2015 年又回归 A 股上市，目前市值 1000 多亿元。这些创业者虽然肄业，但事实是他们顶尖聪明，而且创新力和行动力超级强大，毫不夸张地说，他们是社会、经济和学术领域真正的英雄和专家。很多创业者没有学历，因为家境贫穷，早早地就到了社会上打拼，慢慢地积累了经验和财富，最后实现逆袭。

马云、马化腾这些中国最成功的企业家，学历也都只有本科毕业。俞敏洪创业前，是一个受过处分的大学教师。马云创业之前，是杭州师范大学的英语老师。从这些最成功的创业者来看，他们并没有博士学位，学历高低与创业成就好像真的成反比的关系，但这可能并不是统计意义上的经过严谨科学研究之后的结论。

从理论上分析，学历越高的人，背负的东西就越多，越难以放下已有的成就和生活方式，他们创业的机会成本更大。所以，学历高低跟成为创业者的概率可能有反比的关系。此外，无知者无畏，缺少必要的商业知识的情况下，反而更容易走向创业的道路，太多的计划和评估导致对创业望而却步。但创业者若真的无知，会让创业活动以失败告终的概率加大许多，而企业不得不花大代价作为学费。必要的知识可以帮助创业者正确认识环境变化，把握未来的商业趋势，认清企业的优势劣势，设定清晰战略和计划，制订出解决问题的应急方案，并通过认真的、有计划的实施来减少问题，这些都是成功创业的关键因素。

【观点 1-5】学业（学历）和创业成就之间并无必然关联

> 更高的学识，虽然不能保证你创业成功，但可能会降低创业失败的概率。

【创业者说1-2】邱兵：横亘在"好学生"的人生路上有两座大山

学历和创业之间并不是互相排斥的，不应该走极端。"梨视频"的创始人邱兵，曾讲了这么一则故事。少年时代的他是一个"好学生"，而同学"黄辣丁"是一个差生。当年他以全县文科第一名的成绩考进了复旦大学，而"黄辣丁"却落榜了，回乡务农。多年之后，早早放弃升学之路的"黄辣丁"成了连锁餐馆的老总，而作为"好学生"的邱兵才刚刚走上创业之路。邱兵说，横亘在"好学生"人生路上的有两座大山，一座叫作"虚荣"，一座叫作"怯懦"。

【案例1-1】清华学霸创业2年估值百亿元①

刘自鸿从小就是学霸，而且很有自己的主见，本科就读于清华大学电子工程系。2004年在清华免试继续读研，1年后他便以全校排名第一的投票数被评选为"清华大学十佳优秀研究生"，那年他22岁。

2006年硕士毕业，他又赴美国斯坦福大学电子工程系攻读博士学位，并在2009年成为该系历史上用时最短毕业的华人博士生，也是斯坦福校史上罕见的入学不到3年即完成博士学位的毕业生。那年他也不过26岁。

2009年，刘自鸿在斯坦福博士毕业后萌发了创业的想法，但美国正因金融危机处于水深火热之中，寻找创业投资变得困难。当年7月，他去了IBM沃森研究中心，一边工作，一边利用业余时间继续进行"柔性显示"研究，等待合适的创业时机。2011年下半年，美国经济复苏，他觉得时机已到，开始谋划创业。

创业项目太超前，很多信息还不能说，因为需要保密，这让刘自鸿拿投资异常困难。2012年5月初，他拿着历尽艰辛筹来的400万元人民币，在深圳留学生创业园租下一间不足百平方米的小办公室，成立柔宇科技，开始了他的创业生涯，在成立仅两年多的时间里获得IDG资本、中信资本、深圳市

---

① 改编自创业邦，原文作者：毒舌科技。

创新投资集团、基石资本、松禾资本、源政投资、富汇创投、Alpha Wealth、Jack and Fischer Investment、美国 KIG 资本等一批国内外风险投资机构的四轮风险投资。如今，柔宇科技估值超过 200 亿元。刘自鸿也获得了第 20 届中国青年"五四奖章"、国家"千人计划"特聘专家、《福布斯》中美十大创新人物、世界经济论坛"全球青年领袖"等荣誉称号。

1.6 成功的创业者不是有关系就是走了大运?

> 人脉关系可以为创业者铺平道路，但机遇只垂青于有准备的头脑。

社会上有种庸俗的观点，认为在创业过程中，人脉起到了 70% ~ 80% 的作用。人们认为，一些创业者有很好的产品和服务，但是由于他们缺乏社会经验与人脉，没有人来帮助他们，所以才会创业失败。所以，当某位创业者一旦创业成功，人们就要去"人肉"搜索一下这名创业者，仿佛创业者的成功必然是因为某些特殊的出身或者特殊的关系。大多数情况下，他们会徒劳无功。因为大部分的成功创业者都是草根，创业之前普通得不能再普通了。

找不到成功创业者的人脉根基，那就一定是走了大运。这么说，好像有点酸溜溜的感觉。若非创业者做了十足的准备，大运也会与创业者擦肩而过。更何况，外人当然不会确切地知道，在创业者成功之前，经历了多少坎坷。

很多创业者总认为别人成功有运气好的成分，自己的失败是运气差。尽管表面上看起来创业者是在一个前途未卜的机会上"押赌注"，但实际上，创业者通常只承担适度风险。许多成功的创业者努力工作，通过计划和准备来减少风险，以更好地控制企业未来的前景。"谋事在人、成事在天"，创业者往往会误读这句话，把"成事在天"的部分不断夸大，夸大到最后试图用运气来解释。比如，滴滴出行现在做这么大，运气真好；人人车选了这个赛道，当时运气真好。

"在正确的时间，和正确的人，在正确的地方，做正确的事情。"这是成功的创业者回顾创业历程时经常会讲的，它体现了创业者对人生的积极态度。但并不是在宣扬自己的运气有多好。事实上，几乎所有成功的创业者，也一样有运气不佳的时候。所谓的"运气"，其背后是充分的准备、坚定的信念、强烈的成功欲望、对客户的洞察和专业能力。

【观点1-6】警惕"关系"，专注产品，相信机会一定会到来

> 创业者应该把精力从建立人脉关系方面收回到产品研发上来。创业者应该坚信：做好产品，机会就一定会到来，产品有价值，人脉自然就会建起来。靠关系的成功，只是一时的成功，甚至根本称不上"成功"。

1.7　创业者需要什么样的知识结构?

> 你不必精通创业的所有知识，但必须在"创新、营销或者运营"等某一方面有特别的长处，否则很难坐稳创业团队核心成员的位置。

创业始于机会发现和问题解决。所以，在一定的专业领域进行创新，是创业者必要的知识。如果你自己不可以带领产品团队在这个领域不断创新，而擅长营销和运营，那你就需要先找到具备专业知识而且擅长创新的团队成员。

与创新并列重要的是营销。营销决定了产品创新的方向，因此，创业者必须具有洞察客户的必要知识，避免创新出来的产品并不是客户所需要的。

创业者还必须了解如何评价创新，如何基于创新的属性来构建商业模式，如何运用企业从而实现创新价值向客户的传递。

除此之外，创业者还需要知道如何招募、培训和管理团队，了解基本的资本市场知识和企业财务模型中的关键指标，懂得自己行业内基本法律法规和政府政策，避免企业"非法"存在或非法经营。

创业者可以在创业导师的指导下快速习得上面的基本知识，然后在经营实践中不断总结和学习。

【观点1-7】知识可以迅速学会，但创业实践还需要摸索前行

创业必须的知识，就像"武林秘籍"。有了"武林秘籍"之后，不潜心修炼是不可能成为"武林高手"的。学习创业知识也一样，即便是有了成功创业人士的悉心传授和精心调教，创业者也只有在创业实践中摸索前行，不断总结经验教训，才能够最终走向创业成功。

1.8   创业者都没有生活吗?

创业是生活的一部分，这部分的大小因人而异。

在鲜花和掌声的背后，创业者正承受着巨大的压力。在开始创业的时候，创业者只拿象征性的工资（这些工资当然也来自于创业者自己），每个月要按时给员工发工资，产品研发耗费着有限的资金，而收入则不知道何时才能产生。投资人的口袋没有那么容易被撬开，就这样，在焦虑中时间一天一天飞逝。

创业，特别是创业初期，激情万丈只是表象，背后是创业者在压力、焦虑、抑郁、苦闷中艰难挣扎。内心强大的创业者，同样也有无法逃避的脆弱一面。

为了赶进度，避免新生企业过早死亡，就出现了标题所说的创业者只有工作，没有生活。在压力过大的生活状态中，创业者们往往吃得太多或者吃得太少，睡眠不足，缺乏锻炼。为了带领团队渡过难关，你强迫自己、虐待自己的身体，最终导致你的情绪更加脆弱。员工似乎并不想和你一样受苦受累，你看在眼里，急在心里。

非常多的创业者，一切还没有想清楚就开始创业了。走上创业的道路之后，才发现自己不仅没有做好资金准备，也没有做好心理准备。初次创业的创业者对未来的形势估计往往过于乐观，而现实则十分残酷。

创业者必须平衡工作和生活，把创业当成一种生活方式，享受创业的过程。但创业这种生活方式，不应全部塞满工作。要给家庭生活、朋友交往和锻炼身体留下足够的时间，来确保自己身心健康。

【观点1-8】创业前做好各项准备，才不至于在创业中手忙脚乱

> 创业前做好各项准备，包括必要的资金、前期的研发、备选的团队成员和必要的知识结构，可以防止在创业中手忙脚乱。创业者要从容应对，平衡工作和生活。

【专栏1-2】500位新手创业者群像：周工作80小时[①]

每周工作80小时，持续的工作压力，紧张的人际关系和不协调的性生活，这些仅仅是当前创业者所面临挑战的一部分。

英国风险投资公司BGF Ventures与市场研究公司Streetbees合作调查了英国500位公司创始人，希望了解那些启动并运营着公司的创业者的生活状况。在受访者中，36%表示公司的运营者只有他们自己；36%表示公司有1~4人；只有3%的企业拥有50~99名员工；只有1%的企业员工人数超过100人。在运营期限上，37%的企业为1~2年，36%运营不足1年。此外，51%的受访者为独立创始人，而非共同创始人。68%的受访者表示，这是他们开设的第一家公司。

创业文化往往推崇长时间工作，创企确确实实是这样做的，仅有9%的创业者每周工作时长低于35小时。另外，7%的受访者表示他们每周工作时长超过80小时。与此同时，高达70%的人表示，相比打工，创业要做的事多

---

① 改编自猎云网。

得多。另有 10%表示工作量相对而言变少了。此外，53%的人表示他们基本上一直在工作，没有休假。

高压力几乎是创业者恒定的生活特征。41%的受访者表示，他们每天都感觉压力很大；33%则是每周会抱怨几次；只有 7%的人说他们从来不觉得压力大。

在 500 名受访者中，53%的受访者表示成为创业者在自我成就方面产生了积极的影响，幸福感受影响占比为 52%，心理健康则为 35%。

不过也有 34%的受访者表示，创业对他们的社会生活造成了负面影响，31%表示私人关系或家庭关系受到较大影响，心理健康受影响比例为 27%，生理健康则为 23%，随后受影响较高的还有饮酒量（15%）和性生活（12%）。

接着是工作的收益情况，大多数受访者（95%）表示，建立企业比打工收益更丰厚，3%表示收益差别不大，2%表示收益反而减少了。

此外，如果能从头再来的话，76%的受访者表示，即使他们知道会面对什么，他们仍会选择创业，只有 1%的受访者表示不会选择创业。

1.9　我适合做带头大哥吗?

团队领导者的领导力高低决定了这个团队能走多远。

创业者选择创业，可以自己当带头大哥，也可以跟着别的"带头大哥"一起创业。创业"带头大哥"就是创业团队的领导者，责任重大，决定着一个团队能否合作成功，所以如你没有当"带头大哥"的能力，就一定要让贤能者。

"带头大哥"需要具备独特的人格魅力：敢于负责、创新，还要有分享精神，既能吸引到高手加入自己团队，又能"罩得住"这个团队，让团队相信自己的创业理想，甘心跟着自己南征北战。

在创业初期，创业领导者要有"杀手"气质，可以"攻城拔寨"，为企业带来订单和销售收入。创业领导者还需要具有"传教士"的能力，向团队成员阐明企业愿景，以激励团队协同一致、高效运转，领导者还要创造条件让他们的员工拥有信息、主动做出正确的决定，企业内部所有层次的行动都是相互协调和一致的，从而发挥最大潜力。

在创业起步之后，传授知识和培养新人处于领导工作的核心。领导者必须让团队成员快速成长为新的"领导者"。领导者具有高度的自我意识和强烈的信仰与价值观，给其追随者带来希望，表现出一种能让他人感知并依赖的内在力量。

好的创业领导者所具有的七大特征：①权威性，言行一致；②果断，能基于有限的或不完善的信息做出决策并采取行动；③有重点，有计划；④关怀，构建关系和社会资本；⑤个人技能，向团队所有成员提供有用的反馈信息和好的教练式辅导；⑥善于沟通，促进对话和在思想上进行交流；⑦不断地完善自我，保持学习和在企业内部不断地注入能量，保持乐观。

【观点1-9】领导力弱，可以做创业团队中的跟随者

> 创业者的领导力决定了创业团队中的角色扮演。领导力不足的创业者可以做创业团队中的跟随者，免得自己成为企业发展的瓶颈。与其勉强硬撑，不如主动让贤，这样可以避免团队危机。

【测试1-1】领导力测试

请对如下陈述句描述的情况与您的符合程度做出判断。

非常不符合	不符合	不确定或说不清	符合	非常符合
1	2	3	4	5

1. 你可以为了某个目标而设定两年以上长期计划，并能够按计划进行

到底。

2. 你不会因为伙伴离开而放弃任何一个计划。

3. 你能在没有父母和师长的督促下自动完成分派的工作。

4. 你喜欢和团队一起完成工作。

5. 当你与朋友们在一起工作时，你经常被推举为领导者。

6. 求学期间，你业余时间经商赚钱，足够满足生活支出。

7. 你经常把闲钱用在别人认为风险较大的事情上。

8. 你对工作的总结客观公正，且总能得到同伴的认可。

9. 在平时生活中，你乐意帮助那些需要的人。

10. 你总是关心别人的需要。

11. 你工作时总是感到精力充沛。

12. 在求学期间，你带动同学完成一项由你策划组织的大型活动，譬如运动会、歌唱比赛等。

13. 不管比赛赢的概率有多大，你都喜欢参加比赛。

14. 你坚信的事情多次失败后，你会继续坚持。

15. 当你发现同伴的工作方式不当时，你会指出并共同探讨适当的方式。

16. 当你需要别人帮助时，你能充满自信地说服别人来帮助你。

17. 你愿意与你的父母家人或者朋友充分沟通你所进行的重要工作。

18. 你在募款或义卖时，充满自信，从不畏难。

19. 当你完成一项重要工作时，总是留足余量提前完成。

20. 你经常总结经验教训，并与朋友们分享。

你的得分是？_____

2 创心萌动：我想要的
是"创业"吗？

普通人和创业者之间有堵墙，翻过墙去，将会是怎样的一片天地？

2.1 创业的本质是什么？

> 创业者改变过去，创造更加美好的未来。创业者引领社会变革的方向，定义新的生活方式。

"创业"本义是创立基业、创建功业。《辞海》中对"创业"的解释就是创立基业。在英文中创业有多种表述方式，"Venture"、"Start-up"、"Entrepreneurship"都表示创业。"Venture"一词的最初意义是冒险，用于表示动词创业，暗含着创建企业这一动态过程中的主动冒险成分；"Start-up"强调从零开始到新企业产生；"Entrepreneurship"更多地表示创业精神和创业活动。

对于中国人而言，对创业最普遍意义上的理解就是创建一番事业。古语有"创业难，守业更难"的说法，这里讲的创业不只是财富的创造。一个新建大学校长、新任地方政府官员、二次创业以及一些成功的国企老总都可以把自己的事业形容为"创业"，把自己形容为"创业者"。

对于普通人而言，创业是创造财富的过程，是改变命运的工具。中央电视台曾经的创业王牌节目《赢在中国》节目的广告语说："创业改变命运，励志照亮人生。"很多人的人生通过创业活动而发生改变。

走向创业道路不仅能改变自己的命运，而且使那些佼佼者成为首屈一指的富豪。他们通过最为璀璨夺目的创业活动：创建公司，不仅使创业团队产生了众多的百万富翁，还改变了人们的生活或者工作方式。

国外的创业传奇，如微软、亚马逊、麦当劳、Facebook、Airbnb 等，它们成了全世界家喻户晓的公司。国内的创业传奇，如腾讯、百度、阿里巴巴、携程网、汉庭酒店，这些公司不仅在中国家喻户晓，而且还改变了我们通信、购物、出行、搜寻信息等方面的习惯。

【观点2-1】创业是喜欢变革者的生活方式

> 创业是做出变革和创新，从而改变世界。创业让不美好的事物变得美好，让美好的事物变得更加美好！创业不是一种职业，而是一种生活方式，是喜欢变革者的生活方式。如果你想要改变世界，那么创业是实现理想的最佳方式。

【创业者说2-1】徐小平：创业的本质

创业的本质是把自己的产品想法给做出来，让别人得到好处，让别人得到价值，创业的本质是人的事情，它不是物的事情，更不是钱的事情。这种价值就是你自己作为人——作为一个有理想、有才能、有伙伴的"人"的事情。（创业对于个人来说）最大的（收获）是成长、是你的锻炼、是你的（价值的）实现，无论实现了多少，这是人生的一段旅程，是不断努力实现你的（价值）过程。

创业者简介：徐小平，1983年毕业于中央音乐学院音乐学，毕业之后进入北京大学工作，先后任北京大学艺术教研室教师、北京大学团委文化部长、北大艺术团艺术指导。他是真格基金创始人、中国天使会主席、中国青年天使会荣誉主席。在创办真格基金之前，徐小平先生是中国最大教育培训机构新东方教育科技集团的联合创始人，与俞敏洪、王强并称为新东方"三驾马车"。2016年入选美国《福布斯》杂志"全球最佳创投人"榜单。

【创业者说2-2】马云：人是要有梦想的，万一实现了呢？

作为一个创业者，首先要给自己一个梦想。我的梦想是建立自己的电子商务公司。人没有梦想，没有一点浪漫主义精神，是不会成功的。

所以我想告诉大家，创业、做企业，其实很简单，一个强烈的欲望就是我想做什么事情，我想改变什么事情。你想清楚之后，你永远坚持这一点。

创业要找最合适的人，不一定要找最成功的人。

如果我马云可以创业成功，那么 80% 的年轻人也能够创业成功。创业者最大的快乐就是在创业过程中去学习，去提升。

创业者简介：马云，1964 年 9 月 10 日生于浙江省杭州市，祖籍浙江省嵊州市，阿里巴巴集团主要创始人，担任阿里巴巴集团董事局主席。他 1988 年毕业于杭州师范学院外语系，同年担任杭州电子工业学院英文及国际贸易教师，1995 年创办中国第一家互联网商业信息发布网站"中国黄页"，1999 年创办阿里巴巴，并担任阿里集团 CEO、董事局主席。2017 年 11 月 16 日，《福布斯》中国富豪榜公布，马云以 2554.3 亿元财富，排名第三位。

2.2 我要不要创业？

> 要不要创业？而对于大多数人来说，已有的生活轨道，似乎离创业很远。从安逸、享受到拼搏和各种"难"，创业决定似乎是一道"分水岭"。

很多人一辈子浑浑噩噩，不知道自己想要什么，就好像是在 25 岁死亡（梦想死了），到了 80 岁才埋葬。

我要不要创业？

面对这个问题，也许你会说：这个问题我都想了很久了。已经都想了很久了，至今还没有答案。因为……，所以没有创业。要不是……，早就行动了。比起……，我还算幸运的。

也许，昨晚上你刚刚想要做出创业的决定，父母知道了，他们向你加压，说你不务正业。

终于，你的父母同意了，你迈出了创业的第一步。这个时候，同学们开始说闲话了。"呀，当老板啦！牛！"这些看似褒奖的话，背后也许是不屑一顾，甚至是冷嘲热讽。

你看到的职场精英，他们一身正装，飞来飞去，住五星酒店，还能趁着工作到处游玩，每天很开心。而你，一旦走向创业道路，别说飞机出行，就连火车座位也要降等，到大城市出差，面对高额的住宿费，恨不得找个便宜的小旅馆去住。

你可能已经结婚成家，小孩子嗷嗷待哺。而处于创业初期的你，不但可能没有收入，甚至还得把家里那少得可怜的积蓄挪用到创业中。开明的妻子可能会说："没事儿，好好干，面包会有的。只要你愿意，去做你自己喜欢的事情！"你可能已经连续出差很多天了，你的妻子可能会有怨言，赚不到钱，也不能陪家人。

你可能事业小有所成，或者做到一家不小的单位的中层甚至高层领导位置。家族以你为荣，朋友们都很佩服能干的你。你知道你是温水中的青蛙，但是，要放弃温暖的环境，是多么困难的事情！

也许，你只是在校的大学生，大二、大三的时候，你很有冲劲，没有女朋友，了无牵挂，经营一些小生意，不用向家里伸手要钱。如今到了大四，家人要你考研，或者要你考公务员。因为你上了大学，你是家族的骄傲！所以你要想为家族考研或者考公务员。这不仅是你家里的想法，也是你女朋友的想法。

要不要创业，看来真是一个难题！

【案例2-1】央视王利芬和张泉灵离职创业

在媒体工作，特别是在央视工作，被视为是"金饭碗"，是无冕之王，有充足的曝光率，是众多年轻人向往的工作。由于媒体人的特殊性，崔永元、郎永淳、张泉灵等央视记者以及主播的离职事件，一时成为新闻焦点，各界褒贬不一。在各种声音中，支持和赞赏的居多，但真正能够理解他们内心的人却很少。外界可能会猜测，是不是因为收入待遇问题？是因为工作中产生矛盾？还是有其他隐情？

如何评价央视著名媒体人辞职事件？王利芬和张泉灵都是北大才女，一个辞职后创建优米网，帮助年轻人成长，一个辞职后加盟紫牛基金成为合伙人，专门训练和投资早期创业者，也是帮助年轻人成长。她们二位都转变为帮助创业者的特殊创业者了。

王利芬曾先后就读于华中师范大学哲学系、文学系、北京大学中文系。毕业后供职于中央电视台。曾在《东方时空》《焦点访谈》《新闻调查》栏目中担任记者和编导。2000 年担任《对话》总制片人兼主持人。2003 年创办《经济信息联播》《全球资讯榜》《第一时间》，并担任上述栏目及《经济半小时》总制片人、资讯工作室主任。2004 年 9 月赴美国耶鲁大学和布鲁金斯学会研究美国电视媒体，回国后创办了《赢在中国》，是迄今为止国内最具影响力的创业节目。后创办《我们》并担任总制片人兼主持人。2009 年年底，王利芬辞去央视公职，创办北京优米网络科技有限公司，担任 CEO。2013 年担任制片人、主持人，和江苏卫视合作，制作了《赢在中国蓝天碧水间》公益真人秀节目，集结 12 位知名企业家展现中国新生代企业家商战风范，该节目被国家新闻出版广电总局评为"2013 年广播电视创新创优栏目"。2018 年发起"王利芬成长社"。

2009 年王利芬的辞职可以说是悄无声息。6 年后，也就是 2015 年，张泉灵的辞职则一度成为新闻焦点。张泉灵的微博"生命的后半段"阅读量 1000 多万，超过 11 万人点赞（截至 2018 年 7 月 20 日）。在张泉灵的这篇微博中，第一句话就指出：从头来过不是否定，是敢放下。最难放下的还不是名利，不是习惯的生活方式，而是思维模式。

张泉灵，1973 年 6 月 8 日生于上海长宁区，祖籍浙江省宁波市余姚市，1996 年毕业于北京大学德语语言文学系，1997 年，考入央视国际部，并任《中国报道》记者、编导、主持人，2000 年，张泉灵任新版《东方时空》总主持人及《人物周刊》《焦点访谈》《新闻会客厅》栏目主持人，2010 年获得第十一届长江韬奋奖。2015 年 7 月，张泉灵从央视离职，现在为紫牛基金创始管理合伙人，成为傅盛战队的共同创业者。

在常人眼里，张泉灵 18 年的央视工作，一切都算顺利，可以说是功成名就。按通常的人生规划，在中国最好的新闻平台、最好的岗位，有很多事可以做，一切都应该继续下去。

促使张泉灵辞职进入创业团队的最根本的原因，是"满足好奇心和不止于独善其身"，而导火索是肺癌误诊这样的"虚惊"。肺癌排除了之后，"倒促成了我换个角度去思考我的人生"。张泉灵思考的是："如果人生停在这里我并不遗憾，那么如果它还可以延续一倍的话，我应该用什么来填充它。我的好奇心应该投向哪里。"

张泉灵用了这样一个比喻：被养在玻璃鱼缸里的金鱼。她说："人生时不时地是被困在玻璃缸里的，久了便习惯了一种自圆其说的逻辑，高级的还能形成理论上和实践中的自洽。从职业到情感，从人生规划到思维模式，无不如此。如果好奇心已经在鱼缸外，身体还留在鱼缸内，心会混乱吧。"

而就在此时，影响张泉灵的人出现了。"猎豹的CEO傅盛带我见到了一批中国和美国的创业者们，全新的思维方式，最前沿的想法，年轻的活力，尽管不成熟却一直向前冲的动力。他们像一群新世界的侦察兵，他们是未来。""多想，把他们记录下来。多想，可以和他们一起成长。""这需要我重新建立一种更开放的学习心态，也需要一猛子扎下去的时间和精力，无论如何都不是隔着玻璃可以完成的。"

2018年，张泉灵在全球木兰论坛上公开演讲，再次谈论这个问题。"我觉得我可能这一辈子最幸福的地方是在于我比较早地想清楚了我要什么，而且一直走在我要什么这条道路上。"

对于王利芬而言，强烈的使命感和创业者特质，促成了王利芬在央视工作期间，就开创了一系列新节目。辞职后，她自搭团队，用新的媒体形式，延续其使命目标，创造新的电视节目，创建新的组织——成长会，继续其创业者的使命。而对于张泉灵来说，在好奇心的驱使下，她成为猎豹移动傅盛战队中的合伙人，成为共同创业者，创造一种创业辅导和投资、媒体结合的业务模式。

王利芬辞职了，张泉灵辞职了，创业的道路尽管充满了不确定性，但要不要创业，这个问题她们想清楚了，答案是确定的。

【创业者说2-3】张泉灵：跳出鱼缸之前，你必须知道你想要的是什么①

跳出鱼缸，跳出自己习惯的环境，跳出自己擅长的事情，去做一名创业者，面对未知的环境，其实是需要勇气的。

而我，是否要去冒这个险？在我已经 42 岁的时候。

美国著名的投资人格雷厄姆认为，最适合创业的年龄在 25 岁。因为 25 岁时，人们拥有"精力、贫穷、无根、同窗和无知"的武器。这里的无知是创业者们根本不知道创业的前途有多么艰难，因而无所畏惧。而我，既没有 25 岁的熬夜能力，也没有随时把所有东西打包就能搬家走人的方便。

事实上，我第一次提出要离开的时候，那些因为爱我的而企图保护我的人，都在坚决地说不。在这个年纪，从婚姻的角度，什么决定都得是两个人的接受而不是一个人的痛快。和那些多年来给我机会、给我指点的师长们谈起改变，也总有一种内疚，说好的体制内宝贵的坚持，我没有走到底。

我唯一拥有的就是我的好奇，在 42 岁还有的好奇，艰苦的挣扎也没有磨蚀的好奇。幸好，爱我的人只是因为想保护而阻拦，他们终究是爱我的，知道于我而言，浇灭好奇心，无异于谋杀。

我要跳出去的鱼缸，不是央视，不是体制，而是我已经在慢慢凝固的思维模式。我没有说服他们，甚至没有说服自己，这一步的跳出去我是安全的。最早离开海洋的生物，一定有一大批在肺进化完全之前灭绝。既然，我已经做好了准备放下，失败又如何，不过是另一次开始。

人生最宝贵的是时间。42 岁虽然没有了 25 岁的优势，可是再不开始就43 岁了。其实，只要好奇和勇气还在那里，什么时候开始都来得及。

我们作为一个女性，暂且把头衔放下，回到生命的本质，我们在跟谁跳舞？

类似的话题我前天晚上跟我一个朋友聊天。我经常跟人聊天，经常能把人聊哭，因为我经常问一个很简单的问题："你想过没有？你到底要什么？"

---

① 摘自张泉灵个人微博，有删减。

很多人的第一回答很容易被戳破，说其实你说的不是全部。

舞！舞！舞！我跟谁在跳舞？我们跟孩子跳舞吗？孩子是我们终身的舞伴吗？当然不是，前半生他没有来，后半生我倒是想跟他跳，他也不理我，只要他稍微长大他就不理我，他能够跟我们陪伴得如此短暂。

我跟我的爱人、跟我的家庭跳一辈子吗？我不知道，在今天这个时代里我得实话实说，我不知道。我是学德语出身的，德国文学里面有一个著作叫《浮士德》，浮士德的一辈子都在问自己：怎样才达到了我终极的满足？

这其实才是这个问题的本质，你跟谁跳舞？你到底要什么？其实是在问你怎样才获得了终极的满足？

所谓终极的满足是你把你所有需要的东西列在一张纸上，你问自己说如果只有第一条我满足吗？如果只有第二条我满足吗？如果只有第三条我满足吗？我做过这样一件事情，我最后的结论是，如果我能始终探寻这个世界的未知，并且能够把它表达出来的话，我可以没有家庭，我可以没有孩子。如果有，很好，谁动我儿子我就跟谁急。但如果这是终极的满足，我知道我要什么。

所以，我觉得我可能这一辈子最幸福的地方在于我比较早地想清楚了我要什么，而且一直走在我要什么这条道路上。

其实我要什么看起来是一个很简单的问题，但实际上是一个非常难的问题。它包括两个部分：你要知道我是谁，你知道我是谁才知道我要什么。"要什么"的后半边是"什么"。你看到的什么就是那个什么吗？

你要认知世界，认知你不知道的。然后在你要的过程当中，你还得不断地去拓展你的能力圈。今天很多人都会说，你看巴菲特有一个著名的工作方法，叫作"只投我懂的"，我要在我的能力圈里面干活。

但是，今天外部环境变化得太快了，能力圈不应该是你的舒适圈。就像乔总（乔健），干了那么久的人力资源工作会想去做手机，而且是走过"滑铁卢"的联想里做手机——她一定走进了她不舒服的地方。

但是你还要回头问自己第一个问题：我跟谁跳舞？我到底要什么？如果我要的是对这个未知世界的理解的话，如果这个才能证明我来过、我活过、我爱过的话，那么我觉得这个不舒适就是你要面对的事情。

所以今天当我们问这个问题，我们还要问，什么是跳舞？

其实我觉得，今天我们面对女性创业家、女性企业家，有一点是我们要坚守的。我们要做的不仅仅是一个规模性的企业，规模只是为了让你这个企业能够可持续发展，能够生存，有竞争力，规模不是终极的目的。

如果我们做企业的初心是为了创造美好，那么一样要回到那个问题：我要什么？我们是否在为我们想创造的美好去添把柴，而不是在这个过程当中被各种各样的人、被舞伴牵走了方向。

我做投资的时候一直想说，我们能够用资本创造什么美好的东西？我们投了大量的和低幼儿童教育相关的项目，因为我觉得这是我身为人母觉得非常美好的事情。比如少儿编程、儿童的情商教育，让孩子从小就意识到自己的情绪是怎样的，应该怎么和人相处，在明辨是非之外，是否还要考虑自己的行为对别人的影响。其实今天不是分数会影响孩子的幸福，更大的可能性是，这孩子的情商能力会影响他一生的幸福，这是我认为美好的事情。

这些事情看起来比今天很多的创业模式要走得慢一点，因为无论是孩子的编程教育还是孩子的情商教育，似乎要先从教育父母开始。这个产品是要有比较长的路要走的。但如果这是我的初心，我就可以作为一个投资人，陪他们一起慢慢地等。这也是为什么我们的第一期基金是长达"10+2"年的12年基金，我跟我们所有的LP说：因为我要投一些美好的东西，而这些美好的东西需要自己生长的过程。

所以不断地问自己：我在跟谁跳舞，我跳舞的美好是给谁看的？我到底要的是什么？这是我们始终要留在心里的三个问号。

【观点2-2】创业不是一道选择题

要不要创业？当你问自己这个问题的时候，你大概不会成为一个创业者了。创业不是一道选择题，而是自我挑战者的必然归宿。创业的人生更加完美！

2.3 创业，是为了什么?

> 创业，是为了财富? 为了出人头地? 不。
>
> 创业，是为了人生价值的实现! 为了生命更加绚烂!
>
> 创业，是为了世界更加美好!
>
> 创业，是为了更好的生活和更大的自由!

《创业者宣言》的前六句话，说的是充满了正能量的三类创业动机。

2.3.1 实现人生价值，让生命绚丽绽放

"我们不愿乐享一生的安稳，渴望夏花般绚烂的人生"。

这类创业者一般具有宏伟的理想，期望凭借自己的技术或者其他专长为社会做出贡献。他们为了最大限度地发挥自己的潜能和特长，实现自身价值，自创企业谋求发展。

2.3.2 改变世界，让世界更美好

"我们不愿屈服于流俗，立志实现非凡的改变。"

此类创业者，期望改变社会现实中的一些问题，让世界变得更加美好。乔布斯就是此类创业者。他曾经说过，人活着，就是要改变世界，还有其他的原因吗?

2.3.3 追求更好的生活和更大的自由

"我们热爱生活和自由，相信创造成就未来"。

此类创业者不满足现状，通过创业活动改变自己的生活状态，让家人生活得更好，让自己在财务、时间、空间和思想等多个层面上，获得更大的自由。此类动机是大多数创业者的创业初心。

在创业之初，可能就是为了吃饱肚子，解决一家人的温饱问题。初步成功之后，有了更大的目标，例如，要帮助家乡更加富裕，帮助弱势群体更加强大，等等。

【案例2-2】埃隆·马斯克：做一个保护地球、影响人类未来的人①

埃隆·马斯克是现实版的钢铁侠。他是一个时刻思考如何保护地球、影响人类未来的人；他是一个梦想发射火箭、帮助人类移居到其他星球的人；他是一个想要用电动车改变现代人类出行方式的人。

1. 创建 PayPal 获取第一桶金

马斯克在商业、科学理论、应用层面可以说是面面俱到，对于他而言，随时随地都在学习，都在跨界。"小时候，人们常会问我，长大要做什么，我其实也不知道。后来我想，搞发明应该会很酷吧，因为科幻小说家亚瑟·克拉克（《2001 太空漫游》作者）曾说过，'任何足够先进的科技，都与魔法无异'。"

马斯克说，他一直有种存在的危机感，很想找出生命的意义何在、万物存在的目的是什么。最后得出的结论是，如果有办法让全世界的知识越来越进步，让人类意识的规模与范畴日益扩展，那么我们将更有能力问出对的问题，让智慧、精神得到更多的启迪。

在大学，马斯克学的科目范围很广泛，包括电子商务、工程学和数学。后又在沃顿用一年的时间完成了两年的商学课程。马斯克去了斯坦福大学，想在那里学习如何研制能用于电动汽车的先进电容器，但是后来他退学了，开始了自己的创业。"你必须首先尝试那些会错误的方法，然后你的目标就是尽量少地犯错。当你第一次创业开始之前，你一切事情都很好，你的幸福指数很高。而一旦选择开始创业，你会遇到各种各样的问题，幸福指数会不断下降，然后你会经历各种各样的伤害。"

互联网的兴起，让他面临两个选择：继续研究成功概率不大的电容器技术或者投身网络事业。最后他选择辍学，参与网络创业，其中一家就是PayPal。

如果你进入任何现有的市场，面对那些强大的竞争对手，你的产品或服

---

① 改编自投资人说。

务必须要比他们好得多，它不能只是有一点点的优势，因为当你站在消费者的立场上时，你总是会购买值得你信赖的品牌，除非这个产品有很大的差异性。所以，你不能稍微好一点，而是要好得多。你必须有个创新思维，而不是（创造）更好的同一性。你做事情不是只需要好出 10%，而是要创造出 10 倍的价值。

马斯克原打算用 PayPal 来提供整合性的金融服务，这是个很大、很复杂的系统。在前期推广阶段，根据用户的反馈，把重点放在电子邮件付款，结果 PayPal 果然一炮打响。这是最重要的经验：收集用户回馈很重要，可以用它来修正你先前的假设。

2. 创建特斯拉改变人们的出行方式

PayPal 成功后，他开始回到自己的年轻时的那些伟大梦想。思考着有哪些问题，最可能影响人类的未来？他认为，地球面临的最大一个问题是如何用可持续的方式生产和消费能源。另一个可能影响人类生存的大问题，是如何移居到其他星球。

第一个问题促使他成立了特斯拉和 SolarCity（美国最大的屋顶太阳能系统供应商）。

2003 年，为了证明电动车的潜力，他创立特斯拉公司。以往很多人都认为，电动车速度太慢、跑不远、外形又丑，跟高尔夫球车没两样。为了改变人们的印象，他的团队开发出了特斯拉 Roadster，一款速度快、跑得远、造型拉风的电动跑车。"想要创业成功，你必须实实在在地做出产品原型。因为，再怎么精彩的商业计划和 PPT，都比不上拿出实际产品有说服力。" Roadster 面世后，特斯拉又推出四门房车 Model S 量产汽车。

3. 为人类的太空梦而创立 SpaceX

他想要解决的第二个问题，促使他创立了太空科技公司 SpaceX。

发射火箭的创业项目太过疯狂，所以当时朋友们都劝他不要做，有个朋友还特别去找了火箭爆炸的影片给他看。一开始真的很困难，火箭发射连续失败了三次，马斯克非常煎熬。但他从每次的失败中学习，终于在 2008 年第四次发射时成功，让猎鹰一号进入地球轨道，那时他已经用光了所有资金。

马斯克创立 SpaceX 的初衷是为了公益。2001 年，他跟一个朋友聊天的时候，提到为什么人类还没有登陆火星。既然在 1969 年就登陆了月球，那现在也应该快登陆火星了。他访问了 NASA 的官网，想看看有没有登陆火星的时间表，但什么也没找到。后来他了解到，NASA 已经放弃登陆火星了。所以他想搞一个公益性质的项目，将一个小型温室送上火星表面，起到一个表率作用。如果成功的话，这将是地球生命去过的最远的地方，也是人类认知范围内生命首次出现在火星上。所以就有了把绿色植物送上红色火星表面的宏伟计划，这应该能激起公众的兴趣，从而促使 NASA 增加预算，那样就能延续太空之梦了。

【案例 2-3】扎克伯格：连接人是我的使命①

创业者要想着解决问题，而不是单纯想去开一家公司。很多人在没有想到要去解决什么问题之前就开了公司，在我看来这很疯狂。

相信你的使命，做你觉得是重要的事情。2014 年我创立 Facebook，是因为我觉得能在互联网上和人连接是非常重要的。那个时候互联网上有很多网站，你可以找到差不多所有的东西，新闻、音乐、书、买东西……但是没有服务帮我们找到生活上最重要的东西——人。当我创立 Facebook 的时候我不是要创立一个公司，我想解决一个非常重要的问题，我想把人们联系在一起，这就是我的使命。从中国的公司阿里巴巴和小米中，我看到一样的故事，当你有使命，它会让你更专注。

如果你有了使命，不需要有完整的计划，往前走吧，你只要更多地用心。我在哈佛大学的时候，和我朋友每天晚上吃比萨、讨论未来。推出了 Facebook 第一版本的时候，我记得我们非常高兴，我们的产品连接了学生，当时我们想：总有一天有人会创造连接世界的产品。有趣的是，我没想到我们能建立连接世界的产品。我们只是大学生，我觉得一个大公司像微软，或者是谷歌，会开创这个产品。他们有好几千的工程师和上亿的用户，他们应

---

① 改编自网易科技。

该开发这个产品，但是他们为什么没做？

我常常想这个问题，我们只是大学生，我们没有计划，我们没有资源。我们是怎么创造出世界上最大的互联网社区，有 15 亿人的？我觉得我们只是更用心，在路上的每一步，都有人会说新的想法不会成功，我们面对过很多的问题，我们需要解决很多问题。

我们开始只是一个小产品，为学生服务。一开始的时候有人说："Facebook 只是给学生用的，所以它永远不会重要了。"可是我们还是继续把 Facebook 开放给所有人用。

后来，又有人说："好，现在别人也用了 Facebook，但是他们很快就不会再用它。"可是我们还是继续。人们一直在用是因为人跟人连接是很重要的，然后有人说："好，可能 Facebook 在美国有用，但是不会在其他的国家有用。"可是我们还是继续，开发到了世界其他国家。又有人说："社交媒体永远不会赚钱。"可是我们还是继续，建立了一个强大的业务。然后有人说："人们不会在手机上用 Facebook。"可是我们还是继续，今天我们成为了以移动为中心的公司。

当然，当时我们不知道这些问题的答案，没有人知道，我们每次继续是因为我们用心。很多公司在创造社交媒体，但是他们害怕这些问题，我们相信社交媒体和连接世界是重要的。我们相信，虽然我们不知道那个答案，但我们还可以继续帮助人们、连接人们。我们只是更用心，我们一直在努力。

不要因为要改变就放弃。中国有一句话我觉得很好："只要功夫深，铁杵磨成针。"一直努力，你会改变世界！

马云说过一句话我很喜欢："和 15 年前比，我们很大，但是和 15 年后比我们还是一个婴儿。"为了重要的使命，你了解得更多，也觉得要做的事情更多。

十年前我们的目标是连接 10 亿人，是因为以前没有互联网企业做到过，所以我们觉得这是一个很大的目标。当我们达到了这个目标，我们开始了解 10 亿只是一个数字，我们真正的目标是连接整个世界、每一个人，但是真的难多了。

世界上差不多 2/3 的人没有互联网，把他们连接起来，我们必须扩大整个互联网，要做到这个，我们需要解决很多问题。超过 10 亿人不在网络附近，所以我们需要创造新的技术，像卫星和飞机，把他们连接起来。超过 10 亿人没有钱上互联网，所以我们需要让互联网更便宜，大约 20 亿的人没有用过电脑或者是互联网，所以我们需要创造新的方案帮助他们连接起来。

三年前我们成立 Internet.org 去扩大互联网用户，我跟我们董事会说："我觉得我们要花 10 亿多美元。"他们跟我说："好！这个东西怎么赚钱？"我告诉他我不知道。但我知道连接人是我们的使命，是非常重要的。我们必须向前看，我们现在还不知道整个计划，但是如果我们帮助人们，未来我们会好的。

这就是向前看的意思，你走一步可以做新的东西。以前你觉得是不可能的，现在就可能，现在你要面对非常难的挑战，你努力就会解决这些挑战，一直向前看！

在你开始做之前，不要去问自己你怎么做，要问自己为什么做。你应该相信你的使命。解决重要的问题，非常用心不要放弃！一直向前看，你们可以成为全球领导者，可以提高人们的生活，可以用互联网影响全球、世界。

【观点 2-3】大气的创业动机，成就伟大的事业

> 思想有多远，你就能走多远。大气的创业动机，才可以成就伟大的事业。
>
> 伟大的创业者，有时候乍一看，就像是个骗子。但无论外界怎么看，他们都在以自己的行动来证明他们所坚守的价值。
>
> 当创业初见端倪，他们的支持者就会越来越多！

2.4　我有这样的创业动机不好吗?

任何开始，都值得尊敬！

创业之路何其难，单是创业的勇气，就足够让人佩服的了。

很多人初次踏上创业之路，并未想到要做出改变世界的轰轰烈烈的事业。他们的创业初心有可能是下面这些类型。

2.4.1　不甘屈居人下，渴望按照自己的意愿行动

创业需要团队精神，个人英雄主义者往往会面临团队问题。

2.4.2　为了实现财务自由，可以环游世界

创业确实可能带来不菲的收入，但也面临巨大的风险。

2.4.3　为了追求财富，成为超级富人

这样的创业者会有很大的压力，有时候为了胜利可能不择手段。

2.4.4　虚荣心

这样的创业者希望通过创业获得社会地位，或者至少让自己看起来很强大，以满足自己的虚荣心

2.4.5　逃避

有的人创业是为了逃避。包括逃避工作压力、逃避别人的管理、逃避家人的目光等。

最后，还有一些创业者，他们是"天生的创业者"，他们渴望与"别人"（打工者）不一样，因为创业者不走寻常路，经常被贴上异类的标签。

【观点 2-4】创业者受人尊敬，不是因为他的创业动机

> 无论何种动机促使你走向创业道路，只要你能够为社会创造价值，你都值得人们尊敬。人们之所以尊重创业者，不是因为他为什么创业，也不是因为他为自己或者社会创造了多少财富，而是因为创业者创造了新价值。
>
> 更何况，一旦你理解了创业的本质，你会在创业过程中微调甚至彻底改变你的动机，谁不想让自己变得更加高尚呢？

2.5 创业是"苦"还是"酷"？

> 创业很苦，但也够酷。创业犹如戈壁行，置之死地而后生。

说起创业，每个创业者都有深刻的感悟，就用两个创业者的案例来说。

【案例 2-4】刘瑶：创业很苦，向死而后生

开始创业这几年，让我无限接近了很多之前从未想过的人与事，比如死亡。身边时常都有熟知的创业者离开，从最初几年每个季度有噩耗，到几年前几乎是每个月都在发生，如今是每周在发生突然跟某些人的告别，特别仓促。频率越来越快，间隔越来越短。前脚刚在这个群里感慨一个人的离去，后脚在那个群里又有人出事了。从一开始的震惊，到后来的习以为常，再到如今的麻木。我甚至越来越讨厌现在的自己。有一天我居然也成为自己非常厌恶的人。

想起一位曾经在金融行业摸爬滚打近 30 年的大哥说过，20 年前跟他一起从事这个行业的人，10 个里面 7 个没了，2 个进去了，只有他还在，活着简直就是奢侈品。

也许是因为没有太大的不幸，所以我的创业过程还算是平坦顺利的，因此我也没有太大的成就。但是我依然记得我遇到的各种各样的坑。比如，刚开始那会儿，因为熟人介绍，帮大企业把项目做好了，钱却一直没有拿到。我都催了3个月了，最后我没辙了，带上录音笔，带上刀，做好了必死的准备，今天老娘我豁出去了，要么你付钱，要么我们一起同归于尽。用过一次，对方估计是很意外，没想到我这么一个看着文弱温柔的女子会这样，钱总算是要回来了。

那些都是外部的坑，最可怕的其实还是内部的坑。个个都是内耗。制约一个企业发展的，70%其实都是内耗。曾经就遇到过一个总监，乱改简历把自己的老婆招过来当秘书，并且当我们都发现了还拒不承认。还遇到过吃里爬外的，把客户全部带走了，然后另起炉灶。我看这些人现在也不过是小打小闹。最可怕的其实还是企业养着的"大白兔"，占据着位置又不干活，找着一层比一层弱的人，生怕自己的位置被抢了。更有一些"大白兔"，一边在这边假装忠诚，一边在那边偷偷开着干副业的公司，侵犯着公司的利益。

创业过程还有太多不堪回首的往事。

创业的第一个年头，2009年年末，我觉得我有一个大单的机会，改了很多次的PPT方案，就缺客户单位大领导过目，听说他将前往机场，我说可以，我来追。那天是倾盆大雨，结果严重堵车，等我到机场，人已经飞走了。我在马路边大哭，就着暴雨、寒冷的冬天，不知是雨水还是泪水，咸得发苦。

创业的第二个年头，好不容易接了个大单，沟通了数月。那是一家非常知名的日本公司，在他们的保安那里，我被硬生生赶出去三次，第一次我没有化妆，第二次我没有穿高跟鞋，第三次什么原因我不记得了。虽然打心眼里很不爽，但是为了生存必须低声下气。那一笔单子，也是我有生以来最困难重重的单子，各种想象不到的意外。天气不给力，大量的鲜花没有盛开就拿不到，日本突发的海啸，客户嘉宾礼品突然断货和意外降价，甚至挂在上海音乐厅外的海报被偷。我简直快放弃了，一桩桩千年不遇的事全让我赶上了。我快崩溃了，我在音乐厅外的台阶上大哭一场，哭完，心里还要告诉自己，坚持下去，熬下去。没想到好不容易单子终于结束了，结束后的两个月，

FZ 公司又给我发来了一封律师函。那是我人生中收到的第一张律师函，说我未经授权在这场音乐会中采用了他们的字体，索赔 6000 万元。是的，你没看到，我也没看错。为此，我哭了一个星期。之后才反应过来，拼命托人找律师朋友。所幸的是，感谢那一年已经有了微博，我在微博发泄，很多陌生的朋友过来帮我，给了我无穷的力量。几个月后，这个事终于不了了之。

创业者的胸怀，真的都是被委屈一点点撑大的。在这个修炼自我的过程中，不得已忘记了生活的本质，对家庭的亏欠、（常人）生活的丧失，一点点地侵蚀着一个个孤独而高傲的灵魂。

创业者之死，向死而后生。时光只顾催人老，不解多情，长恨离亭，滴泪春衫酒易醒。梧桐昨夜西风急，淡月朦胧，好梦频惊，何处高楼雁一声？

创业者简介：刘瑶，2002 年，毕业于上海大学金融学专业本科，上海嘉银金融科技服务有限公司（你我贷）联合创始人、副总裁，荣获 2015 年第四届中国财经峰会最佳青年榜样称号。2009 年于上海交通大学安泰 MBA 毕业后，创立了上海汗青企业管理咨询有限公司；2011 年创办了沪上知名的欢喜地会所；2012 年以联合创始人身份加入嘉银金融。

【案例 2-5】耐克创始人奈特：创业很酷，永远不要停止

79 岁的耐克创始人菲尔·奈特的人生格言是：打破陈规者，人恒敬之。奈特一生致力于改进运动鞋穿着的舒适度。奈特的创业，不是改变世界，而是一场长达 30 年的赛跑，他从一个一无所有的年轻人，在赛跑中背负越来越多的责任，常年徘徊在破产死亡的边缘，到中年时将公司带入上市，却没有停歇，而是越跑越快，一直到自己退休那年，他恍然四顾，发现自己已经是那个最后的胜利者。"别管别人怎么说你的想法很疯狂。前进，不要停下来。不要停下来，甚至在你达到目标前都不要想是不是要停下来，不要过多地关注'目标'到底在哪里。不论面临什么，都不要停下。"

"无论你喜欢与否，生活是一场比赛。懦夫从未起程，弱者死于途中，只剩下我们继续前行。"这句话在书中不断重复。对于跑步的热爱，让他开

始痴迷于日本生产的运动鞋，于是他不顾父母的反对开始在家乡小镇上贩卖日本运动鞋。

那是一个卑微到不能再卑微的开始。他一个人开着自己的小破车，把几十双运动鞋放在后备厢里，到各个运动会场馆外面叫卖。没有人理解他为什么这样做，父母更是表示反对，因为自家的客厅和车库很快变成了仓库。热爱跑步的人喜欢上了日本运动鞋，在跑友圈中越来越火，经常有人跑来奈特家敲门要求买鞋。

"我想告诉那些二十多岁的年轻人，不要为了一份工作或者职业而安顿下来。去追寻内心的召唤。即使你不知道那个召唤是什么，但不要停下脚步。如果你这样做了，就可以更容易克服日复一日的疲惫，抚平内心的失望，达到你想象不到的高度。"

"停下来会让我感到死亡的恐惧。"在奈特结束对这段史诗一般的创业回忆时，一语双关地说："永远不要停止。不要停止奔跑，不要停止创业。"

【观点2-5】创业者以苦为乐

> 创业过程一定有诸多的困难和意想不到的风险。弱者视困难为绊脚石，强者视困难为进步的阶梯。对于创业者来说，挑战困难就是最快乐的事情。创业者要学会苦中作乐，以苦为乐。

2.6　怎样才算创业成功？

> 世俗的看法，获得了风险投资、成为独角兽，是创业的初步成功。所创建的企业上市或者被并购，才是创业成功。
>
> 然而，创业成功与否因人而异，并没有统一的标准。

成功没有统一的标准，创业成功也一样。在此，我们得讲讲吉成集团创始人陈吉虎的创业故事。陈吉虎兄弟5人，生于云南省弥勒市一个偏僻的小山村，这个村子距离县城虽然不远，但非常闭塞，道路崎岖。

对于少年时代的陈吉虎来说，能吃饱饭就是第一步的目标。小时候，他上不起学，吃不饱饭，出苦力赚钱养家。能让一家人吃饱饭，就是每天的梦想。后来，通过跑运输，终于实现了第一步的成功。

我相信，每一个农村的孩子都有改变家乡穷困面貌的梦想。这是陈吉虎的第二步人生目标。通过对吉田煤矿和煤焦化工业的成功经营，让他有能力实现第二步的目标。他为家乡修路并资助办学，终于改变了家乡的面貌。

陈吉虎第三步的目标，就是让城市更美，做值得信赖和尊重的企业。通过集团化的发展，吉成的业务已经涵盖"能源工业、生态园林、农业商贸、现代服务、文化旅游"五大产业体系。其中的园林板块在新三板已经上市，成为公司收入的主要来源，而目标宏大的太平湖旅游项目（总面积 40 多平方千米），则承载着创始人陈吉虎的终极梦想。

2018 年春节之前，我来到了陈吉虎的家乡，令我惊讶的是，在冬闲季节，这个村的农民仍然在田间劳作，农民的产品销售给陈吉虎的园林公司获得收入。在缺水的山区，陈吉虎利用太阳能发电来抽取地下水，竟然造出来一个人工湖。

事实上，任何创业成功，都不能用金钱来衡量。对于创业者而言，创业初心的实现应该成为自我评判的标准。

一个人的创业初心，可以随着时间的变化而变化，每一阶段小目标的达成，都是值得尊重的成功。

【创业者说 2-4】张一鸣：年轻人应该有更高的目标，拒绝"即时满足感"[①]

延迟满足，就是指为了更有价值的长远结果，而放弃即时满足。延迟满足感，会让你愿意做更多，得到更多的锻炼，而不是去斤斤计较。

我的大学同学、共事的同事中，有很多非常不错的人才，技术、成绩都

---

① 改编自"插坐学院"，作者：粥左罗（插坐学院副总裁）。

比我好，但 10 年过去，很多人没有达到我的预期。为什么？很多人毕业后，目标设定就不高了。

有的同学加入银行 IT 部门，只是为了快点解决北京户口，或者当时有些机构有分房补助，可以购买经济适用房。是否有北京户口？是否能买一套经济适用房？如果你不甘平庸，有更高的目标，其实你就不会为这些东西担心。比如，我见到以前的朋友，他业余做一些兼职，获取一些收入。那些兼职其实没有什么技术含量，而且对本职工作有影响，既影响他的职业发展，也影响他的精神状态。我问他为什么，他说要赚点钱付个首付。

延迟满足感，会让你有更高的目标，定更高的标准，也许你前两年变化得慢，但 10 年后再看，肯定会非常不一样。

我毕业时就想，以后要和优秀的人做有挑战的事。而很多人会说，我要赚到第一个 100 万元，一定要通过创业赚大钱。说实话，我对金钱的渴望没那么特别强烈。当时只有一个感觉，要做有意思有挑战的事，和优秀的人一起做。

这几年我感觉自己又重新学习，或者说补习了本该在青少年阶段学习的东西：如何阅读、如何了解自己、如何与人沟通、如何安排时间、如何正确地看待别人意见、如何激励自己、如何写作、如何坚持锻炼身体、如何耐心。

我最欣赏自己的特质，就是延迟满足感，而最大的延迟满足感，是思维上的。延迟满足感的对立面，是即时满足感。绝大多数人生痛苦，都是因为我们太在乎即时满足。一点付出，没有立马回报，就会觉得痛苦。延迟满足感的本质是克服人性弱点，这是一项长期修炼。如果一件事情你觉得很好，你不妨再往后"延迟"一下，这会让你提高标准。

你的延迟满足感程度更高，你就会耐心更好、标准更高、目标更大、做事更从容专注，不计较眼前的利益，不在意一城一池的得失，对一时的成功看得淡，对短暂的失败不恐惧。

2016 年 7 月，有传言称腾讯要收编"今日头条"。有同事郑重地跟我说，他来加入头条的目的可不是为了成为腾讯员工。我当然也不是，我创立公司，才不想成为腾讯高管，这样多没意思。

其实，我创立今日头条不到一年的时候，有巨头给了我一个很诱人的投资 Offer。我纠结了整整一个星期后就拒绝了，我觉得这个是个兴奋剂，在自己内功未成之前会导致内生力量受到遏制。接受巨头帮助，也会被迫站队，使自己的想法不再自由奔放。这类事情，好处是明显的，坏处是隐含的，但这类情况很多人容易高估好处，低估坏处。这是一种典型的延迟满足感不够的体现，对长远信心不足。

不要只想着做春种秋收的事。以前我们讲春种秋收，要很快看到成效，但这个时代的变化就是，你不需要特别着急收获。你要去想如何把最优的目标推到尽可能远，要去想你最终做的事情可以推演到多大。延迟满足感，会让你不用天天想着春种秋收，而是先把最优的目标推得很远、很远。

创业者简介：张一鸣，生于 1983 年，福建龙岩人，与美团王兴、雪球方三文同乡，三人并称"龙岩三杰"。2005 年，张一鸣从南开大学毕业，6 年时间从程序员做到 CEO，创办"今日头条"5 年后估值 300 亿美元。

【观点 2-6】所谓成功，就是创业者创业初心的实现

> 成功并不一定是要成为首富，不是要公司上市，而是你创业初心的实现。即便阿里巴巴上市后马云成为超级富豪，但他仍然在奋斗的路上前行。

2.7　创业失败会怎样?

> 伟大的创业者，眼里从来就没有失败。

正如你所听到的和看到的，创业有很高的失败率。成功的创业被视作神话，而失败的创业则往往被掩藏在创业者的心里。失败就像是创业者心中的伤疤，唯恐哪天被揭开。

其实，创业项目失败，并不等于创业者的失败。一次创业的失败，更不等于永远的失败。有可能这次创业失败了，下次创业或者下下次创业，你就成功了。

年轻的大学毕业生，若创业失败，可能会损失一两年的青春时光，但收获的是一笔无法用金钱衡量的财富。创业失败后，你并非一无所有。你可能拥有几个难兄难弟，这是你再次崛起的资本。而从失败中得到的经验教训，是花钱买不到的宝贵财富。

有人认为，不应当鼓励大学生创业。因为他们认为，把长辈辛苦一辈子积攒的钱拿出来，去博一个风险很大的创业项目，无异于自掘坟墓，是"败家子"。

然而，创业过程中使用谁的资金，取决于自己的风险承受能力和风险偏好。使用家人以外的钱，你的代价就是分出股权或者其他权益给投资人。这个时候，如果创业失败了，有投资人与你共担风险。

关键不是用谁的钱来创业，而是无论用谁的钱来开启创业，你都得为这些钱负起责任，让钱用在该用的地方。重要问题在于：你的创业是一时的冲动，还是经过了深思熟虑的决定。不要把创业失败所损失的资金和赌博中输掉的钱混为一谈。后者没有任何意义，而前者为你积累了人生中不能用金钱衡量的财富。

【创业者说2-5】徐小平：创业失败了转身回去打工，没有什么不好①

2015年7月，在"发现双创之星"的第一场活动上，真格基金创始人、新东方联合创始人徐小平表达了如下观点：

假如你经过了种种努力失败了，转身回去打工，我看不到有什么不好。康奈尔大学一个学生会主席办了一家网站，坚持了很久还是失败了，最后新东方把他请来做生意。

如果经历了失败，真的既不想再创业，也不想再融资，那么回去打工，

---

① 改编自《中国青年报》，原文作者：李松涛。

很多大公司也都会提供非常好的机会。因为你创过业，你经过磨炼，你懂得市场，经历过市场的考验。

经历创业失败，可能会成为职场上一个更优秀的员工。如果能这样想，创业就变得非常容易，大家心中的恐惧就不在了。你怕什么？实在不行再回来工作，而且很多公司更加欢迎。创业的风险只不过是（带来）心中的恐惧。

【观点2-7】创业失败并不代表创业者的失败

> 创业的高失败率，为想要走向创业道路的人带来了巨大的恐惧。一些长者也以此为理由，奉劝大学生谨慎做出创业决定。
>
> 谨慎做出创业决定，这本身也没有错误，但其理由并不应该是因为创业失败率高。创业项目失败，并不代表创业者的失败。整体而言，创业者比非创业者要成功得多。
>
> 输不可怕，怕才是输！

2.8　创业可以兼职吗？

> 创业者是一种身份，你当然可以兼而有之。但创业是一生的事业，并不是一份职业，所以不适合用兼"职"这个词。

在创业的开始阶段，你必须全身心投入其中，这样才是对追随你而来的团队成员负责，也更容易赢得团队和投资人的信任。

但是，也不排除一些人，身份是教师、工程师，或者研究人员。他们一边做着本职工作，一边从事创业活动。有很多看起来也做得相当不错，甚至有时两者可以相互促进。教学研究提供了创新的源泉，而创业则促进创新的扩散。

商汤科技由香港中文大学汤晓鸥、徐立师兄弟于 2014 年 10 月 15 创立，公司成立 3 年时，估值已高达 300 亿美元。创始人汤晓鸥 1990 年于中国科学技术大学获得学士学位，1991 年于美国罗切斯特大学获得硕士学位，1996 年于麻省理工学院（MIT）获得博士学位，于香港中文大学信息工程系担任教授，现担任香港中文大学信息工程系系主任，兼任中国科学院深圳先进技术研究院副院长。商汤科技发展到今天，我们已经说不清，汤晓鸥到底是身兼创业者的大学教授，还是身兼大学教授的创业者了。

实际上，如果你有特别出色的持续创新能力，那么融资、营销、管理等商业问题将会迎刃而解。投资人可以帮助你组建团队，甚至帮助你获得客户。

但是，当你并不是明星级的学术人物，投资人大概不会关注到你，当然更不会给你投资，甚至他们会担心，你所兼的"创业者"身份随时都可能会放弃，特别是当需要进行利益权衡的时候。

【观点 2-8】全身心投入是创业的最佳姿势

> 身兼多种身份，势必会分散你的精力，从而降低你创业成功的概率，或者至少延缓你的成功。全身心投入是创业的最佳姿势。

2.9 何时开始创业比较好？

> 创业，永远都不晚。
>
> 如果创业是人生历程中必经的一个环节，就不要寻找理由躲避创业。

如果你已经有了一个清晰的、唯有创业才可以实现的目标，那么，现在就开始创业吧！趁年轻，早开始！越早开始，越少牵绊；越早开始，越早接近成功！

什么是人生目标？我们换句话来表达，人生目标，就是在你离开人世之时，你希望你的墓志铭上写下什么。

如果想清楚了上面的问题，接下来思考你的这个人生目标，需要用创业来实现吗？如果需要，那么坚定勇敢地走向创业道路！

有人认为，最适合创业的时间是大学时代或大学刚毕业，因为这个时候你身上承担的责任较轻，不需要养家。随着时间推移，你身上的担子越来越重，你就需要承担更大的风险。年纪越大，要承担的责任越多，你的顾虑也会越多，你会变得犹豫不决。

当今时代已经烙上了"创新创业"的印记，创新创业已经成了社会潮流。在我国，各地政府创办了很多条件良好的创客空间和孵化器，为创业者提供良好的创业条件。天使投资人和早期项目投资机构也越来越成熟，他们有能力提供资金和资金之外的帮助。

何时开始创业都不会晚，问题的关键是要想清楚自己的人生目标。如果这个目标必须通过创业来实现，那么请你坚定勇敢地开启人生的这一页。

【观点 2-9】越早开始创业，越早接近目标的实现

如果还没有清晰的人生目标，那就先找份工作，在工作中把目标清晰具体地勾勒出来。一旦人生目标已经确定，而且这个目标非创业不可以达到，那么开始创业吧，越早开始，越早接近目标的实现。

【案例 2-6】雷军：伟大是熬出来的

雷军 23 岁大学毕业后入职金山，一干就是 16 年。2010 年，40 岁的他克服"再创业，若失败我就身败名裂了"的恐惧，重新出发创立小米公司，如今又熬过 8 年时间。雷军今年 48 岁，熬还在继续，熬到小米就要上市了，成为数千亿市值的公司。

雷军于 1969 年出生在湖北仙桃一个普通教师家庭，18 岁考入武汉大学。大一时，他在图书馆偶然看到《硅谷之火》，这本书讲的是乔布斯等硅谷英雄创业的故事。看完这本书，雷军的内心像是有熊熊火焰在燃烧，激动得好几个晚上没睡着觉。他在体育场上走了一遍又一遍，心情很难平静，产生了一个梦想：日后一定要干些惊天动地的事情，一定要做一个伟大的人。

大学时代，雷军比别人更早地确立了人生的梦想，并且付出了实践。坚

持梦想是很难的。你有梦想，你能坚持梦想五年吗？十年二十年后还有梦想吗？

猎豹创始人傅盛也说过："我们不敢相信梦想，于是等到成年，我们又会给自己很多借口。"比如，我过去也有过梦想，但是……"但是"这个词，又和另一个最可怕的词语连着，"如果我当初"。

2007年金山上市了，从程序员做到CEO，可以说这是雷军在金山这个平台上实现了创业成功。这是很多人梦寐以求的人生。雷军快40岁了，有天晚上雷军做梦醒来，觉得自己好像离梦想渐行渐远，他问自己：是否有勇气再来一回？

其实这个问题很难回答，因为那个时候雷军的人生真的很圆满了：上市了一家公司，卖了几家公司，投资了几十家公司。如果再创业，搞砸了的话晚节不保。

用各种方法克服恐惧后，2010年4月6日，在北京中关村保福寺桥银谷大厦807室，雷军等14个人一起喝了小米粥后，小米公司开张了。小米公司创建8年后，也就是2018年7月9日，小米在香港上市了，估值543亿美元。

当然，所有的成绩都不是一帆风顺的。每位成功者其实跟所有人都一样，都有自己的梦想，唯一不同的是坚持，坚持到为之疯狂，疯狂到为之拼命工作。

中篇　创业者的形成、历练与成长

创业的过程，就像在山林中寻宝。在山林中可能会迷路，可能会遇到陷阱，还可能被猛兽攻击。建桥，可以帮助创业者成功渡过险境。这里有必经的三座桥：组队、营销、融资。

创业者需要创业导师帮助创业者顺利通过上面的三座桥。有几类创业导师都很重要：理论导师为创业者提供创业必需的理论支撑，实践导师为创业者指引创业的行动方法，行业导师为创业者指明前进的方向，资源导师为创业者带来各种重要合作伙伴，心理导师为创业者提供必要的心理关怀。

创业导师是你创业过程中的贵人，能够为你指引方向、提供相关帮扶、降低失败的可能性，但也可能让创业者束手束脚而不敢大胆决策。创业者能否顺利通过上述三座桥到达成功的彼岸，最重要的还是看创业者自己。创业者的历练和成长过程无人能够替代。

3 勇敢的心：我要去向何方？

从创业梦想到创业行动之间，有条不容易跨越的鸿沟！在这条鸿沟面前，懦夫退避三舍，弱者半途而废，唯有强者敢于跨越鸿沟，成为真正的创业者。

一个人开始创业的标志，不是产生创业的想法，而是开始创业行动。当你确定自己要做一件正确而伟大的事情之后，你会发现，全世界都会帮助你，你自己也会因为创业变得更加完美。

3.1 现在还有好的创业机会吗？

> 机会永远都有，但它只垂青于有准备的头脑。

　　很多人问马云：现在创业还有机会吗？马云的回答是：16 年前我也曾问过自己这个问题。那时候我也觉得微软、IBM 等巨头把机会都拿走了，可事实上这 20 年来，无数的创业都成功了，所以说机会永远存在。

　　蒂蒙斯在经典的《创业学》一书中论述：当行业和市场存在变化着的环境、混乱、矛盾、落后与领先、知识和信息的鸿沟以及各种各样其他真空的时候，商机就开始酝酿并将产生了。

　　寻找创业机会，首先第一步是寻找尚待解决的问题。这个问题越重要，解决方案的需求就越急切，创新就越容易传播。这个问题越普遍，解决方案的商业价值就越高。这个问题越难，你的创新产品就越难被模仿。发现"问题"所在，是寻找创业机会的第一步。这一步通常不止一个人可以做到，有些问题本身就是公众的认知，比如当今中国的教育问题。其次，寻找创业机会的第二步最为关键，也只有少数人能够做到，那就是找到"解决问题的方案"，并将它提供给客户（用户）。

　　如何测评创业机会的好坏？你可以用四个指标来进行评测：行业和市场、盈利可能性、竞争优势的构建以及与团队的匹配性。行业和市场维度的测评，取决于"问题"的普遍性和解决问题后所带来的经济价值，盈利可能性取决于"问题"的重要性和解决方案的创新属性（参见本书作者《创新创业融资》一书），竞争优势的构建取决于"问题"的难度和解决方案能否被有效保护，最后一个指标测评的是你和你的团队把握这个机会的可能性以及难度。

【观点3-1】好的创业机会就是做难而正确的事情

好的创业机会，一般也很难。在这个世界上，对的事情其实并不是很多，但是对的事情都比较难做。所以，越是碰到容易的事情，越是看起来像捷径的事情，就越是要回避。越难做的事情，创业者越是要勇敢去做。解决难题，才是创业者的价值所在。

【投资人说3-1】李竹：两个问题决定未来创业的方向①

未来世界如何？人的时间怎样变化？这两个问题，决定了未来投资和创业的方向。近来的热点，包括中美贸易战、石油期货、降杠杆、独角兽 IPO、房地产税、汇率、区块链、比特币、人工智能、新零售、现金贷、共享经济、小程序等，各种冲突和矛盾的事情同时出现，创业热点切换的速度很快，也说明创新风口在极速变化。面对这个局面，我们不得不思考，改变未来的要素在哪里？如何去寻找未来投资或者创业的方向？底层的密码到底是什么？

未来世界的争夺，其实就是对于金融话语权和技术话语权的争夺。第一，技术话语权。在过去所有的三大国际标准中，中国落后了，一直处于被收割的状态，这次借力人工智能，有可能实现弯道超车。第二，金融话语权。变现未来是金融时代的特征，区块链是争夺未来金融的重要抓手。

随着社会进步，人们劳动时间减少，对于时间的争夺将是新经济的焦点，会体现在移动新生态和内容文化新生态上。移动新生态就是微信互联网，在 PC 互联网、移动互联网上成功的商业模式或应用，都值得在微信互联网上重做一次。内容文化新生态的产业链更长，除了在线的文学、游戏、影视、动漫外，还延伸到了线下，包括旅游、体育等。

我们再来总结一下改变未来的四个方向。对线上影响比较大的是区块链和小程序，区块链减少了交易的环节并提供了信用，而小程序可以把所有互

---

① 改编自"天使成长营"公众号中英诺天使基金创始人李竹的分享。

联网的应用都重塑，带来新的流量红利。所以，在未来 2~3 年内，对互联网改造最大的就是区块链和小程序。对线下影响最大的是什么呢？人工智能将提高生产力，给现实生活赋能，让我们的生活更加美好，而新文创提供了更好的产品和服务，让我们为此消费更多的时间。

投资人简介：李竹，1989 年毕业于清华大学计算机系，现任英诺天使基金创始合伙人、北软天使合伙人、清华校友 TMT 协会会长、中国青年天使会副会长。李竹是连续创业者，1993 年创立软件公司，1996 年并入清华同方；2005 年创立悠视网；2013 年发起设立英诺天使基金。

3.2 怎样找到好的创意？

一个好的创意往往代表着一个好的创业方向。

好的创意究竟是怎样的？

如果有很多想法在脑海中徘徊，那么就选择出现频率最高的那个。好的创意初始阶段切入点要尽可能地小，想法能用一句简单的话解释清楚，并且从受众的需求出发。

我们所熟知的大画家凡·高就是运用在"盒内思考"（thinking inside the box）的思维方式创作，这和大家常说的跳出框架思考（thinking outside the box）恰恰相反，凡·高喜欢运用手边就可以找到的素材来创作。"心不要太大"，这是再简单不过的观念，可是多数人却不愿意听进去。

随着一个产业的发展，为了满足越来越多的需求，产品或者服务总是在不断地变得复杂。于是，更专精的产品或服务逐步出现或是诞生出新的产品形态。总体而言，大趋势一直都是在拆分。

比如，最早的互联网几乎等于雅虎。然后谷歌接管了雅虎的搜索功能，然后谷歌上找人的功能又被扎克伯格的 Facebook 拆分，而 Facebook 上的"分享照片"功能又被更专业的 Instagram 拆分。

更垂直细分的领域也在不断地被发掘：通过搜索引擎找餐厅的人，后来会上点评；想找专业知识的人，现在可能去知乎；喜欢二次元的人则会上 B 站。再到 O2O 的出现，滴滴和优步则拆分了出租车的调配、管理功能，饿了么拆分了餐厅接订单以及送餐的功能，等等，甚至于每天最苦恼的问题——吃什么也被一款"回家吃饭"的 APP 承包。

【观点 3-2】看似疯狂的创意，往往是巨大创新的开始

> 伟大的企业是建构在秘密之上的，这是他们取得成功的原因，而别人则对此一无所知，甚至一度大声嘲笑。他所谓的"秘密"，就是自己领悟到了，而别人无法理解的独特市场机会和商业模式。

3.3 选择风口还是夹缝?

> 方向对了，再远的路程，也会到达终点。选择创业方向的时候，切勿好高骛远！

创业者在选择创业方向的时候，会有各种思考。有人建议选择风口处创业，因为风来了，猪都可以飞起来。做个"飞猪"似乎挺好的。这就是"风口理论"，也叫"飞猪理论"。它源于小米创始人雷军说过的一句话："创业，就是要做一头站在风口上的猪，风口站对了，猪也可以飞起来。"一时间，各行各业都在积极寻找风口，大家都希望成为下一个"飞猪"。

雷军还做了进一步阐述："风口上的猪都是练过功的。"在任何领域，任何人成功都需要一万个小时的苦练。如果没有基本功谈"飞猪"那真的是机会主义者。

风口其实也是刀口，当某个热门领域有无数创业者削尖了脑袋想要往里挤的时候，可以预见竞争会有多么激烈和残酷。

"飞猪理论"的关键含义是：创业者不能只顾埋头苦干，不去抬头看路。应该花足够的时间研究风向、研究趋势，这样你创业成功的概率要大很多。

与风口相对的是夹缝。有些机会可能并不好，那些在位的大公司看不上这样的机会，这些机会正好就留给创业者。在市场夹缝中开始创业，可以不被强大的竞争对手注意，存活下来的概率也就更大。

【观点 3-3】做自己喜欢的事情，无论它在风口，还是夹缝

> 做自己喜欢的事情才可以持久。在自己喜欢的领域，结合互联网和人工智能，一样可以产生"风口"创造奇迹。选择创业方向，一定不要追"风口"，而要追随自己的"内心"。记住，你创业的目的，并不是非得做出一家上市公司来。

【创业者说 3-1】程维：决定做滴滴，其实更多的是靠个人直觉①

当初，我在阿里支付宝工作，决定创业后，没有直接辞职而是又在阿里待了 9 个月，在想创业做什么。当时觉得创业的机会很多，但现在想来，当时对创业的想法都是很浅薄的。创业前期需要冲动，但不能一直只靠冲动，最后一定要形成自己对商业的判断。美团网的 CEO 王兴鼓励我出来创业。当时王兴已经创业三四次了，他有了经验，对商业有自己的价值判断。

早期，BAT 创业的时候，当时的巨头是华为、万科，而且他们看不懂互联网。但今天，很多巨头都身处互联网行业，他们对创业公司也很紧张。

如果他们盯上了你，来找你谈，是一件好事，说明你做的事情已经引起了他们的重视。如果他们还没来找你，说明你做得还不够大，没引起他们的重视。但在细分领域，如果做得最好，一定能够打败巨头。

---

① 来源：朱晓培个人微信号：商业与生活，有删减。

最后决定做滴滴,其实更多的是靠个人直觉。我之前在阿里工作,杭州、北京两边跑,经常因为打不到车误机。我老家是江西的,有一次老家的亲戚来北京,定了7点在王府井附近吃饭,结果他们5点半来电话告诉我在打车了,等到8点又电话问我能不能去接他们。有创业的想法后,我咨询了周围的人,所有的人都说不靠谱。但这是正常的,这就是创业的第一关,只有闯过这一关才可能成功。一开始,所有人都跟我说,司机连智能手机都没有,做打车软件这种想法根本不靠谱。但正是在市场基础不成熟的情况下,创业才可能成功。现在,智能手机已经普及了,司机和乘客的用户习惯也教育好了,市场已经成熟了,但这时候你再做打车软件,基本上没有机会了。

所以,你会听到很多质疑的声音。我每天都在问我自己这个事能不能做,反复衡量,不停地问自己,不停地磨砺自己。这就是创业的第一关。

创业者简介:程维,1983年出生于江西上饶,毕业于北京化工大学。2005年,程维进入阿里巴巴工作。2011年成为当时阿里最年轻的区域经理。同年,程维升任支付宝B2C事业部副总经理。2012年6月,程维创立了小桔科技,推出打车应用滴滴打车。2017年5月,程维当选《福布斯》2017年"全球变局者"。

3.4 为什么要从小项目开始?

> 所有的伟大,都起源于微小。创业者要在"小"的事情上做到极致,做到第一。小,就是大;小,就是力量。

创业者选择创业方向的时候,最忌讳好高骛远和痴心妄想。

有一位穿着朴素的七十多岁的老人,我多次在论坛场合遇到他和他的妻子。第一次遇到他,的确让我们很感动,年逾七十仍然这么有想法、有闯劲。然而,当我第二次、第三次见到他宣讲自己想法的时候,我开始真正关注他了。要知道，他是一个多么执着的人，年轻人尚没有这样的执着精神。

遗憾的是，他可能不得不继续甚至是永远走在"梦想"的路上，但投资人可能根本就不会关心他。当你听他说，他有颠覆性的理论和技术，能够解决不撞车不堵车的"智能防交通拥堵汽车"项目时，你会怎么看？

还有一次，在海归创业大赛当评委，见到一个年轻的参赛者，他要做智能驾驶汽车。他在 PPT 中列举了十几位遍布中国数所著名大学的汽车专业相关的著名专家教授，声称这些专家是他公司的顾问，而他自己其实并不懂相关的技术。他的公司注册资金 1000 万元，不了解实际到位资本金有多少。梦想的伟大和现实的骨感，不言而喻。

你能够撬动多大的事业，取决于你是谁。初次创业选择的创业项目，最好能够拿得起放得下。"小目标"更加容易实现，每一次的成功，都会激励自己和团队坚持下去。当受制于外部条件，不能启动一个大项目的时候，不妨退一步，静候时机。专家汇创始人夏语曾说过，如果不能做一个伟大事业，那就先做一个项目。用项目思维，一个项目一个项目地做。连贯的、进阶的、一连串项目的成功，终会帮助你实现你的伟大梦想。

【观点 3-4】宏伟的梦想可以分解成一个一个可以实现的目标

> 宏伟的梦想，可以分解成一个一个可以实现的目标。做一个现阶段可以落地执行的计划，这个计划要基于创业者现阶段可以整合的关键资源和团队。

【案例 3-1】周群飞：从小做起，挑战不可能[①]

周群飞是苦孩子出身。为了生计，1986 年，年仅 14 岁的周群飞到深圳打工。先是学习切割玻璃，后来凭着一本借来的《丝网印刷》，仅用了半年就掌握了一整套特种玻璃加工技术。短短两年，周群飞就成了多面手，不仅

---

① 改编自硕士博士圈。

丝网印刷工艺门儿清，而且对工厂的运作体系、人员调配得心应手。

但是，周群飞出色的表现受到了管理层的排挤，她一气之下辞了职。1993年3月，周群飞带着哥嫂等七人，租下一套三居室，成立了恒生玻璃，就此走向创业之路。由于人品好，很多之前的老客户纷纷将新订单转给她做，并不断介绍港台甚至欧美的客户。1997年亚洲金融危机时，一些玻璃厂家付不起加工费，就把一些旧设备折价给周群飞。这些二手切割设备，经过精心检修，再配套研磨机、仿形机，很快就形成一条完整的手表玻璃生产线。

金融危机过后，周群飞从玻璃丝网印刷商升级为手表玻璃供应商。1999年，恒生玻璃的业务扩展到北京、上海、哈尔滨等20多个城市，积累了两百多个客户，销售收入超过了500万元，流动资金达到1000多万元。此时，手机玻璃市场开始火爆。2001年冬天，周群飞将手表玻璃工艺运用到手机面板生产上，也就是用玻璃屏取代当时流行的有机玻璃屏，为TCL3188做出了玻璃屏，让周群飞及恒生玻璃名声大噪。

2003年，周群飞成立了蓝思科技，从事手机玻璃的研发、生产和销售。摩托罗拉一位副总裁找到周群飞，要求采购玻璃屏。她带着同事蹲在六七十摄氏度的车间，反复调试温度、时间等相关参数，经过三天三夜的不间断试验，最终成功突破了玻璃韧性的技术难关。此后，三星、诺基亚、夏普、索尼、LG这些客户接踵而至。

2008年，周群飞成为苹果的供应商。苹果之前的供应商满足不了乔布斯"一米之内跌落，百分之百不能碎"的要求，而蓝思科技可以做到。2015年3月18日，蓝思科技在深交所上市，周群飞也以500亿元的身价成为新的内地女首富。

3.5 为何要聚焦在"使命级"的关键业务?

> 飞机在万米高空中才能飞得更快，而埃隆·马斯克计划建造的超级环要在真空中穿行，也是要减少空气阻力，排除外界干扰。

创业公司要实现生存，必须在创业之初尽快实现"造血"功能。当你面临着获得经营现金流和长期发展的权衡，你要怎样做选择？

2001 年 1 月，互联网泡沫破裂，在阿里最困难的时候，马云和关明生教给团队的，依旧是使命和价值观。阿里创始人之一戴珊回忆说："价值观是什么，使命是什么，听这些形而上的内容对企业有什么帮助？我当时觉得还不如多接一个客户电话，也许还能让公司多活一秒。"

会议后，阿里砍掉了唯一赚钱的大企业业务，完全立足中小企业。其间，马云提出了那句著名的口号："我们的使命，就是让中小企业没有难做的生意。"

尽管中小企业付费能力低，但相比大企业，他们更加迫切需要阿里的互联网服务。专注于真正的客户，为他们解决痛点问题，才是阿里巴巴的使命所在。在使命和获得现金流之间，阿里选择了前者，将全部的人力和财力，集中在更有长远价值的事情上。

阿里巴巴做上述权衡，当然不是不在乎现阶段能够带来现金流的业务。但在进行与企业"使命"相关的关键业务选择时，阿里坚毅果敢地选择了后者。

【观点 3-5】当不知道怎么取舍的时候，想一想自己的创业初心

> 保持专注，减少阻力，不受干扰。
>
> 当不知道怎么做取舍的时候，想一想自己的创业初心。

【投资人说 3-2】李开复：点子多的人反而不太适合创业①

聪明反被聪明误，特别聪明的人往往有很多点子，点子太多对创业而言并非好事。因为你作为一个老板，创业点子多了就完蛋了，如果每天进来一个新点子，什么都做，反而什么都做不出来。

① 改编自腾讯科技。

创业公司应当在每一个阶段能够专注力量，在达到一些里程碑之后，下一步才有人愿意付钱给他，愿意用更高的估值来投资他。

看湖北人雷军、周鸿祎，他们每次上台的时候，眼睛发出火焰式的光，你可以知道他们多爱他们的产品。这是创业者的一个特质，我们就想看到这种特质。

投资人简介：李开复，祖籍四川成都，1961 年 12 月 3 日出生于台湾省新北市，现已移居北京市。李开复毕业于卡内基梅隆大学，获计算机学博士学位，曾在苹果、SGI、微软和 Google 等多家 IT 公司担当要职。2009 年 9 月从谷歌离职后创办创新工场，并任董事长兼首席执行官。

3.6　没有足够的资金我能创业吗?

> 资金少不见得是坏事，可以避免你在错误的道路上走得太远。但你确实需要最初的起步资金，起步资金的多少，与你要做的创业项目有关。你最好能够找到"小火力、大爆发力"的项目。

寻求资金支持，是创业者在起步的时候必须要解决的问题，但不是创业要解决的第一个问题，创业者需要先解决创新方案，找到为客户解决问题的办法，最后才是资金问题。

创业项目需要资金才能进行下去，但这并不是创业的第一道门槛。如何组建一个能够实现创业者的创新想法并为客户创造价值的团队，才是创业者最难解决的问题。

当还没有团队的时候，建议暂缓融资计划。一方面，团队不是用钱可以买来的；另一方面，没有团队，融资将会非常困难。

在资金限制下，要尽量减少支出，尽可能高效率地使用资金，缩短开发周期，利用精益创业的思想，做出最小化产品原型，经过早期客户使用验证之后，再快速迭代产品。此时你的融资难度就会降低很多。

资金不是越多越好，过多的资金可能使你过于相信模式的力量，例如做不必要的广告和促销活动，而忽略了产品创新。

【观点3-6】如果你的解决方案足够好，一定会有资金找到你

> 不要着急去见投资人，把精力放在寻找能够与你一起开发出精美绝伦的产品的团队成员。你要相信，如果你的解决方案足够好，一定会有资金找到你！

3.7 没有人脉关系能创业成功吗？

> 很多创业者把人脉关系当作创业成功的最重要的因素，仿佛有了人脉关系，就有了市场，有了客户，有了投资。

人脉关系的重要性不言而喻，它可以在关键时候为你提供背书，让你得以借力发展。特别是对于一些特定的商业活动来说，人脉资源至关重要，这些人脉资源可能具有决定是否使用你的产品的权力。

实际上，人脉关系只是事业成功的助推器。依靠人脉关系获得的市场并不一定是真实的。人脉关系更重要的作用，在于对你创业的指导，正所谓"授之以鱼，不如授之以渔"。同时，人脉关系还是一面镜子，可以让你从多角度审视你的创业项目。你可以在众多的人脉资源中寻找帮助，这其中最关键的帮助，应该是对你创业方向的调整和创业方法的指导。

对创业者而言，创业项目能否成功，真正关键的是对客户需求的满足。你通过创新的产品为你的客户带来"巨大到不能拒绝"的价值，这就给了客户不能拒绝的理由。

所以，只有获得客户的心，你的商业模式才真正建成。人脉资源只能算是创业成功的加速因素。过多的人脉资源，最终可能让你在产品研发中迷失。

随着产品创新价值的展现，你将成为人脉资源的核心。

【观点3-7】一旦你创造了不可替代的价值，你将成为人脉关系的中心

> 聚焦于创造新价值，解决重要的社会问题。一旦你创造了不可替代的价值，你将成为人脉关系的中心。

3.8　怎样与家人沟通以获取他们的支持?

> 稳固的后防和家人的关怀，可以为孤独的创业者带来无穷的力量。

得不到家人支持的创业者，不难想象他们的创业之旅会多么煎熬。

创业过程虽不一定都是艰苦卓绝的，但一定会有各种各样的困难，不可能一帆风顺。创业者需要付出自己大部分的精力和时间，来解决创业过程中的各种难题。这样，家庭生活将受到影响，创业者若不及时有效地与家人沟通，将会面临着家人的抱怨。

在家庭和事业之间取得平衡，这是一种艺术，没有固定的模式可以供创业者直接选用。每个家庭有自身的特殊性，保持平衡的方法也应是独特的。

每个创业者应该清楚，创业不是全部。在创业之外，创业者应该有生活。真正的人生赢家，除了事业成功之外，还有家庭和睦、子女孝顺等元素。

但是，安稳、富足、自由仿佛不可兼得。男人和女人，有时候想法完全不一样。因为你的创业，你可能拥有大笔的财富，但可能会缺少时间陪家人，生活也不再安稳平静，用于家庭生活的时间变得少得可怜。你需要找到家庭生活和事业的平衡点。

说服家人支持你的创业，关键在于沟通。与家人沟通的时候，可以从框架到具体，你不仅需要用你的梦想和情怀去感动对方，必要的时候，还需要把你的详细计划全盘托出，即便这个计划还是一个雏形。另外，不必隐瞒创业的高风险和低成功概率。让家人感到，对于创业，你不仅充满了激情，而且十分理性。给家人全部的知情权，这是最明智的做法。

适当的机会，让你的家人与你的团队成员见面聊天，了解你所从事的事业，这样做可能会更容易赢得家人的支持。如果家人仍然不理解你，并且坚决不支持你创业，怎么办？很遗憾，除了耐心说服之外，我想不到什么好办法。

【观点3-8】家庭的和谐，关键在沟通和平衡

> 家庭要和谐，关键在沟通。创业者必须学会平衡家庭和工作，保持良好的家庭关系，让家庭成为事业坚强的后盾。

3.9 破釜沉舟还是设置一道防火墙？

> 创业者及其家人最大的痛苦，莫过于创业没有成功，而家庭却陷入困境甚至和曾经心爱的人分道扬镳了。

如何预防创业失败的风险，让自己创业失败的时候，仍有安身之所？

最好的防守，就是进攻。要有"all in"的精神，全身心投入自己的事业，才能将创业失败的风险降到最低。谁不想成功呢？想要成功，你就要比别人更加努力和勤奋，当别人还在睡觉的时候，你就早早地被梦想叫醒了。

"有志者事竟成，破釜沉舟，百二秦关终属楚。"古人早就为我们指出了一条通向成功的明路。但真正做得到"破釜沉舟"的人，少之又少。

破釜沉舟的作用，在于让你没有退路，让你进入一种险境，然后有更强

的动力"置死地而后生"，强化你"使命不达、绝不放弃"的决心和勇气。

创业者的创业勇气和决心，是一些风险投资家判断创业者是否值得投资的重要因素。而"破釜沉舟"最能体现一个人的勇气。当年徐新投资百度的时候，要求李彦宏把自己在北京的房子抵押贷款投入公司，就是来看李彦宏自己愿不愿意为自己的项目"all in"。最后，在徐新的推动下，百度在美国上市，李彦宏一下子成了当年的中国首富。

在我们国家，个人还不能申请破产，创业失败的所带来的各种私人债务，必须由个人承担。尽管公司可以申请破产，但作为一个创业者，总有一种不屈的精神，自己会拼尽全力来拯救处于危局中的公司，最终可能让创业者的家庭背上沉重的债务负担。

要不要设立一道防火墙呢？和破釜沉舟不同，防火墙将你的家庭资产进行分割和保护，让你和你的家人在创业失败的时候，仍有安身立命之所，不会窘迫到无家可归。同时，也可以更好地激励团队，让投资人更有安全感，避免因为家庭变故而影响对公司的控制权。

【观点 3-9】要有破釜沉舟的勇气，还要有维护家庭和谐的责任

创业者的内心，要有破釜沉舟的勇气，还要有维护家庭和谐的责任。破釜沉舟，不等于一定要完全断了自己后路。你对你的父母、妻、子，不能置之不顾。

【专栏 3-1】如何避免热情过度而死

创始人热情过度综合征（不要和创始人综合征混淆了）常常发生在创业新手身上。他们深信，自己在车库里捣鼓出的小公司，日后一定会成为下一个谷歌或亚马逊。由于经验不足，过于自信，他们常常会犯下致命的错误。令人遗憾的是，这些错误会导致原本潜力十足的公司彻底失败，使创始人彻底放弃创业的计划。

创始人热情过度综合征的常见症状如下：

1. 抵押房屋（尤其是自用房屋）

毫无疑问，企业成功与否取决于决心。但是，尽管存在从哈佛或斯坦福退学，终成大业的故事，我们还是得承认，通往成功的道路是漫长、艰辛、痛苦的。

正如 Paul Graham 所建议的，"切勿期望甚高"。

诚然，成功的创业者都选择了承担风险，而且如 Brad Feld 所说，要"忽略那些反对的声音"。但是，创业者还是应当理性地估计风险，并支持那些基于外部、切实数据的决定。

因此，除了创业点子之外，一无所有的创始人——既没有现实的产品也没有个人吸引力和对客户的洞察力——应该倍加小心。在申请大额个人贷款，抵押住房，或者花光家里所有积蓄之前，你得承认，自己可能对创业前景过于乐观了。

2. 低估所需的时间

在浏览创业计划时，风投公司和天使投资人可能会表示，创业公司的预期收益应该减半，而成本投入应该加倍。这些专业投资人深知公司运营（包括组建强大的团队、开发新产品、吸引第一位客户，或者开展试点项目）都是非常艰难曲折的。

3. 创业者应该审慎地考虑自己的假设是否现实

延期常常突如其来。将自己所有的时间都投入到公司中，一直依赖个人积蓄，可能是不明智的选择。Scott Adams 在原先的岗位上继续工作了 6 年，并利用晚上、早上以及周末的时间，创办了 Dilbert 公司。无数创始人在创业过程中，仍然没有放弃原先的工作。Tony Wright 利用两份兼职工作的收入，创立了一家公司。

4. 浪费你的现金

一些创始人投入资金到耗费巨大、尚未成熟，甚至是毫无必要的活动中。创业公司的资源应该投入到拓展客户，以及探索可行的商业模式中。

因此，昂贵的专利申请可能对一些创业公司而言并不合适。至少在创业前期如此。过早地投资于准备详细的商业计划、复杂的资金预测、浮夸的主题报告上，不仅会减少应急资金，还可能是徒劳无功的。因为随着时间推移，这些内容都会发生巨大的变化。

【专栏3-2】避免创业人热情过度综合征

尽管预防的方法很简单，而且人尽皆知，但是操之过切或者不成熟的创始人是不会考虑这些方法的，所以重申这些方法。

1. 建立由有经验人士组成的董事会

"智囊团"（由可信赖的人们组成的智库）或者顾问委员会能够为你提供帮助，直到提名董事会的时机成熟。尤其重要的是先从经验丰富的创业者那里获得反馈，然后再做出关于合伙、投资以及重大变化的关键性决策。

2. 向专业人士咨询

有一些行为可能会受到法律的约束。因此，你需要和律师谈谈，了解相关的规定，以避免做出看似毫不违法的行为（例如，发送一封包含未来股票分配详情的邮件）。类似地，你需要和会计师或税务顾问交流，然后再注册自己的公司。必要时，还应该与专利律师见面。

3. 永远记住，创业公司的成功率并不高

只有极少数的创业公司能大获成功。因此，你必须尽可能地减少失误。在决策之前，问问自己：如果我的朋友正在运营这家创业公司，我会为他/她提供什么建议？

4. 在花费大笔现金，或做出不可逆转的决定之前，三思而后行

购买某项服务获得的短期收益，是否能够抵消对创业应急资金的长期负面影响？

4　描绘蓝图，勾勒创业路线

创业者首先是设计师。设计事业蓝图，不是创业者唯一的工作，但一定是最重要的工作。作为创业领导者，你将为你的团队描绘事业蓝图、激励团队，将向投资人描绘事业蓝图、吸引投资。你向所有的利益相关者描绘事业蓝图，销售你的梦想。

你的事业蓝图，你自己得信，当然也要符合基本的商业逻辑。在激情的创业决定之后，需要冷静的分析和思考。

4.1 如何描绘事业蓝图？

> 如果用一条船来打比方，创业者应该是船的设计师。

描绘事业蓝图，要从创业的初心出发。你要解决什么社会问题？为哪些群体带来价值？你需要把这种情怀总结成一句话，作为你的创业愿景或使命。这个愿景或使命，就是你在未来甚至整个生命历程中要有一直扛下去的大旗。未来，你的产品服务可能会变化，业务形态也可能会发生变化，而创业的初心是不变的，愿景和使命也是相对稳定的。

在管理学教科书中，愿景和使命存在差别。

愿景（Vision）是描绘企业期望成为什么样子的一幅图景。它是一幅充满激情的画面，帮助团队成员意识到自己应该去做的事情。好的愿景积极而充满感情，给人压力和挑战。企业希望借助愿景吸引每一位雇员，最好还能吸引其他利益相关者，如新的股东。愿景的表述最好相对简短精确，而且容易记忆。

使命（Mission）则说明一家企业为什么从事一些业务，而不是其他的业务。使命要表达的是企业所追求的意义和存在的价值，它和企业的顾客直接关联。有些企业的使命还包含了企业的社会责任，显得更加大气。创业者要让团队的核心强烈感受到企业的使命，让每一位员工都有使命感。使命的具体化，就是企业的价值观。扎克伯格给脸谱公司赋予的价值观是，创造渴望的改变。

从英文词汇来看，愿景是可视化的"景"，使命是存在于心的"根"。在实践中，愿景和使命并不容易区分开来。但我们可以确信的是，尽管外部环境变化很快，愿景和使命是相对稳定的。

【观点4-1】愿景为团队指引前进方向，使命则是创业者心中不倒的大旗

> 愿景描绘了企业的未来样子，为团队指引前进的方向。使命反映了企业的价值观和渴望，是存在于创业者心中不倒的大旗，每个团队成员应该受到与企业使命一致的价值观的约束。

【专栏4-1】经典的企业的愿景或使命

迪士尼公司愿景：成为全球的超级娱乐公司。

麦当劳公司愿景：成为世界上服务最快、最好的餐厅。

戴尔公司愿景：在市场份额、股东回报和客户满意度三个方面成为世界领先的基于开放标准的计算机公司。

迪士尼公司使命：使人们过得快活。

麦当劳公司使命：在世界上任何一个社区都成为我们员工的最好雇主，在每一家餐厅为我们的顾客提供专业优秀的服务。

戴尔公司使命：在我们服务的市场传递最佳顾客体验。

脸谱公司使命：连接人。

阿里巴巴使命：让天下没有难做的生意。

青创学堂使命：誓把双创智慧传四方。

福特汽车使命：让每个美国人都能拥有汽车。

苹果公司使命：让每人拥有一台计算机。

通用电气使命：以科技及创新改善生活品质。

华为公司使命：聚焦客户关注的挑战和压力，提供有竞争力的通信解决方案和服务，持续为客户创造最大价值。

事业蓝图越清晰，越容易被外人理解。事业蓝图实现的可能性越大，越不容易被人当作骗子。

看了上述企业的使命，你能为自己的企业确定愿景和使命吗?

请在此写下你的企业愿景：＿＿＿＿＿＿＿＿＿。

请在此写下你的企业使命：＿＿＿＿＿＿＿＿＿。

4.2 创业初期要不要制定战略？

> 当创业者在思考如何开始创业的时候，创业战略活动就不知不觉地开始了。将创业战略体系化，可以方便创业者与核心团队以及投资人沟通。

创业战略包括定位战略、进入战略和成长战略，其本质是平衡团队、资源和机会，拟定出可以实现的创业路径。创业者对战略的认识因人而异。有的创业者对创业战略的认识存在以下误区：

4.2.1 战略不重要，生存才是第一位的

生存是第一位的，如何生存，正是创业企业的战略规划所要解决的最关键问题。切实可行的战略方法，可以帮助企业实现生存。

4.2.2 总是改变战略就等于没有战略

有些创业者认为，战略应该具有稳定性，必须要实施三四年，否则就不算是战略，如果每年都对战略进行改变，就等于没有战略。

实际上，创业者面临着快速变化的竞争环境和高度不确定的创新结果，创业者必须及时调整战略方向，"边走边看"是创业战略决策的常态。

4.2.3 没有战略就是最好的战略

有的创业者认为，既然竞争环境瞬息万变，那不如不考虑战略，专心做产品的生产和销售。专心做产品和销售，正是创业者聚焦于价值创造和价值传递的表现。但做什么产品、怎么做产品以及怎么销售，就是战略问题。

4.2.4 战略就是企业要实现的销售额或者其他目标

目标的实现是战略的结果，战略是实现目标的方针。很多企业都把策略当成了战略，就是把做什么、怎么做当成了战略，把具体的操作步骤、流程当作了战略。

【观点4-2】每个创业者其实都有战略，但需要系统化

> 每个创业者，其实都有战略。但他们的战略不够系统化，随意性较强。把战略清晰地表达出来，需要专门的知识来做支撑。

4.3 战略是怎样被制定出来的?

> 战略没有那么神秘，它描述的就是企业如何步步为营，实现每一步的目标。创业者基于对当前资源的分析和对未来形势的预判，提出企业发展的基本思路和行动计划。

典型的创业战略过程如图4-1所示。

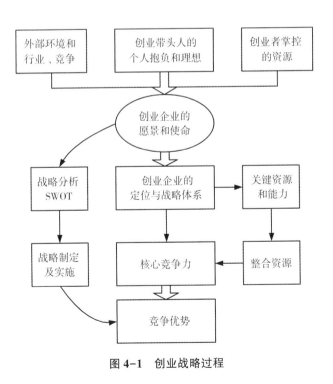

图4-1 创业战略过程

创业战略过程始于创业者的理想。创业者的理想与创业者所处环境和所受的教育有直接的关系。创业者在理想的指引下，结合创业环境和行业状况，形成创业企业（团队）的"愿景和使命"。除非发生重大事件，企业的"愿景和使命"不会轻易改变，并将成为企业持续发展的动力源泉。

创业者基于对环境、行业和竞争对手的深刻分析，对企业业务进行"定位"，同时考虑能够与"商机"匹配的"资源"缺口，并整合所需资源。创业者还需要辨别出关键资源和核心能力，并逐步依赖关键资源和核心能力建立竞争优势，实现企业的快速成长。

【观点4-3】创业战略，既要够大气又要脚踏实地

制定战略要立足于现实，考虑现在拥有的和未来可能拥有的各种资源和条件。切实可行而又远大的战略就是创业者所树立的一面旗帜，凭借这面旗帜，创业者得以聚拢人才、获得各种支持。

4.4 创业战略体系包括哪些方面？

创业者要知道创业战略体系都包括哪些方面，然后利用战略工具为公司制定战略。

创业战略包括三个层次：公司战略、业务战略和职能部门战略。公司战略决定公司发展方向以及业务构成单位，包括如何定位、如何进入和如何成长。业务战略确定如何创立与维持独特的竞争优势以确保长期盈利的目标，也就是所谓的竞争战略。职能战略是各个职能部门确保公司战略和业务战略得以有效实施的决策，其中最重要的是人力资源策略、融资策略，以及研发、生产和销售策略。

创业企业在公司层的战略表现在行业和市场定位战略、进入战略和成长

战略。

公司行业和市场定位战略关注两个问题：公司为哪些客户提供产品和服务？应该参与哪些产品的市场和业务竞争？行业和市场定位战略决定了公司的发展方向。这是本书第三章着重关注的内容。

公司进入战略是指公司如何进入一个市场。理论上，对于一个公司来讲，可以通过收购现有企业来进入一个市场，但对于创业者来说，因为没有资金，一般不会这样做。对于成熟的大公司或者已经获得了大笔投资的处于高速扩张期的企业，这是一种进入战略选择。当企业开拓的是一个全新的市场，这个市场上也没有现成的企业可供收购，通过收购来进入市场则不能够实现。

公司的成长战略是指公司如何实现快速成长。这其中包括业务扩张方式和融资方式。服务型创业企业可以先做好一个样板，然后通过复制的方式实现量的扩张，但需要融得大量资金以配合此战略，因此，创业者在后期扩张的时候，需要风险资本的支持。网络创业企业则多采用精益创业的方式，快速迭代产品，减少开发失败的成本，它们为了快速获得大量用户，经常用股权来换取流量。

竞争战略涉及竞争方式的选择，如低成本、差异化和聚焦战略。创业公司因为缺少资源一般会选择聚焦战略进行竞争，在一个细分领域做到低成本或者差异化。

职能部门战略则更加具体和多变，有时候还需要不断修改，以找到最终可行的方法。

【观点4-4】创业战略既要关注全局，又要能够落地执行

公司战略是关注全局的战略，竞争战略是业务层的关键战略，职能战略则是贯彻公司战略和竞争战略的方式。

4.5 企业战略怎样落地实施?

职能战略，是能够落地到公司各个职能部门的策略。

职能战略是使公司竞争战略落地的通道。职能战略经常被称为××策略，例如人力资源策略、研发策略等。中文的策略，相较于"战略"，被理解得更加细致、更加具体。

公司层的战略和竞争战略可以用一句话甚至是一个词表达出来，但具体的职能部门的"策略"却需要几段甚至几页内容来表述。对创业企业而言，最重要的职能战略是营销战略和财务战略，这关系到企业的生存。而人力资源战略关系到企业的长远发展，生产与运作战略关系到企业的成本结构，研究与开发战略关系到如何保持竞争优势。

营销战略是指一个企业为实现销售目标所制定的产品营销总体方案，将其落到实地就是企业的营销策略。例如，营销战略可以这样表述：高定价并执行歧视性折扣，由代理商执行企业的销售职能。又如，公司采用网络营销的方式，建立口碑，并利用网络快速传播。这些战略很好，也很容易想到，创业者需要就某一种营销战略是否适合企业产品做出判断，然后将合适的战略落实到策略层面，制定一个细致的营销策划方案。如果创业者不具备相应的市场营销知识也无法做出判断，可以咨询专业的市场营销人士，在外力的帮助下制定详细的营销策略。

创业企业的财务战略可以用简单的词来表示，例如量入为出，这也是大多数创业者采用的战略。企业还可以采用积极融资战略，拥有大规模订单的企业可以采用保理贷款的方式获得流动资金。此外，企业还可以通过预收和预付的方式向客户和供应商融资。而对于"烧钱"的行业，企业要积极募集股权类投资。关于财务方面的具体策略，也需要根据企业的实际情况来确定。很多创业者没有财务和金融背景，对此类问题可以咨询相关创业导师获得专业意见。

【观点4-5】没有职能部门战略，公司战略就是空中楼阁

> 伟大的构想，总是可以快速正确地做出。但将其落地，需要不断地试错。职能战略，是通向伟大愿景的关键通道。

【专家说4-1】曾鸣：创业最难的是从 0 到 0.1[①]

从 0 到 0.1 这个阶段，一切都是混沌初开。最难的是，创始人既要有宏观思考的能力，保持对未来的想象力，保持大的格局，又必须脚踏实地从非常小的点切入。曾鸣总结，在这个阶段，创业者会面临以下四个心智问题：

1. 眼高手低

早期千万不要追求清晰的战略和商业模式。一切都是混沌初开，不可能有清晰的战略，更不用谈一个复杂完整的商业模式。不要指望一步到位，要捏软柿子、要落地、不要空转，虚的实了做。

具体来讲，在从 0 到 0.1 的阶段，不要追求干净漂亮清楚，在这个阶段，战略是讲不清楚的，更不用说业务模式和收入模式。这是一个逐步磨合的过程，要先从边缘的软柿子开始捏起，捏多了，你自然可以捏更硬的；如果是一开始啃硬骨头的，一般成了先烈，因为你成了别人的样板。

这是很重要的一点，一开始不要怕事情小，要敢于从小的事情切入，但是你切入之后要知道有放大的可能，而不是切入之后还是小的。想的时候不妨大一点、远一点，做的时候不妨小一点、准一点，这样才有机会攻下第一个山头，才有机会进攻下一个山头。

2. 试错一定要基于愿景

这个阶段一定不是盲目地试错。绝大部分跟风的人是瞎打盲撞，完全没有积累，"死了"还觉得冤枉。这个阶段的试错，是通过实践对未来的假设（Vision）进行不断的试验和调整。

---

① 来源：湖畔大学公开课。有删减。

你一定要有一个 Vision 作为试错的前提，否则你试了也白费。只有基于某个基础去测试，你才有可更迭的路线和方向。如果没有这个作为前提，就是盲人摸象，最后也摸不出一张整图出来，"死了"也是冤枉。

试错是为了找到未来在今天的映射点，这个点才能带你走向未来。用一个专业的表述，就是有纪律性、目的性的试错，知道结果和目标，这是 Vision（愿景）到 Action（行动）的关系。要快速地行动，但是背后也要有非常清晰的 Vision。在这个过程中，很重要的一个问题是：如何拥有 Vision？

其实，寻找 Vision 的动作本身就能够给你带来 Vision，你天天看未来，看多了就会比别人好，这不是谁天生就会的，而是一个过程。

3. 悬崖边的狂欢

和一个创业者讨论的时候，他不断重复："我们只有三个月的时间了。"

我突然发现问题出在哪里。一个公司如果以三个月或三个星期作为周期，根本试不出像样的东西，导致整个公司很焦虑。

创业公司是要有紧迫感的，但是不能弥漫到每个环节，不然就没有创新的空间。CEO 即使没有办法也要担着这个压力。

那么，最后是靠什么闯过去的？其实就是信不信的问题，阿里后来有一句土话叫作"相信相信的力量"。你光一层相信不够，要有更多的相信才能不断走过去。Vision 是需要相信的，相信的人才会做，做后才能证明是对的。你不信，Vision 就不会成。在公司创立早期，无论找员工还是合作伙伴，你会发现，能够跟你团结在一起的都是一无所有的人，因为没有，才会想一起去拼命。

4. 自信和自疑

创始人经常处于这样的状态：有时候觉得自己是对的，有时候觉得自己想的全错了，万一把公司带到坑里怎么办？什么时候该民主？什么时候该独断？坚持还是放弃？

创业中间肯定有运气的成分，但这本身就是自我修炼的过程。最难过的坎就是极端的孤独和极度的自我怀疑，但是只能相信自己。

企业者简介： 曾鸣，1998 年获得美国伊利诺伊大学国际商务及战略学博士学位，担任阿里巴巴集团学术委员会主席、湖畔大学教育长，曾任阿里巴巴集团执行副总裁。

4.6　创业需要哪些重要资源？

> 战略定位并不直接为创业企业带来竞争优势。"资源"是企业的战略定位和竞争优势之间的纽带。

企业竞争地位的差别归根结底是企业所拥有的资源的差别。

我们可以将公司资源分为两大类：有形资源和无形资源。其中，有形资源是指那些在公司资产负债表上显示的资源，包括金融资产和实物资产；而无形资源（包括无形资产资源和技能资源）是指那些非实物也非金融的资产，基本上不在资产负债表上显示。无形资产资源主要表现为组织资产、声誉资产和知识资产。

还有一种重要资源是技能资源，它包括创业和管理团队的专业技能和专业知识（Know-How）。

无形资产资源和技能资源的区别在于，无形资产资源是企业所"拥有"的，它是一项资产；而技能资源是企业所"做"的，它是一种技巧或者能力。

创业者经常会说，就差钱了。没有启动资金，一切都归于零。仿佛资金就是企业最关键的资源。实际上，请创业者再想想，其他资源都已经真的有了吗？

如何有效地把创意变成产品和服务，也就是为生产产品所需要的各种知识资产，你是否已经拥有？例如生产产品的专利技术。

又如，你拥有那些组织资产吗？例如一份规范的工艺文件或者组织制度，可以激励员工以更低的成本将更优质的产品推向市场。

再如，你是连续成功的创业者吗？或者你的团队中有连续成功的创业者或者明星级的专家人才吗？如果没有，那么作为创业企业，你不拥有声誉资产。

最后，因为你可能还没有实际的生产经营，或者还没有在相关领域做过真正的研发或营销，你不拥有能够支撑生产或者销售产品所需要的专业知识（Know-How）这类重要的资源。

也许你现在拥有的仅仅是一个创意、一个梦想。此时的你，除了脚踏实地地从零做起，似乎并没有其他好的创业路线。你需要先在这个领域积累一些经验，无论是研发工程师还是营销一线，都可以为你带来宝贵的 Know-How 资源。

【案例 4-1】创业者：巧妇不怕无米

对于常人而言，没有米就无法做饭。但对创业者来说，无米并不是做不成饭的理由。杜厦和郭可江就是两个典型的实现无米做饭的创业者。

杜厦于 1987 年"下海"经商，靠咨询和组织活动，两年时间积累了 300 万元人民币的资金，但由于使用杠杆借钱炒外汇不但把经商赚到的钱都亏了，还背负了 1000 多万元的债务。

凭借积累的举办大型活动的创业经验和市场嗅觉（这是杜厦最关键的资源），他做到了在 10 个月的时间内赚到足够的钱，把所欠债务全部还清。1989 年 5 月，苏联领导人戈尔巴乔夫访华，中苏关系实现了正常化。杜厦断定，随着两国关系的正常化，文化交流将是一个巨大的商机。趁着中苏解冻的机会，把精彩纷呈的苏联大马戏团，请到中国来做商业巡演，一定会获得成功。

让文化部主管官员心动的理由是此举不仅实现了开创对外文化交流活动的崭新形式这一政绩，而且还给文化部节约了大量的预算经费。为了让官员彻底放心，杜厦承诺给文化部一份价值 50 万美元的不可撤销担保函。文化部终于同意由杜厦操办此活动，这就无疑给了杜厦一项最为关键的"组织资产"——政府许可，没有官方许可和背书，促进中外交流的商业文化活动在当时是不可能举办的。

怎么找 50 万美元担保函呢？杜厦有个邻居，是"中国租赁总公司"的总经理，他说服后者与自己合作，合作方式如下（这是杜厦组织大型活动所积累的关键经验）：在全程近百场的体育馆大型演出中，给后者一块重要的广告位置，置放中国租赁总公司的横幅场地广告，这相当于把广告位置预售给中国租赁公司了，代价是担保函，而不是真金白银。"双赢"的事情，当然容易一拍即合。

有了政府许可和支持，如何联系到苏联马戏团，并且让活动有利可图呢？

杜厦组队到莫斯科考察，发现苏联有 80 多个马戏团，由于演出场次少，工资几乎发不出来。所以，精彩的节目不是问题，演出费用也可以非常低廉。凭借商业直觉，杜厦把演出费用从每场 5000 美元的报价压到人民币 1 万元。

几个月之后，"苏联国家大马戏团"进入中国，在七个城市做了为期三个月的巡演，上百场演出场场爆满。这次成功让杜厦彻底翻了身。

无独有偶，出身农村的郭可江，曾经是河南省某县的高考状元，从中央财经大学本科毕业之后，靠股票交易赚了不少钱，然而也是因为使用杠杆炒股，最终欠下了上千万元的债务。债主给了两年的还债期限，郭可江在绝望中回到老家，从蔬菜种植中找到了希望。

虽然出生在农村，但对于大规模的蔬菜生产和销售，郭可江并没有经验。为了了解市场，他到山东某大型蔬菜批发市场蹲点学习，了解适销对路的蔬菜品种，琢磨可以改进的销售方式。最终他决定在家乡建立大棚生产品牌无公害蔬菜，并通过直销把蔬菜销售到大城市。

此时的郭可江，没有钱租地，没有生产技术，没有销售经验，有的就只是声誉这一无形资产，当然，他的高额债务无须向外界透露。曾经的高考状元携妻子一起回乡创业，他要带领农民摆脱贫穷，为市场提供优质的无公害蔬菜。这面大旗，就是他当时最宝贵的资源。

村民们基于对郭可江的信任，把土地集中起来给他管理，然后村民成为公司的员工，并且公司可以暂时不用支付工资。政府对农业创业项目的支持，带来了初期建设大棚的资金。然后请来专门的蔬菜种植专家，郭可江的事业就开始了。

真正的困难，来自于销售。想把高品质的蔬菜以它应得的价格直接卖给终端消费者并不是一件容易的事情。郭可江送出去价值 20 万元的蔬菜，最终用品质赢得了客户的心。两年下来，郭可江就把自己的债务还清了。

【观点 4-6】所有伟大的创业都起源于微小

所有伟大的创业都起源于微小。你必须相信自己的企业可以从一颗梦想的种子成长为参天大树。

4.7　哪种资源是企业最关键的资源？

异质性资源，可以为企业带来竞争优势。

毫无疑问，无论是有形资源还是无形资源，对于企业都是有价值的。虽然启动创业需要资金，但资金并不是最关键的资源。哪种资源才是企业最关键的资源？企业的资源和能力如果满足如下四个方面，就将为企业带来持续竞争优势：

（1）有价值的。该资源为企业带来价值或帮助企业减少威胁。

（2）稀缺的。该资源和能力不被他人拥有。

（3）难以模仿的。该资源和能力不能被他人所模仿。

（4）不可替代的。不具有战略对等性的资源。

创业者可以根据上述四种特性来判断所掌握的是不是关键资源。资金等有形资产可以先被排除，因为它不满足后两条。

首先来看专利技术。专利技术一般是稀缺的，受法律保护，限制别的企业模仿。但不可替代性是否够强？随着替代方案的出现或者技术的发展，可能会影响专利技术的不可替代性。另外，专利技术的价值是否够强？这就需要行业专家进行评估。

其次来看组织资产。一些关键的制度设计可以通过考察学习获得。因此组织资产的稀缺性不够，也没有难以模仿性和不可替代性。你可以学习华为基本法，但你难以变成华为。

声誉资产似乎满足所有标准，因此连续成功创业者是风险投资追逐的投资对象。但第一次创业的创业者，很难拥有强大到可以吸引到投资的声誉资产。

最后来看技能资源，这才是创业者最关键的资源。专利技术来自于拥有技能资源的团队成员，不仅如此，持续的研发能力可以带来更多的有价值的专利技术。所以，对于拥有技能资源的核心团队成员，一定要发挥他们的价值，并且给予应有的地位和回报。

【观点4-7】为了匹配自己的梦想，创业者应该拥有必要的技能资源

> 开始创业的时候，除了梦想和创意，你可能一无所有。你必须拥有至少一种的关键资源，而且最好拥有能够包括技术和营销在内的直接影响提供产品和服务的关键性 Know-How 资源。

4.8　如何找到最好的商业模式？

> 商业模式是创业企业的商业逻辑的集中呈现。一个企业要想成功，商业逻辑必须成立。这是由商业的本质决定的。

"商业模式"已经成为挂在创业者和风险投资者嘴边的一个名词。几乎每一个人都确信，有一个好的商业模式，成功就有了一半的保证。那么，到底什么是商业模式？

商业模式和盈利模式，是两个比较容易混淆的词。商业模式是指通过实

现客户价值最大化，把能使企业运行的内外各要素整合起来，形成一个完整的、高效率的、具有独特核心竞争力的运行系统，并通过最优实现形式满足客户需求，同时使系统达成持续盈利目标，最终创造股东价值的整体解决方案。盈利模式则像是商业模式的一部分，指的是企业如何获得收入，实现正的经营现金流入。

绘制商业模式，实际上也是对前述战略和资源分析结果的总结。

首先，你要明确企业的市场定位和为客户提供的产品和服务，也就是企业的"价值主张"，这里的"价值主张"不是"价值观"。"价值主张"这个词是外来词，说的是价值提供物（Value Proposition），它决定了企业到底能为客户增加什么价值以及增加多大价值。你的企业所提供的价值提供物，当然是根据企业的愿景和使命决定的，一个愿景下，可以有很多类型、多个系列的产品，也可以有一系列的、满足同一个使命的产品。

其次，你需要一个"收入模式"，它是指如何与客户建立联系并以某种价格和某种方式把价值传递给目标客户。众多的企业以销售产品和服务获得收入，一些企业以交易佣金获得收入，还有些企业提供免费的服务，依赖广告费即从第三方获得收入。

最后，是"资源和生产过程"，它决定了你的成本结构和竞争优势的构建。你有何种关键资源？关键业务是什么？需要哪些合作伙伴来共同创造和传递价值？

我们经常会说，商业模式还没有想清楚，实际上，这里说的是想不清楚怎么盈利。当你确定了企业的基本战略之后，很多商业模式涉及的问题已经清楚了。而如何获得收入并盈利，还需要市场进一步的检验。

什么是好的商业模式？

今日资本的总裁徐新常说，垄断就是最好的商业模式。一个企业可以通过技术创新而暂时处于相对垄断的地位，持续的技术创新和领先，则会巩固企业的垄断地位。长期以来，电脑操作系统就是微软的天下；而在社交媒体领域，脸谱公司在国际上处于垄断地位。

从资金流动的视角看，需要少量资金，甚至不需要流动资金的模式，是最好的模式。一个企业在付出采购成本之前，就获得了预售收入，然后再组织生产，这种模式没有销售风险和现金流的压力。

从投资人视角来看，可复制的、能够快速扩张的模式，是好的商业模式。不能够复制和快速扩张的企业，不容易扩大规模以达到上市的标准，因而也很难得到风险资本的支持。

有一段时间，风险投资人偏重于"轻"模式，这种模式使用资金量小，具有大的爆发力。但有的时候，投资人又喜欢"重"模式，这种模式投资风险小。

创业者的商业模式设计开始于定位，最后落脚于企业价值。这个过程中包括8个核心的问题，要求创业者在设计商业模式时进行回答。这8个问题是：

（1）为谁提供产品或者服务？

（2）提供什么样的产品或服务，为客户创造的独特价值是什么？

（3）怎样组织资源进行生产？包括选址、团队、初始投资和必要的设备、生产工人。

（4）怎样利用外部资源构建合作伙伴系统（如外包）？

（5）产品或者服务的成本结构如何？单位边际成本如何？

（6）怎样构建销售网络并实现销售？其中包括怎样定价？怎样包装？怎样促销？怎样建立销售渠道？怎样回收货款？

（7）什么是企业的核心竞争力？是知识产权，还是实现低成本或者差异化的能力？

（8）企业怎样实现快速扩张？

【观点4-8】没有最好的商业模式，只有最适合的商业模式

> 商业模式的构建以创业者的资源和能力为基础，同时又受到市场竞争和资本市场形势的影响。没有最好的模式，只有最适合的模式。随着企业的成长和环境的变化，商业模式也要随之调整和改变。

【专栏 4-2】成功的商业模式的三个特征

著名咨询公司埃森哲指出成功商业模式有如下三个特征：

第一，成功的商业模式要能提供独特价值。有时候这个独特的价值可能是新的思想；而更多时候，它往往是产品和服务独特的组合。这种组合要么可以向客户提供额外的价值，要么能使客户用更低的价格获得同样的利益，或者用同样的价格获得更多的利益。

第二，商业模式是难以模仿的。企业通过确立自己的与众不同，如对客户的悉心照顾、无与伦比的实施能力等，来提高行业的进入门槛，从而保证利润来源不受侵犯。比如直销模式（"直销"只是戴尔公司完整商业模式的代表性词汇，而非其模式的全部），人人都知道其如何运作，也都知道戴尔公司是直销的标杆，但很难复制戴尔的模式，其原因在于"直销"的背后，是一整套完整的、极难复制的资源和生产流程。

第三，成功的商业模式是脚踏实地的，企业要做到量入为出、收支平衡。这个看似不言而喻的道理，要想年复一年、日复一日地做到，却并不容易。现实中很多企业，不管是传统企业还是新型企业，对于自己的钱从何处赚来，为什么客户看中自己企业的产品和服务，乃至有多少客户实际上不能为企业带来利润，反而在侵蚀企业的收入等关键问题，都不甚了解。

创业者对商业模式的设计是一个渐进的过程，从模糊的商业模式到清晰的商业模式，有些创业者及其团队要探索数年之久。著名电视人王利芬创建的优米网开始时定位为"与年轻人一起成长"的专业视频网站模式，但一直没有清晰的盈利模式，后来转型为"创业智慧提供商"，走在线创业培训课程模式，实现这一转变就花了数年的时间。

4.9　要不要做一份详尽的商业计划书？

> 很多时候，你没有办法想清楚一个全新的产品如何构建商业模式，也就更无可能做出一份详尽的商业计划书。

商业计划帮助创业者勾画事业蓝图、分析商业机会、规范生产运作、明确创业可行性和创业战略、赢得外部融资。商业计划书的关键是商业模式。商业计划书的本质，是创业者对创业战略层面的规划和关键战术层面的计划。

作为创业者创建新企业的蓝图，商业计划还是一座沟通理想与现实的桥梁。商业计划可以用来介绍企业的价值，从而吸引到投资、核心团队、战略合作伙伴，以及包括政府在内的其他利益相关者的支持。

作为行业规则，在寻求风险资本或者天使投资的时候，创业者需要用一份商业计划书来作为敲门砖。找资金的创业者很多，而资金非常有限，并且门槛高，所以，创业者必须知道自己的项目是不是融资对象所喜欢的。

那么，要不要做一份详尽的商业计划书呢？

首先，商业计划书可能达到的详尽程度，取决于创业者产品的创新特性。如果是一个全新的产品，可能还无法为它设计一个适合的商业模式，制作详尽的商业计划书更无从谈起。因此，如果是出于融资的目的，创业者应该突出表明能够解决的问题有多大以及创新产品在多大程度上解决了这个问题。

其次，从财务预测的角度来看，商业计划书的准确性从来都不好。所以，创业者大可不必花太多的时间弄一份精致的财务预测。创业者需要做的是，做好投资预算，给出关键的财务指标，所引用的作为支撑的数据应该经得起推敲和检验。

最后，商业计划书应该是创业者和团队经过认真讨论的结果，整个团队应该对此深信不疑，尽管可能在不久之后商业计划就要调整。

【观点4-9】做商业计划书必须有严谨的态度

> 创业者做商业计划书，必须有严谨的态度。这份商业计划书是创业者梦想的体现，它必须为团队成员负责，为未来的投资人负责。

【案例4-2】红杉资本对商业计划的要求

红杉资本作为"创业者背后的创业者"，其中国团队正在帮助众多中国创业者实现他们的梦想。红杉资本对商业计划书的要求是：用最少的文字传达最多的信息。以下格式，用 15~20 页 PPT 就可以了。

公司目的

——用一句话描述公司的业务

问题

——描述客户的"切肤之痛"

——简介目前客户是如何应对这些问题的

解决方案

——阐述公司的产品/服务的价值定位如何解决客户的难题

——说明公司的产品/服务具体在何处得到实现

——提供一些产品/服务使用的具体例子

时机：为何是现在？

——回顾公司产品/服务所应用的领域的历史演变

——说明哪些近期的趋势使得公司的产品/服务之优越性得到可能

市场规模

——定义你的目标客户并描绘他们的特性

——用不同的方法测算市场规模，比如用自上而下法估算可获取的市场规模（Total Addressable Market），用自下而上法统计可获取的收入规模（Sales Addressable Market），或依据市场占有率份额来估计（Share of Market）

竞争格局

——列出现有的和潜在的竞争对手

——分析各自的竞争优势

产品/服务

——产品/服务描述：外形、功能、性能、结构、知识产权等

——产品/服务的开发计划

商业模式

——收入模式

——定价

——从每个客户上可获得的平均收入或其终身价值

——销售和渠道

——现有客户和正在开发的客户清单

团队描述

——创始人和核心管理层

——董事会成员和顾问委员会成员

财务资料

——利润表、资产负债表、现金流量表

——股本结构和融资计划

5 召唤伙伴同行,打造胜利之师

要碰到可以与你一起同行的人,你必须先上路。不是有了同行者才上路,而是因为,你上了路,才会遇到同行者。

5.1 何为创业核心团队？

> 核心团队不是出钱不出力的股东，而是那些在创业初期持有不低于10%的股权，在企业中专职担任重要角色，具有不容易被替代的"能力"，可以用自己独特的"能力"为企业的创新、营销、运营带来价值的人。

创业者一人不可能同时兼备创新、营销、运营等各种创业必需的技能。因此，创业的第一步，要去找到技能互补的核心团队。

创业核心团队通常由 2~3 人组成，一般不超过 5 人，其中至少有一个人具有领导气质，是团队的核心。此人对新的创业型企业至关重要，因为其他人愿意加入该团队是基于他的创业召唤，通常我们称这样的创业团队成员为企业的创始人。创始人是创业领导者，其他被列入核心团队的成员则被称为联合创始人，核心团队成员也被称为合伙人。

强调团队的重要性并不意味着每个新企业一开始就需要配备一支完整的团队。创业领导者需要根据商机的要求和时机找到所需人才并组建团队。如果团队成员能起到对创业领导者的补充和平衡作用，并且相互之间也能协调补充，那么这样的团队对企业会做出很大贡献。

随着企业的发展，如果创业领导人的管理能力成为企业发展的瓶颈，此时企业应补充职业经理人进入核心团队。随着企业的进一步发展，融资和财务规划能力、企业运营能力可能成为企业的瓶颈，此时企业应补充相应的人才进入核心团队。创业领导人需要为新扩充的核心团队成员留足股份空间，以期权的形式配送给新招募的核心团队成员。

【观点5-1】任何一个伟大的公司，一定有越来越多的人加入公司核心团队

> 创业领导人和已经被确认为核心团队成员的创业者，应以宽阔的心胸接纳新来者，并且能够不断地学习，以迎接企业发展对创业者能力带来的挑战。

【创业者说5-1】柳传志：领导气质和十种不适合做领导者的人①

在30多年的时间里，柳传志用自己的理念带出了一支优秀的经营管理团队，培养了一批年轻的企业家，他提出的"九种人具有领导气质，十种人不适合做领导者"，对于创业企业在选拔、任用干部方面应有所启示。

1. 具有领导气质的九种人

（1）能带兵打硬仗和胜仗的人。

（2）能慧眼识人和培育人的人。

（3）懂得运用斯巴达克方阵的人。

（4）带领团队学习成长的人。

（5）能舍小家为大家的人。

（6）追求共同利益和远大目标的人。

（7）能调动和挖掘各方积极性的人。

（8）能建立广泛人际关系的人。

（9）能适应并采取现实策略的人。

2. 十种人不适合做领导者

（1）把个人利益时时放在第一位的人。

（2）心胸狭窄的人。

（3）喜欢在企业内部拉帮结派的人。

（4）喜欢欺上瞒下的人。

---

① 来源：投资家网，原文作者：老高。有删减。

（5）表里不一的人。

（6）做事没计划的人。

（7）做事不讲原则，随意性很强的人。

（8）喜欢揽权，又不落实工作，不解决问题的人。

（9）做事喜欢情绪化的人。

（10）不尊重科学、不爱学习、不喜欢接受新事物的人。

5.2 核心团队必须具备哪些创业能力？

> 团队成员之间应该在性格、技能、资源等方面互补。互补的团队，可以产生"1+1>2"的效果。

创业核心团队需要具有五种创业能力：

（1）营销力：洞察或者创造客户需求。

（2）创新力：将创新想法变成现实。

（3）管理（运营）力：理顺业务流程和内部管理，使企业高效率运转。

（4）金融力：整合所需要的资本资源，为企业发展提供资金支持。

（5）领导力：招募、训练并带领团队应对变化、不断革新。

这五种能力，从专业能力方面为评价创业团队提供了一个参考模板。对于初创企业来说，五种力量中最为重要的当属营销和创新的能力，这是企业的立命之本、发展之基。

一个企业的核心团队应至少包括创业领导人、主管研发和技术的核心人物以及负责营销的核心人物。如果创业领导人同时又是技术专家，或者创业领导人是销售产品方面的专家，那么在企业初创时核心团队成员可以为 2 人；否则，核心团队成员应为 3 人。

如何产生创业领导者？

一般先行发起创业号召的，自然成为创业领导者，但他未必是创业领导者的最佳人选。

最初的创业核心团队中，最有领导力的成员应该成为团队领导者，肩负起带领团队的任务。能否让贤给最有领导力的人做创业领导者，是对创业发起人心胸的考量。

【观点5-2】初创企业必须具备强大的"创新力"和"营销力"

> 初创企业必须尽快实现创意产品化并且走向市场得到客户的认可。一个初创团队，没有营销能力是无法生存的，没有创新能力则无法长久。

【案例5-1】彭蕾的超级管理执行能力[①]

19年前，28岁的彭蕾放弃待遇优厚的大学教师工作，跟着丈夫孙彤宇来到初创的阿里，每个月只领500元工资。在阿里，她做了10年HR，一手打造了阿里的价值体系，挖掘出了阿里CTO王坚、副总裁童文红等人才。39岁时，她出任支付宝CEO；42岁时，她出任蚂蚁金服CEO。现在，蚂蚁金服的估值已经达到1000亿美元。

彭蕾曾说："无论马云的决定是什么，我的任务都只有一个——帮助这个决定成为最正确的决定。"阿里创业之初，彭蕾担任阿里的HR，管钱管人管市场，马云有点什么想法，她就得想方设法去实现。

譬如，当时马云"独孤九剑"、"六脉神剑"这样的神奇提法层出不穷，听起来头头是道，做起来谁也不知道到底是什么。没办法，彭蕾只能一条条地琢磨着变具体、落地实现。

"六脉神剑"中说要"团队合作"，彭蕾就规定为：有意见开会说，开完会埋头干，免得当面没意见，背后牢骚多。

"客户第一"就是要把客户当成衣食父母，积极为客户解决问题，站在客户立场思考问题。

---

① 改编自创业智库。

"诚信"就是言行一致，不受利益和压力的影响。

好不容易弄完这个，马云又有新想法了，当时他刚看完电视剧《历史的天空》，觉得军队思想政治工作很强大，授意彭蕾也要设"政委"。

看电视剧学来的主意，还要在企业里设"政委"，之前根本没人玩过这一套，想想就觉得不靠谱。但老板的想法，无论如何也得实现，彭蕾又开始琢磨了，终于搞出了"阿里政委"。

所谓的"阿里政委"，日常就是陪聊，整天看团队、送温暖、聊家常。比如问员工买房没、有娃没、工作啥困难、客户啥情况。

这样一来，员工出了问题，"政委"一下子就能猜出来，能够及时采取措施解决。

作为女性，在踏入由男性占主导地位的世界时，是什么想法支撑她走过来的？

或许正如彭蕾所说的那样："我要付出 200% 的努力，证明我的决定是正确的，而且证明我可以比你创造更大的价值、更好的体验，给到周围这些人，给到社会。"

5.3　什么样的团队可以称得上好的创业团队？

> 好的团队应做到目标清晰、相互合作、共同进步。

好的创业团队，一般具有如下特征：

5.3.1　共同的愿景、价值观和清晰的目标

一个好团队应是在共同愿景的感召下聚集起来的，并形成清晰的长期和短期目标。团队对所要达到的目标有清楚的了解，并坚信这一目标包含重大意义和价值。这一目标既能使团队成员为之振奋而又切实可行，团队成员清楚企业希望他们做什么工作，以及他们怎样共同工作以完成任务。

5.3.2　互补的技能

好的团队应是由异质性的成员组成，团队成员的专业背景和个性特征具有互补性，从而能出色地完成复杂的任务。能力和个性的互补既有助于强化团队成员间彼此的合作，又能保证整个团队的战斗力，更好地发挥团队的作用。

5.3.3　沟通与学习能力强大

好的团队具有有效的沟通能力和机制，团队成员之间相互学习、真诚相待，即便是争论得面红耳赤，也能够在观点达成一致后继续各自的工作而绝无情绪影响。

5.3.4　强大的市场开拓能力

创业企业的自身造血功能，来自于强大的市场开拓能力。这也正是风险投资家考察团队时最看重的一点。风险投资家非常欣赏那些以市场为导向的团队。

5.3.5　分享财富

核心团队成员拥有股权或者股份期权，在创业获得成功时，可以使团队成员共同享受成功带来的财富。

5.3.6　激情

创业团队成员对于所从事的创业活动充满激情，这种激情会感染整个公司的雇员。

【观点5-3】异质性的团队远远胜过同质性的团队

团队成员的同质性过强，不能产生"1+1>2"的效果。异质性的团队，有利于团队绩效的提升。

5.4 选择核心团队成员的标准是什么?

> 没有相同价值观的团队，是一群乌合之众。没有能力的团队，那就是浪费时间和金钱。

没有任何一个人是超人，你必须找到同行者，与你一起迎接创业的挑战。你不但需要知道找什么样的人，还需要知道选择的标准。高瓴资本的张磊说，在人生的道路上，选择与谁同行，比要去的远方更重要。这个合伙人，未来和你在一起的时间，可能会超过你和你的家人在一起的时间。因此，选择合伙人必须要慎重。

有两个基本标准——价值观和能力，可以作为选择合伙人的标尺。

作为商业活动，如果不能攻城拔寨，你就不可能实现成功。所以，能力看起来就像是第一要素。哪些能力尤其重要呢？笔者认为，营销是第一能力。技术团队可能会认为，营销有什么了不起的？因为营销定义了你的技术开发方向和产品的最终形态。在技术开发前，你必须了解你的客户，真正洞察他们的需求，生成解决他们的问题的具体方案，然后组织专家团队实现这个方案。

是不是找到了明星级的人物，这个团队就一定能够走得远？这个时候，价值观就成了决定性的因素。同样的价值观，才可以让这个由"明星"组成的"梦幻团队"团结一致、携手并进。

团队之间需要经过磨合，才能够在关键问题上达成一致。价值观需要通过行为进行甄别，而不是听谁的豪言壮语就可以做出判断。很多人创业想选梦之队，但团队齐心协力比梦之队更重要。"三个臭皮匠顶一个诸葛亮"，团队成员的合作性、互补性好，劲都往一处使，也许不是每个人都是"天皇巨星"，但是每个人都发挥最大的能量，这样的团队要比梦之队更强大。

经常有创业者靠着描绘的财富大饼，吸引了一些有能力的人组成了最初的团队。但在团队合作的过程中，矛盾逐渐涌现出来。有人出工不出力，甚至有人同床异梦吃里爬外，所以就有人觉得不公平，最终创业无果，团队也不欢而散。

【观点5-4】作为核心团队成员，能力和价值观缺一不可

能力和价值观哪一个更重要？两者缺一不可。但一个人的能力容易甄别，而价值观则需要长期的观察和检验。

【投资人说5-1】刘芹：找到合适的人才能有效地建立公司的竞争壁垒①

谈到招人，我这里也有三点建议给你。

第一，找到合适的人一定不容易，但这与你的重视程度相关。

我经常提醒我们所投的创业者们，其实你对找人的重视程度充分反映在你每天花多少时间和精力以及你对这个品质的要求，这跟你自身对这个事情的重视程度是挂钩的，我相信没有请不来的人。

第二，你是不是尽可能地发掘到了你周围最优秀的人。

我这里有一个定语，发掘身边最优秀的人。有的人会说你讲的这个经验对我们没用，我又不是雷军。其实在2010年的10个月的时间里，雷军给我打了很多电话说他很痛苦，他曾和一个人谈了5天，每天交流10小时以上，但还是说服不了他加入。

所以我说雷军找人也是挺难的，不是因为你是雷军所以你的创业就不经历九九八十一磨难，不是因为你是雷军所以你一个人就能包打天下。找人这事其实和你思考的深度相关联，它跟你是不是认同别人的价值也深度相关。

第三，找人这件事情是你建立公司执行力的第一步。

你找的人都是自驱动的人，最好的管理是不用管理，因为他比你还想要让这件事情成功。小公司找团队不要找需要被管理的人，要找有自驱动力的人，他被你的Vision所感化，他自愿加入。

---

① 来源：品途网刘芹的演讲实录。

所以有时候团队成员越少越好，有的情况下可能 10 个人就够了。如果你足够自信找来的人个个都是"特种部队"，那整个团队的战斗力是极强的。我比较反对创业公司找一帮需要花时间培养的人。

因为对于小公司而言，从头开始培养太奢侈了，而且人数较多，所以你需要花大量的时间去管理，这样整个团队的工作效率就降低了，这对于初创公司是一个很大的弊端。

投资人简介：刘芹，1974 年出生，1993 年从北京科技大学毕业，获得中欧国际商学院 MBA 学位。2000 年，刘芹加入晨兴创投并在 8 年后联合创办了晨兴中国 TMT 基金，刘芹秉承着以创业者的角度做投资，代表项目：凤凰新媒体、欢聚时代、UC 优视、康盛创想、拉卡拉、聚众传媒、多看科技、迅雷、小米、精锐教育、尚品网、辣妈帮、打车 APP 大黄蜂、Nice、有利网。

5.5 怎样找到你需要的人？

> 如何组建团队，是没有行业从业经验的第一次创业的创业者面临的最大困难。

电影《中国合伙人》中有句台词：不与朋友合伙创业开公司。这句话反映出了主人公的情绪。但实际上，创业者身边的人，包括亲戚和朋友，才最容易成为创业伙伴。创业者选择的合伙人若是朋友，则很容易了解他的价值观是否与自己相合。与朋友和亲戚合伙开公司，一定不能因为彼此间很熟悉而忽略了规则的制定，正所谓"亲兄弟、明算账"。从另一角度来说，如果有能力而且又愿意创业的亲友不愿与自己合伙，说明自身做人有问题。

当身边没有适合的合伙人的时候，要如何找人？

作为创业者，你要做好准备花大量的时间用在找人上面。有成功的创业者建议，要花 30% 左右的时间去找人，有的甚至建议要花 70% 的时间。找人的最佳通道是经朋友介绍，你要从自己的朋友圈开始，让朋友们推荐靠谱的人。你必须广交朋友，参加各种精英聚集的活动。你还可以加入一些由知名企业的离职人员组建的圈子，如华友会等。

找合伙人，人力资源部门也许帮不上忙，能够成为合伙人的这一类人，八成不会主动投简历到你的人力资源部门。但是人力资源部门可以为你的找人工作添彩，你可以请他们帮你审核候选者的背景资料，使用专业的测评工具进行测评。

如果你的人脉圈子仍然不够用，那么可以求助于猎头公司，这也许是不错的选择。猎头公司储备了一些优秀人才，能够精准有效地找到你需要的人，但猎头公司费用昂贵，求助于猎头公司的时候，一定要目标明确，否则找的人最终满足不了你的要求。

当遇到一个适合的人的时候，能否吸引他加入，就看你的人格魅力和沟通方式了。除此之外，你一定要把短期收益和长远发展结合起来，你需要清晰地描述出美好的未来前景，同时也揭示可能面临的风险，避免被人当成骗子。

【观点 5-5】要想找到合适的人，你自己首先得强大起来

> 你必须自己首先强大起来。你若太过弱小，怎能吸引团队成员追随？

【案例 5-2】程维是如何吸引柳青加入滴滴的①

我把 40% 的时间都用在了招聘上。我们早期工资只有 5000 元，一视同仁。但怎么样才能打动他们来加入我们，怎么融合？我得不断地让团队越来越强大。业务都是假的，团队才是真的。没有好的运营，没有融资，团队也是假的。

首先你要敢想。看到柳青，我也紧张，不论是能力还是人品，柳青都好

---

① 来源：500VC，程维口述。

得让人紧张。柳青原来的工资是 400 万美元，聊了一个星期，我说我们一起去一趟拉萨吧。说走就走，我们接着就订了机票，一共 8 个高管，一起飞到了西宁，租了两辆车，计划三天开到拉萨。我也不知道拉萨在哪里，就是有一个模模糊糊的目标。

第一天，我们到了青海湖，原计划是要住宿的，但天还没黑就继续往前走，结果下雨，又是山路。好不容易开到了一个小村庄，有个小宾馆，叫黑马河宾馆，我们进去又被吓出来了，里面都是狗。那一天，我们开了 1700 千米，好不容找到了一个宾馆。两个司机都发烧了，他们跟我说："其实我早不行了，我一路上都是方向盘顶着胸口开过来的。"在那个宾馆里，8 个人吸了 3000 元钱的氧气。

等到了喜马拉雅山底下我就哭了，我想，这就是创业路，团队就需要信任，我把命交给了司机，我就信任他们。一位同事问我哭什么，我告诉他后，结果他也哭了，他说想起自己以前的弟兄，他们也是信任自己（自己却加盟了滴滴）。那天，柳青写了一个很长的短信说：决定了，上路了。

我们一个月烧钱烧掉三四亿元人民币，压力非常大。半年后，我们决定一起去旅游，原本是要去耶路撒冷的，但那里在打仗就改去了土耳其。在土耳其，周围都是外国人，我们这些背景、想法各异的人，就是一个团体。我们晚上一起做一个生命树的活动，聊人生，聊怎么变成了现在的自己，经历了哪些事情，哪些改变了自己的人生轨迹。我们讲别人都很厉害，但讲自己都很难。一旦讲出来，彼此间就都变得很信任。我们坚持了 20 期，每个月都会把六七十位管理者拉到一个封闭的地方，第一天讲业务，接下来就是做各种活动，彼此融合。

对于一个创业企业来说，即使已经有一定的规模，几十人、几百人甚至更多，但真的要走得更远、走得更深，就一定要有这样的合伙人：不是创始人给了你活路，给了你机会，而是说这就是你的事业，这就是你的未来、梦想。

5.6　核心团队怎么管?

> 核心团队,就是走到一起来"共患难、同甘苦"的兄弟。

上班打卡?每天写工作日报?对于核心团队,如果公司有打卡和日报制度,当然也要执行,核心团队理应以身作则起到带头作用。但对于管理核心团队来说,这不是关键,不是不可以打破的。

对核心团队,做到没有管理,就是最好的管理。士为知己者死,士更为自己死。所以,让公司的事业成为大家共同的事业,才可以最大限度地发挥核心团队的主观能动性。

价值观是行为准则,让团队成员可以区分是非、自我克制。但价值观不能替代管理。最大限度发挥核心团队的主观能动性,还需要靠"利益分享机制"。利益有两种分配方式,一种是短期的,一种是长期的,长短期应该兼顾,才可以让核心团队心里踏实。如何兼顾长短期利益,则需要根据公司现阶段的情况。

短期利益要和业绩(销售收入)挂钩。当公司还未获得销售收入时,短期的奖励就不可能实现。长期的利益则需要和公司价值挂钩,根据团队现阶段的贡献,如团队成员的现金出资、无形资产出资、个人能力等,给予一定的股权配置。然后,还要根据团队未来的贡献,给予一定的期权,这样就建立了根据未来的贡献调整各自股权比例的机制。

但是也不能只谈"利益",大家毕竟不仅仅只是奔着钱来的。更何况,短期内还看不到"大饼",所以不能只拿利益来谈。

对于核心团队,最重要的是管住他们的"心",管住团队成员的"欲望"。创业领导者要不断地向团队成员灌输使命感,让大家从骨子里认识到完成企业的使命是一件多么伟大的事情。财富会随着使命的完成而到来,就像水到渠成。另外,要在团队形成一种共同的认识,即金钱不是团队追求的目标。

【观点5-6】没有使命感，是不可以作为核心团队成员的

没有使命感，是不可以作为核心团队成员的。股权和使命，是创业领导者对核心团队进行管理的两大武器，缺一不可。

5.7 如何为核心团队配置股权？

没有最好的股权结构，只有最适合的股权结构。

股权代表着一个股东在多大程度上拥有一个公司，它同时在法律层面上决定着话语权、决策权和分红权。股权处置不当，可能使本来合作愉快的团队分崩离析。现如今，随着创业热潮的到来，股权结构设计已经成了企业管理咨询机构的重要生意。一些看似是因为股权结构设计错误而造成的企业创始人之间的纷争，成了这些咨询机构招揽生意的说辞，吸引着众多的创业者。

依照《中华人民共和国公司法》（以下简称《公司法》），只有以一定形式的出资才能享有股东权益。《公司法》规定，股东一般需使用货币出资，也可以用实物、知识产权、土地使用权等可以用货币估价并可以依法转让的非货币财产作出资。对作为出资的非货币财产应当评估作价，核实财产。

因此，股权最初的分配一般由团队成员的出资额所决定。然而，在创新创业中，非现金资产（如技术、特定的才能等）对于创新型企业的生存和发展至关重要，其重要程度可能远胜于现金出资。因此，在实际操作中，有很多灵活变通的办法，可以使技术和特殊才能的拥有方少拿钱或者不拿钱而占有较多股权比例。

投资人建议的第一个股权分配原则是按照对公司的贡献程度来分配股权。谁最重要谁就拿最多的股份。如果该公司是产品驱动型团队，工程师和产品经理就应该拿最多的股份。如果是服务型公司，销售团队拿最多的股份。也就是说，股权的配置应该有利于团队团结一致把事业做大。如果公司连年亏损或者破产，那么持有再多的股权也没有意义。

第二个原则是只拿钱的投资人尽量少占股份，这类投资人在企业战略、市场、内部管理、研发等方面并不做贡献。一个好的解决办法是，将这类投资转换成为债权，由创始人及其团队来承担债务，避免股权被过早稀释，从而导致创始人团队过早地丢掉对企业的控制权。

第三个原则是为以后的团队发展留足空间。在招募新的关键的团队成员时，可以将这些股权以期权的形式分配给这些人才。硅谷的创新型企业，一般会给外聘 CEO 以 5%~8%、给副总以 0.8%~1.3% 的期权。

分配股权时容易犯的错误有以下几点。

5.7.1　持股比例过于平均化

所谓持股比例过于平均化，是指公司各股东持股比例相同或相近，没有大小股东之分，其他小股东的股权比例极低的情况。比如，公司两个股东各持有 50% 股权，或者三个股东各持 1/3 的股权等。这种情况的产生主要是因为创始股东意气用事，或者碍于情面不好多占股权。

这类股权结构可能产生的问题是容易形成股东僵局，无法形成有效的股东会决议，容易激化股东矛盾，容易造成公司控制权与利益索取权的失衡，不利于做风险资本融资。

在创始股东难以决定各自占有多少股权的情况下，不妨请教创业成功人士或者创业导师，从他们那里获得指导。

5.7.2　股权过分集中

在"一股独大、一股独霸"的情况下，董事会、监事会和股东会形同虚设，"内部人控制"问题严重，企业成为"一言堂"，无法摆脱家长式的管理模式。在公司进入到规模化、多元化经营以后，缺乏制衡机制，决策失误的可能性增加，企业承担的风险会随着公司实力的增强而同步增大。

由此可能产生三个问题：第一，企业行为很容易与大股东个人行为混同，在某些情况下，股东将承担更多的企业行为产生的不利后果；第二，大股东因特殊情况暂时无法处理公司事务时，将造成小股东争夺控制权的不利局面，给企业造成的损害无法估量；第三，大股东容易忽视小股东的利益，小股东的权利容易受到侵害。

5.7.3 股权比例倒挂

实践中经常看到这样的情况：某创新型企业的技术核心负责人同时也是市场销售核心负责人，只占了少量股份，例如 20%；而企业的行政和财务负责人却占了 80% 的股份。发生这种情况的原因是企业在注册时，后者拿出了注册资金的 80%，前者现金不太充足，只拿了注册资金的 20%。

出现股权比例倒挂的情况很不利于企业健康发展。创始人团队中的出资方要大度，在承担大部分出资比例的同时要认可核心团队非现金出资的价值，多让一些股权给技术和市场核心负责人。同时，团队可以在律师和创业导师的共同指导下，设计一种可以依据情况进行调整的股权结构，并且可以对企业经营中的各项支出预先做出规定，以防范道德风险。

创业核心团队通过股权比例的划分，可以确定在没有外来资本投资的情况下，一个公司在多大程度上属于谁。咨询公司会站在维护创业领导者利益的角度，建议创业领导者要绝对控股，即持有 67% 以上的股权，或者至少相对控股。这样，公司可以有一个主心骨，这也是风险投资机构愿意看到的。但从团队组建的角度看，创业领导者持有过高的股权，不利于吸引核心团队成员加入。所以，创业领导者必须要妥协，调低股权占比，以吸引团队的加入。降低股权带来的控制权丧失问题，可以通过一致行动协议这种方式解决，一致行动协议是被中国法律认可的一种控制权解决方案。

咨询公司以投资人希望看到的股权结构作为模板，给出的上述建议，并不是全无道理。但在创新创业领域，创业领导者一个人对公司的贡献远高于其他人的贡献，并不是各个创业者真实价值的正确反映。反观苹果、谷歌、携程、阿里巴巴、华为等著名公司，若根据上述的标准来看，这些成功的公司最初的股权结构设计，可能都是错误的。

除了确定公司剩余的索取比例之外，股权结构设计的另一个目的，是保证公司控制权不会旁落。为了实现这个目的，可以通过同股不同权的方式设计，给后来的投资机构较少的投票权（例如，投资机构的股权按 10 股 1 票，而团队拥有的股权按 1 股 1 票）。但目前中国的《公司法》并不认可同股不同权，同股不同权的设计只能算是君子协议，企业发展到可以去资本市场上市的时候，需要做出制度调整直到符合中国的法律。阿里巴巴起初希望在香港上市，但因为阿里合伙人制度不被我国法律接受，最终选择到美国上市。

【观点5-7】最好的股权结构设计，应该是动态的设计

最好的股权结构能够反映出团队未来对公司的贡献，但如何能够正确地预判每个人未来对企业的贡献呢？所以，最好的股权结构设计，应该是动态的设计。它要能够依据团队未来对公司的贡献进行股权的调整。团队初期的股权比例大多是团队为了共同的目标而妥协的结果。

【创业者说5-2】马化腾：团队中有合作，也有制衡①

腾讯的五人创业团队早年就是同学或同事，所以互相之间知根知底，根据各自特点来分工确定各自出资和占有股份的多少，马化腾并不绝对控股，所以从一开始就形成了民主决策的氛围。

马化腾说："腾讯是五位创业者一起创立的，最早加入的员工我们都给了股份。我们五位都是同学，就大家的能力来说，都是比较均衡的。大家坚持走到现在，基本都留在公司，这是一个团队合作的结果。我们天然有这样的优势，最早也是创业团队一点点壮大，最开始是我和张志东两个人，一个月后加入一个，一个月后再加入一个，最后是五个人，很快成为最开始的创业团队，那时候基本是按这样的思路去做，包括股权分配也是根据个人能力和特长分配，这样会保持以后稳定一点。我也见过一个公司，一开始几个人全部平分，不管是面子也好，没有考虑未来的可持续发展，有些三个人各三分之一，往往是很危险的。

---

① 改编自腾讯科技。

腾讯刚创办的时候是五人决策小组，相应的组织结构是分四块，除马化腾外，其他四位创始人每人单独管一块，张志东管研发，研发分客户端和服务器；曾李青管市场和运营，主要和电信运营商合作，也外出找一些单子；陈一丹管行政，负责招人和内部审计；许晨晔管对外的一些职能部门，比如信息部、对外公关部，最开始的网站部也在他的管理范围内。

现在我们五位创业者只有一位离开了，我觉得我们的团队还是比较稳定的。有一个原因，因为以前是同学，心态上会好很多，会吵吵架。如果在外面萍水相逢的，为了做东西而做，遇到争执的话很容易出问题，我们不存在这个情况。

每次腾讯面临一个重大决策时，都是从争吵开始，却不是以'一言堂'作为结束。就是'从众'式妥协，把腾讯带入意想不到的成功轨道。

决策矛盾是经常可能遇到的，但处理起来并不算困难。如果一个建议未进行可行性论证，我会要求大家拿出具体的论证与执行方案。实际上，落实到行动方案的时候，问题和机会都会非常明了，也更便于我们做出合理的决策。'QQ 秀'最初立案时就遇到过很多质疑，包括我本人也持怀疑态度，因为在那个时候，虚拟形象还没有商业化的先例，但最终把方案拿出来一看，大家都有信心了。"

5.8 什么是合伙人制度？

> 合伙人，合的不是钱，而是人品、能力和价值观。

合伙人，本来是依据《合伙企业法》成立的合伙制企业中的一种法定称谓，但最近在依据《公司法》成立的公司制企业中也广为流行开来。

2014 年 9 月 19 日，阿里巴巴终于完成上市历程，并且成功维持了其合伙人制度。阿里的招股说明书披露了其维持 15 年之久的阿里合伙人制度。阿里的合伙人制度又称为湖畔合伙人制度（英文翻译为 "Lakeside Partners"），自阿里巴巴公司创建伊始，就开始以合伙人制度管理运营公司，该制度最终成熟于 2010 年。阿里合伙人制度的主旨是通过公司制度的创新安排，以掌握公司控制权为手段，来保证核心创始人和管理层的权益，并传承他们所代表的企业文化。

2018 年，马云在浙商总会发表演讲时，阐述了阿里巴巴采用合伙人制度的理由。他说："职业经理人跟企业家的区别就像一群人上山打野猪，职业经理人开枪后野猪没有被打死，朝我们冲了过来，这时候职业经理人丢下枪就跑了，而企业家看到野猪冲过来，反而会拿起柴刀和野猪搏斗，不是你死就是我亡，真正的企业家是无所畏惧的，企业家不是培训出来的，他们是从商场上一路披荆斩棘杀出来的。"

根据阿里巴巴 2014 年 6 月更新的招股说明书，阿里合伙人共 27 名，其中 22 人来自管理团队，4 人来自阿里小微金融服务集团（其中两人兼任阿里和阿里小微金融服务集团的管理职务），1 人来自菜鸟网络科技有限公司。2014 年 9 月，阿里合伙人再次调整，新增 3 名合伙人，总人数增至 30 人。

除马云和蔡崇信为永久合伙人外，其余合伙人的地位与其任职有关，一旦离职则退出合伙人关系。阿里合伙人的主要规定如下：

5.8.1 合伙人的资格要求

（1）合伙人必须在阿里服务满 5 年。

（2）合伙人必须持有公司股份，且有限售要求［合伙人可以直接或通过其子公司间接持有阿里的股份。自成为合伙人之日起 3 年内，其所持股份（含可行权及不可行权/限售股票）数额不得少于就任合伙人时持有股份数量的 60%；3 年后维持合伙人身份的，其持股数量不得少于就任合伙人时持股数量的 40%］。

（3）由在任合伙人向合伙人委员会提名推荐，并由合伙人委员会审核同意其参加选举。

（4）在一人一票的基础上，超过 75% 的合伙人投票同意其加入，合伙人的选举和罢免无须经过股东大会审议或通过。

此外，成为合伙人还要符合两个弹性标准：一是对公司发展有积极贡献；

二是高度认同公司文化，愿意为公司使命、愿景和价值观竭尽全力。

5.8.2 合伙人的提名权和任命权

（1）合伙人拥有提名董事的权利。

（2）合伙人提名的董事占董事会人数一半以上，因任何原因董事会成员中由合伙人提名或任命的董事不足半数时，合伙人有权任命额外的董事以确保其半数以上董事控制权。

（3）如果股东不同意选举合伙人提名的董事的，合伙人可以任命新的临时董事，直至下一年度股东大会。

（4）如果董事因任何原因离职，合伙人有权任命临时董事以填补空缺，直至下一年度股东大会。

5.8.3 合伙人的奖金分配权

阿里每年会向包括公司合伙人在内的公司管理层发放奖金，阿里在招股书中强调，该奖金属于税前列支事项。这意味着合伙人的奖金分配权将区别于股东分红权，股东分红是从税后利润中予以分配的，而合伙人的奖金分配将作为管理费用处理。

5.8.4 合伙人委员会的构成和职权

合伙人委员会共 5 名委员。阿里当前的合伙人委员会委员为马云、蔡崇信、陆兆禧、彭蕾、曾鸣。合伙人委员会负责审核新合伙人的提名并安排其选举事宜，推荐并提名董事人选，将薪酬委员会分配给合伙人的年度现金红利分配给非执行职务的合伙人。委员会委员实施差额选举。

【观点 5-8】合伙人制度不能照搬，要根据自己企业的实际情况设计

> 合伙人制度不能照搬，企业可以根据自己企业业务的特点来设计，合伙人制度的核心是激励创始团队以及保持合伙人对企业的控制权。

【投资人说5-2】卫哲：如何找到合伙人①

我们如何找合伙人？找合伙人首先考虑的是质量，其次就是控制数量。

我觉得对于很多初创团队来说，合伙人的人数应该是要大于等于三、小于等于六或七比较好，在还没有发展到相当规模的时候，要先控制一下合伙人的数量。

质量主要指一个人的人品与水平。人品肯定都放在水平前面。什么是人品？你要经过考验，有点像中国共产党党员有一个预备党员一样，在很多合伙制的企业中，都有类似预备合伙人的机制，而在这个阶段是要有所考验的，连我们嘉御基金也有预备合伙人的阶段，我们董事总经理就是我们的预备合伙人。

作为预备合伙人，他的工作水平、待遇、经济利益跟合伙人是一样的，但是他没有合伙人的政治权力。我们需要他做的不是证明他能力有多强，而是需要看他在吃亏的时候，能不能吃亏，符不符合我们的价值观，比如吃苦在前，享乐在后。合伙人能不能率先吃苦，甚至自己还愿意在团队中吃亏，愿不愿意享乐在后，这是合伙人一定要做好准备的。

在找合伙人的时候，我建议在质量上，要看重人品。还有合伙人肯定不是面试出来的，我反对直接引进合伙人，如果引进一个人非要当合伙人不可，那我建议就不要了，他连预备期都不愿意接受，以后怎么可能同意吃大亏。

所以我们从来没有直接引进合伙人，必须从预备合伙人干起，而且我们并不承诺预备是能够转正的，这是对人品的检验。

接下来看水平。水平千差万别，最重要的是合伙人能和创始人互补，但这个又是最难的，主要是有些创始人不愿意承认自己的"短板"。回看马云，他当初不擅长处理财务，所以就需要找一个信得过且在这方面能力很强的人，这才有了蔡崇信的加入。所以我经常说，一个创始人没有看到，或者不肯承认自己有"短板"的话，就找不到合伙人。

———————————

① 来源：36氪。有删减。

假如你都不知道自己的"短板"，那又怎么能欣赏和看到别人的"长板"，这样你的合伙人也很难得到尊重。所谓合伙，就是两个人能合在一起，进而形成更大的合力。

投资人简介：卫哲，1970 年生于上海。1993 年上海外国语大学毕业，进入上海万国证券公司。2002 年出任百安居（中国区）总裁，2006 年 11 月正式加盟阿里巴巴，并出任阿里巴巴集团执行副总裁，2011 年 2 月从阿里巴巴辞职后成立"嘉御基金"。

5.9　如何领导团队不断成长？

> 团队的发展，要与企业的发展协调一致。

在初创公司的发展早期，公司人数少，每个员工的判断都会对公司的未来产生影响。团队成员进入磨合期后，你必须和团队成员建立良好的沟通，在此基础上，不断强化共同的目标。作为创业领导者，为了建设好团队，你必须努力明确团队的共同目标并与每一位成员共享，明确各自的职责，并且激发调动团队的工作主动性。

当公司进入快速发展期后，会出现的第一个问题就是团队成员掉队，当"老臣"（甚至"功臣"）跟不上公司发展速度的时候，必须果断换掉。但是"换掉"不一定就是要让其离开公司，而是可以调整到其他岗位或是开辟新的业务。在"换将"的过程中，需要和团队充分沟通，在确保团队保持稳定的前提下，尽可能地让原有员工做好心理准备。

团队成员除了自觉学习之外，创业领导者应该积极组织对团队核心成员的培训，包括管理能力上的培训、领导力的培训、战略思维方面的培训，让团队成员不断成长，同时也要做好对新进员工的培训。

在阿里，马云都坚持给新人做第一堂培训课，讲阿里的使命、愿景、价值观。培训课的核心包括：阿里的创业初心是什么，公司为什么要存在，公司的文化价值观是什么，什么事情在公司是鼓励的，什么事情是公司反对的。

在每个发展阶段，人员变化都会给公司带来"阵痛"，这种"阵痛"是不可避免的。每个团队成员都应努力提升自己的能力和水平，避免自己被淘汰。

【观点5-9】公司发展的真正瓶颈就在创业领导者自身

公司发展的真正瓶颈就在创业领导者自身。创业领导者要不断赋能团队，让自己和团队成员变得更加强大，才能把公司带向新高度。

6 营销：赢得顾客的心

要时刻保持对客户的敬畏之心。创业者要为客户而创新，为客户而改变，为客户提供价值。

6.1 为谁而创新？

> 大部分的创业项目，都有着特定的客户群体。弄清楚想要服务的对象，是创业者开发产品的第一步。

你的客户，他们是谁？他们在哪里？他们有什么共同的特征？你能够找到他们吗？

上面几个问题，听起来好像多此一举。"我还不知道我的客户是谁吗？我要服务千家万户，为每一个人提供我的产品。"是的，这也许是你的梦想，但你一定需要找到一类特定的"千家万户"，比如他们能够支付得起你的产品的价格；再如他们最需要你的产品，而其他人其实并不怎么必需；或者他们和你是一类人，能够接受你的产品设计理念；再者，你针对某一场景中的人们提供特定的服务，一类人会来到场景中，而其他人可能永远不会来到这个场景。

你需要知道你的用户在哪里出现，这样可以准确地铺设你的销售渠道。即便是面向大众的产品，你知道他们使用互联网，你也知道通过互联网可以获得这批客户，此时如果你知道你的这类客户经常访问哪些网站或者知道他们的网上购物习惯，那么就可以在这些网站上找到他们。

如果可以的话，不妨为你的客户做个画像。这个画像，要包括他们的基本特征，例如人口统计特征：性别、年龄、学历、职业，更应该包括一些重要的经济特征和消费习惯，例如收入、住所、交通、工作场所、购物方式。基于你对用户的画像，你可以建立你的营销组合策略。

客户决定了你的产品的盈利模式，研究你的客户是谁、用户是谁、他们自己为你的产品付费的意愿有多强烈，决定了你可以从哪里获得收入。有时候，你需要做的不仅仅是要打动用户，还得说服客户来为服务买单。如果没有人愿意买单，你就得去考虑说服第三方付费。

【观点6-1】你必须能清晰地刻画你的客户

> 弄清楚客户是谁，这是创业开始的时候要解决的基本问题。如果你还不能清晰地刻画你的客户，请你先想办法找到他们。一些营销机构可以帮你做用户画像，但你自己要先知道谁是你的客户。

6.2 如何洞察客户的需求？

> 客户真的知道自己的需求吗？他们能够正确表达自己的需求吗？对于他们的表达，你能准确解读吗？有很多创业者直到项目彻底失败，都拒不承认自己对客户的无知或者曲解。

知道你的客户是谁之后，要做的就是洞察他们的真正需求。传统上，对客户的调研喜欢使用客户调查方法。但客户真的知道自己的需求吗？他们能够正确表达自己的需求吗？特别是对于那些全新的产品，客户可能还没有建立起任何概念，自然无法回答你的调查。

从外部环境看，顾客的需求是复杂多变的，新技术不断涌现，在如此含混不清的环境下，几乎没有足够的信息能帮助创业者做出最优的决策。同时，创业者还面临时间和成本的双重约束。因此，营销调研要在收集多少信息、利用多少资源、使用什么方法、多长时间完成、需要多少成本等问题之间做出权衡。于是，一些创业者做决策之前甚至都没有进行过一次正式的市场调研，这样的决策其成功概率很小。

有很多低成本高效率的市场研究方法，例如网络调研和焦点小组。网络调研是成本很低的定量研究方法，而焦点小组是有效的定性研究方法，这些都可以帮助创业者实现低成本的市场研究。

网络调研也称在线调查，可以用来调查用户的基本心理和对产品的支持程度，但对于洞察客户需求有所不足。网络调研可以在很短的时间内，花费很少的成本完成大量的调查。此外，该方法还相当灵活，可以进行适时的互动。同时，在调查中还能展示图像（而不仅仅是文字），能达到很高的调查响应率。

焦点小组是一种灵活性很强、并能有效洞察消费者想法的调查方法，实施者把顾客聚集起来就相关问题进行深度讨论，参与者可以畅所欲言，可以随意地谈论其对某一产品或服务的情感、信任、感知和经验。

【观点 6-2】客户的真实需求和现实认识可能有不小的差距

> 有时候，客户的真实需求会出人意料。我们普遍认为，教育产品的价值在于对人有真正的提升作用，而大部分接受教育的人其真实需求可能是升学、拿证，或者仅仅就是进入一个特定圈子。

【专栏 6-1】创业营销的主要特征

1. 先发制人

传统营销的作用是通过评估现存及可预期的环境情况对改变营销组合提出建议，使企业更高效地利用环境创造价值。而创业营销认为外部环境是不确定的，但这并不是说企业只能被动地响应或适应。先发制人是基于人们对影响环境的程度来关注他们之间的差异需求，这被看作"有目标地采取行动"。基于机会的视角，营销团队正努力通过降低不确定性、减少企业的依赖性和脆弱性来重新定义外部环境，这时的营销变量被用作创造变化和适应变化的手段。

2. 发现机会

对机会的认知和寻求是创新的基本面，也是创业营销的核心维度。营销团队主动探索和发现机会，然后在实际利用这些机会时不断学习并持续调整。在创业营销中，尽管外部环境分析同样重要，但机会识别被认为是创新过程的特殊环节。营销团队不遗余力地扩展着机会视野，试图挣脱当前由产品或顾客主宰的市场。换句话说，营销团队正在努力地跨越现有市场的束缚。

3. 亲近顾客

超越传统的顾客导向，创业营销强调营销活动要与顾客资产和情感维度相关联。创业营销将新型手段应用于赢得顾客和维系顾客关系，评估顾客终生价值，并制定客户关系投资方案。关系营销关注管理现有关系，而创业营销则关注通过探索创新营销手段来建立新关系，或使用现有关系开创新市场。

创业营销团队与企业的主要客户确立内在联系，挖掘员工的深层信仰、客户的深层体验以及二者的融合方式。创业营销活动融合了信念、激情、热忱和信仰，并在一定程度上努力改变着企业。

4. 创新

创业营销部门在持续创新的过程中发挥着整合的作用，营销团队的角色也有所增加，除了管理创新组合外，还包括机会识别、创意产生、技术支持和利用企业资源基础实现创新型增长。与传统营销强调的跟随客户、持续改进和延伸生产线类似，创业营销在极力探索动态持续的创意以满足消费者需求。

5. 风险评估

创业意味着采取必要措施识别风险因素，进而减少或分散风险。为了实现这一目标，营销团队需要重新定义外部环境的各个因素，不断减少环境的不确定性，降低企业的依赖性和脆弱性，改善企业的运营环境。创业营销团队不断加强企业对其命运的控制力度，而传统营销还是通过广告、促销战术来增加市场中现有产品的销售量，进而实现风险最小化。

6. 整合资源

创业营销团队不受当前资源的限制，它们可以通过各种途径实现对资源的利用，包括将过去的资源延伸利用、挖掘被他人忽视的资源用途、利用他人或其他企业资源实现自身利益、将另一种资源补充至其他资源中以创造出更高的组合价值、以某种资源换取资源并懂得如何以非常规的方式使用资源等。

7. 价值创造

价值创造是实现交易和建立关系的前提，创业营销聚焦于创新性的价值创造，营销团队的任务是发现未经开发的客户价值，帮助创业者实现价值创造。这要求营销团队必须以不同于其他竞争对手的眼光看待客户，尤其要与众不同地看待产品。

6.3　顾客永远是对的吗？

> 顾客也会犯错，有时候顾客不知道对错，他们只是随大溜。改变顾客的习惯，创造市场，是创业者不得不做的事情。

传统的营销教科书都会强调关注顾客，以顾客为导向。因为大部分市场都是供过于求，生产已经不是问题，分销才是问题。对于新产品开发和产品管理，大部分营销教材都认为成功的新产品都是那些消费者表示需要、想要、也会购买的产品。

顾客对价值和创新的感知并不都是对的。很多创新产品在问世之初都遭到了消费者的拒绝。

市场同时向创业者和营销团队提供着多种信号：市场有何价值需求何时有这种价值需求、如何实现价值传输等。当市场在不断变化时，就需要企业高效地运营并不断地适应市场变化，这被称为"市场驱动行为"。

然而，当市场尚未出现或未被明确定义时，挑战就到来了。创业者需要重新定义市场以及改变竞争规则，这种情况被称为"行为驱动市场"，由企业塑造所有市场利益相关者的结构、偏好和行为。驱动市场型企业开创了全新的市场，促进了客户价值的持续飞跃，设计了独特的商业系统，并将服务质量提高到了前所未有的高度，进而改变了竞争规则。

虽然所有驱动市场型企业均以小规模起步，但它们的潜力巨大。尽管市场驱动型企业在促进创新增长上表现卓越，却敌不过驱动市场型企业对产品、商业模式和价值创造网络进行的根本性变革。

【观点6-3】"对"的产品在面世的早期可能被顾客误解

> 新产品不被用户接受，有时候并不是产品错了，而是对于客户来说，接受新产品需要一些时间、一个过程，或者一些促发因素。在教育市场的过程中，先行者未必是能够笑到最后的人。

【案例6-1】迷你汽车

苏伊士运河危机造成英国燃料短缺，促使设计师 Alee Issgoins 为 Lord Nuffield's 的公司（英国汽车公司）设计一款经济省油的车。最开始有两条生产线来生产产品，但是根据市场调研的结果发现了小型车的致命弱点：它根本就卖不出去。因为人们认为这种车看起来很"傻"，它没有合适的大轮子——轮子只有 10 英寸，于是英国汽车公司陷入困惑之中，应该把这款车扼杀在摇篮之中吗？

最后公司做了妥协，这款车继续生产，不过只留下一条生产线。但是，不久之后这款车在路上就随处可见。这一款"傻"车成为英国历史上销量最大的车，一共生产了 530 万辆。

人们喜欢迷你的外观，喜欢迷你的价格，喜欢小轮子所带来的凹形空间。

那么是因为市场调研不准确吗？不是。市场调研调查了人们对于这款车的感觉，以及当时人们的认识和理解，但是最终产品改变了人们对车的认识。

创新导向并不是简单的生产导向。创新导向的观点认为，消费者喜欢的产品或服务是在特定的价格下能够给他们带来最大乐趣的，具备最好的性能、外观、质量和价值等特征的。无论是创新导向还是顾客导向，都可能促进或者阻碍企业战略的成功。

顾客导向容易局限于眼前，无法看到根本性的创新对企业长远发展的重要性。而创新导向改变了传统营销理念的方向，产品改变消费者的行为并创造需求。传统的顾客导向趋向于遵循多数消费者的想法，而抹杀了少数消费者可能对创新的贡献。

6.4　如何做渐进式产品的价值创新?

> 创新无止境，企业要想保持领先优势，那么创新永远都不能停止。

大多数创业者的创新产品是渐进式的创新。渐进式的产品创新可以按照图 6-1 找到可创新变量。

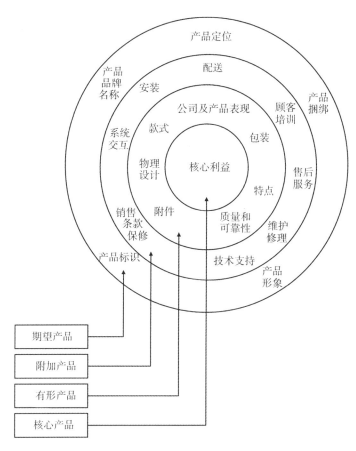

图 6-1　产品的可创新变量

核心产品是消费者通过企业的产品或者服务获得的核心价值。有形产品涉及产品的质量水平、特征、大小、类型、色彩、包装等方面。附加产品是一系列附加增值服务，包括安装、配送、信贷、保修、建议、培训以及售后服务。期望产品包括制定产品名称、设计能传达产品认知的标志或商标、定位产品风格、明确产品与其他产品或服务搭售的方式。

【观点6-4】个性化越强的产品可以创新的变量越多

> 对于同一种核心的产品，可以针对不同的顾客群体，设计风格迥异的产品包装以示区别。营销团队可以为不同的目标消费者提供不同的产品或服务，从而打开了一扇全新的机会之门。

6.5　全新的产品如何开发？

> 突破式创新者用新的方法开发出全新的产品，但一定不要指望一个全新的产品一经推出就完美无缺。

与渐进式创新不同，全新产品在开发之初并没有一个可以参考的标准，在创业者脑中这个产品可能就是一个框架。甚至有时候，开发者初期定义的客户群体都还不够精准，产品开发出原型后，经过客户的试用体验，效果可能并不像创业者最初想象的那样。因为客户需求具有模糊性，新产品开发经常会以失败告终。

为了减轻失败的代价，精益创业思想产生了。创业者只需先开发出一个最小化的原型产品，把核心功能展示出来，从而降低开发成本（试错成本），然后交付客户使用，收集客户反馈意见，包括客户对产品的整体感觉、客户并不喜欢或并不需要的功能点、客户认为需要添加的新功能点、客户认为某些功能点应该改变的实现方式等。收集反馈意见可以采用讨论会和观察使用过程等方式进行。最后，根据客户的意见，快速更新产品，让产品的功能更加强大和丰满。

新产品开发过程本身也将对创业者产生更多启发。创业者必须走出去，走到客户中间，而不是闭门造车。在精益创业模式下，所有的创新行为和想法都必须在最短的时间内呈现出来，抛弃一切暂不重要的其他功能，把极简的功能展现给客户，无论成功还是失败，都能够以最快的速度知道结果。

按照精益创业的模式，从"最小可用品"出发，每一次更迭之后都可以寻找客户进行试用，了解客户对产品的看法，寻找产品的不足和客户希望增加乃至修改的功能点。吸纳客户的意见，不断纠偏成果，促使产品越来越符合客户想要的效果，而不是开发团队闭门想象的样子。

【观点 6-5】融入客户体验的开发过程可以给创业者更多的启发

一定不能闭门造车。融入客户体验的开发过程可以给创业者更多的启发。当你已经设计了一个新产品，无论它有多烂，也要及时推向市场，让用户来测试。用户可能是错的，但获得最早期的用户使用数据对于产品开发迭代至关重要。面向 B 端的创新产品，满足客户的需求即可，如能超越客户的需求则更好。面向 C 端的大众创新产品必须超越客户的需求，而不仅仅只是做到满足需求。客户拿到产品后发出尖叫声，产品开发就大功告成了。

【案例 6-2】程维开发滴滴的故事①

程维开始决定做滴滴时面临两个问题：开发软件和线下找司机。程维是从阿里出来的，线下是程维的强项，但程维没有技术合伙人。当时摆在程维面前有两条路，要么自己组织团队开发，要么外包。程维看了好几家外包，最后以 8 万元的价格成交。两个月后，对方交付产品时，完全不能用。对方

① 改编自 500VC。

说，有 50% 的概率可以响了，就是说用户呼叫两次，司机师傅那里可能响一次。"因为当时没办法，又着急上线，我就跟对方商议，能不能再改进一下，达到 75% 能响的时候在上线，"程维说。

技术外包不靠谱，程维就开始找技术合伙人。为了找到可以搭档的技术合伙人，程维找了在支付宝的同事，让他帮着列了一个他认识的在北京工作的技术人员名单，然后一个个地跟他们去谈，但都没有结果。程维偶然加了一个微信群，遇到猎头，最终猎头推荐了张博。跟张博谈完，程维特别兴奋。找到张博后，张博说产品不行，但时间不能再拖了，必须要上，就硬着头皮上，能响就行。

程维曾经把产品拿给王兴看，王兴说产品很垃圾。他说看看现在的互联网产品，哪里还有需要注册的。原本程维想每个软件向司机师傅收 3 元钱，后来发现还得给司机补贴。

耗费流量是一个大问题。一开始没有订单，还要用流量，那些司机师傅根本就不开软件。没有订单，就雇人去打车，每天给 400 元，围绕三环打车，让有限的司机用户继续使用软件。

产品上线只是一个开始，为了提高流量，程维用了很多办法，去小区的电梯里贴传单，去国贸的路边发传单，但都没有作用。

程维说："努力到无能为力，上天就会帮你开一扇窗。事情做没做成，就看有没有用心。"有了司机后，订单的压力就变得更大。2012 年北京的雪特别多，大雪夜的订单一夜之间超过了 1000 单。这种用户场景原来才是"痛点"。

一些创业公司走差异化，投资硬件，给司机发 iPad，这个也被证明是不可行的。把滴滴做到最好用，装到他们的硬件上去才是最有效的。

程维对创业者的忠告就是：要迅速、有效地去试错，去找到最有效的打法。一开始，最多在一两个城市先把自己的模式验证好，要把最精锐的部队放进去验证整个打法。但很多人都死在这上面，一个初创公司迅速扩展，招了很多人，接着就是大裁员。创始人卖了房子借了很多钱，最后又回到了原点，现在借亲戚的钱都还没还上。

6.6 如何为创新产品定价？

> 一个创新的产品为客户带来的相对优势的大小，决定了它的定价空间。

企业对产品定价就是决定以何种费用标准（何时、何地、支付的多少和方式）向客户提供特定的产品和服务。定价的空间取决于产品的相对优势。

一个创新产品的相对优势是指相对于它所替代的原有方法（方案、物品）具有的优点，通常可以通过经济或社会等方面的收益来衡量，具体来说，包括经济利益、较低的初始成本、不舒适感的减少、社会地位、时间和精力的节省和更具有实效的回报等。

价格的主要作用不是弥补成本并得到一个合理的回报，创业者不能想当然地对产品或服务进行定价，基于成本和固定价格的定价方式也许会成为即将消失的工业时代的产物。

给产品定价，必须从客户的角度思考问题。客户需要产品能给自己带来价值，用户要的是产品的价值，而非产品的功能。只有当一个产品的功能可以真正帮客户解决问题时，这个功能才具有价值。

在互联网时代，顾客可以更快捷、更方便地搜索商品及其价格，可以在网络上出价并议价，他们也可以在自己希望的任何时候进行交易。企业根据购买者、购买物以及购买时间可以更方便地调整产品价格。

企业的定价可以具有多重目标，例如销售量和利润目标、市场形象目标，或者为竞争者设置进入壁垒的目标等。使用特定的价格水平、价格结构（指产品或者服务的捆绑销售、顾客群细分以及支付时间和手段进行折扣）和促销价格，可以实现企业的价格战略目标。

【观点6-6】创新型产品的灵活定价要服务于企业的市场战略

采取灵活定价的创新产品，可以快速地为企业带来最初的客户，形成示范效应。在与竞争对手的追赶过程中，通过降低价格和灵活的促销，以抢占市场份额。

【案例6-3】不同行业典型的定价策略

旅游和航空服务业：采用基于时间的定价和预定折扣等。

物流快递行业：很多时候，通过首单免费的形式吸引用户，然后在后续的服务中收取费用。

手机支付行业：到目前为止，免费服务是行业的常态，一些产品还给用户发红包，以此来取得流量。

软件服务行业：传统的定价方式要求顾客对软件产品进行一次性支付，而现在的公司却采取租赁、发放许可证以及基于使用情况的收费方式。在我国，包括杀毒软件、最常用的即时通信软件如微信，以及众多的APP和面向大众的软件，都免费给用户使用。有的软件把基础功能免费给大众使用，但对于高级功能则实行收费使用。

化工业：定价方式注重能给顾客带去的整体经济价值。例如，一种管道密封垫片的定价主要考虑购买者可能节省的清理费用以及可能避免的潜在责任。

公用事业：公用事业通过捆绑销售的方式提供不同价值的产品或服务组合。公用事业针对不同的顾客群体提供不同的价格清单，并且其试图将注意力转移到顾客能源管理方面。

金融借贷行业：为不同借款人提供不同利率的按揭产品，贷款利率是基于借款人的情况单独制定的，所以金融机构开始采取风险型的定价方式。

建筑装饰业：通过减少房屋设计的标准模板，将其他的模板作为顾客进一步选择的对象，并通常能得到高于其标准模板的利润。另外，在工程接近尾声的时候，通过改变原计划也可以提升整体价格。

总裁培训行业：通过定高价来彰显身份地位，突出附加产品（例如圈子）的价值。

在线教育行业：以低价或者免费吸引用户体验，后续推出部分收费课程。

网络出行行业：以首单免费或者补贴来拓客，用月卡低价促销，收取押金或者免收押金。

6.7 如何建立客户关系？

> 如果没有顾客的话，就等于什么都没有。只有向顾客销售，企业才能存活，这也是创业的基本逻辑。

企业与客户之间的交换包括产品、金钱、知识、信息和社会活动，这种双向关系不断发展，变得更加个性化。从正式讨论转向非正式的互动和个人友谊，在这个过程中，随着双方对彼此利益关系投资的不断增加，就建立了长期的买卖关系。长期买卖是第一种深层的客户关系。

重复购买的客户可能建立对品牌的忠诚。忠诚客户不是因为没有别的选择，而是因为他们强烈的个人偏好。忠诚顾客会也听到其他厂商的叫卖声，但是要想改变买者的购买习惯，这些"其他厂商"就必须提供更优质的产品和服务，或是足够低的价格。顾客忠诚是第二种深层的客户关系。

在某些情况下，企业与客户结成战略伙伴关系。伙伴关系包括买者和卖者共同致力于某项主要活动，这种关系在 B2B 市场里更容易产生。例如，卖方公司和买方公司可能共同制造一个新产品或是开发一项新技术，他们也可能一起开发一个双方以前都未曾进入过的新市场。战略伙伴是第三种深层的客户关系。

一些顾客需要用巨大的投资和专门的营销精力维护，而另一些则只需要少一些的投资。在建立一个"长期买卖"关系之前，需要考察以下一些变量：需求的本质、与顾客做生意的难易程度、与某顾客做生意而能吸引其他顾客的可能性以及顾客转向其他公司的障碍壁垒大小，然后还要评估顾客终身价值。

你可以把顾客分为以下四类：一次性的或是偶尔的交易、多次的或是重复的交易、忠诚顾客、伙伴顾客。尽管最底层的顾客对企业没有丝毫忠诚感，他们对企业漠不关心，仅凭价格、方便性等因素购买，但也不能忽略此类客户，要让所有第一次购买的客户达到满意，否则在网络上就会出现差评。

【观点6-7】聪明的营销成就顾客

成就顾客，就抓住了顾客的最深层需求。在基本的产品之外，给顾客更多的帮助，才能打动顾客，使其成为忠诚顾客，进而建立战略伙伴关系。

6.8 如何提高顾客忠诚度？

超越顾客预期，使顾客得到意想不到的，甚至感到惊喜的好处。

提高顾客忠诚度的策略有以下几点：

（1）建立顾客数据库，包括动态的、整合的顾客管理和查询系统，忠诚顾客识别系统，顾客流失显示系统和顾客购买行为参考系统。企业运用顾客数据库，可以使每一个服务人员在为顾客提供产品和服务的时候，了解顾客的偏好和习惯购买行为，从而提供更具针对性的个性化服务。

（2）识别企业的核心顾客。企业的实践证明，企业利润的80%来自其20%的顾客。只有与核心顾客建立关系，企业稀缺的营销资源才会得到最有效的配置和利用，从而明显地提高企业的获利能力。

（3）超越顾客期望，提高顾客满意度。顾客希望企业提供的产品和服务能满足其需要，达到了这一期望，顾客就会感到满意。如果企业超越顾客预期，使其得到意想不到的甚至感到惊喜的服务和好处，获得更高层次上的满足，就可以让顾客对企业产生一种情感上的满意，从而发展成稳定的忠诚顾客群。

（4）正确对待顾客投诉。要与顾客建立长期的相互信任的伙伴关系，就要善于处理顾客抱怨。有些企业的员工在顾客投诉时常常表现出不耐烦、不欢迎的态度，甚至流露出反感，这是非常危险的做法，会使企业丧失宝贵的顾客资源。

（5）提高顾客转换成本。对单个顾客而言，转换购买对象需要花费时间和精力去重新寻找、接触和了解新产品，放弃原产品所能享受的折扣优惠，改变使用习惯，同时还可能面临一些经济、社会或精神上的风险；对机构购买者，更换使用另一种产品设备则意味着需要付出人员再培训和产品重置的成本。

（6）提高内部服务质量，重视员工忠诚的培养。顾客保持率与员工保持率是相互促进的。企业为顾客提供的产品和服务都是由内部员工完成的，他们的行为及行为结果是顾客评价服务质量的直接来源。忠诚的员工会主动关心顾客，热心地为顾客提供服务，并为顾客的问题得到解决而感到高兴。

（7）加强顾客流失后的管理。认真分析顾客退出的原因，总结经验教训，利用这些信息改进产品和服务，最终与这些顾客重新建立起正常的业务关系。

【观点 6-8】忠诚顾客可以提高企业的长期盈利能力

> 提高顾客忠诚度可以使企业获得更强的长期盈利能力，使企业在竞争中得到更大的优势。

6.9　互联网为营销沟通带来哪些变化?

> 手机屏幕正成为第一屏幕。

在互联网时代，微博、朋友圈等自媒体成了不可忽视的沟通阵地。

电视渠道和传统媒体过去曾是广告投放的主要选择。而今，消费者已经不再信任传统媒体中的静态消息，他们喜欢谈论和听别人谈论感兴趣的东西。同类的消费者对于某一产品的信息沟通可以在瞬间完成，这使传统的"一对多"模式受到巨大的冲击。随着大众媒体地位的衰落，新媒体正在异军突起。门户网站、聊天室、电子游戏、网上商店、博客、百科、社交网络、微博等成为营销的主要阵地。特别是随着通信技术的发展，手机成了第一屏幕。借助于新技术，一些新的营销方式得以出现或者变得越来越有力。以下是一些新的营销沟通方式。

病毒式营销：是指像病毒一样自我复制后在社区网络之间快速传播，在志趣相投的人群里扩散。病毒式营销利用的是用户口碑传播的原理，在互联网上，这种"口碑传播"更为方便，营销信息可以像病毒一样迅速蔓延。由于这种传播是用户之间自发进行的，因此几乎是不需要费用的网络营销手段。利用公众的积极性和人际网络，让营销信息像病毒一样传播和扩散，营销信息被快速复制传向数以万计、数以百万计的受众。

搜索营销：利用搜索引擎的信息处理技术实现的、对目标用户进行推广信息展示的营销活动。

付费评论：又叫话题营销，属于口碑营销的一种。付费评论主要是运用媒体的力量以及消费者的口碑，让广告主的产品或服务成为消费者谈论的话题，以达到营销的效果。

微博或微信营销：以微博或微信作为营销平台，每一个听众（粉丝）都是潜在营销对象，建立公众号吸引粉丝，可以快速传播产品信息，树立良好的企业形象和产品形象。公众号要每天更新内容，跟大家交流互动，或者发布大感兴趣的话题，来达到营销的目的。

【观点 6-9】创业者必须要懂自媒体

传统营销手段正在衰亡，自媒体成为企业营销的主战场。

【创业者说 6-1】牟家和：用自媒体快速打造自己品牌的秘诀[①]

对初创公司来说，自媒体就是一个巨大的宝藏，它可以为创业公司做的事情有很多很多。如果做好企业的自媒体，它就可以帮助创业企业快速地推广品牌，快速获取用户，跟用户建立一个有效的沟通和服务通道。

企业做新媒体和自媒体人有着本质的区别，因为绝大多数企业都不需要把自己的账号做成一个媒体号。过去的两年，我见过几百个传统企业和创业公司，他们其实很现实。如果我是一个农场，我做自媒体的目的就是卖货；如果我是一个咖啡馆，我希望让更多的人可以找到我，然后在账号里报名参加我们的一些线下活动；如果我是一个做 APP 的公司，我希望通过运营自媒体做些 APP 的导流；如果我是一个投资公司，我希望我的观点可以吸引更多的创业者到我这里，同时帮助我投资的创业公司更好地宣传等。

知道自己要什么之后，所有的运营都围绕这个目标。很多失败的案例，其账号功能、内容、体验都特别差，却花费着巨大的费用到处找流量，结果流量来了也没留住几个用户。在这里给大家介绍几个秘诀，让初创公司如何花小钱办大事，用自媒体的方式快速打造自己的品牌。

第一，写三篇文章，做好全网分发。第一篇写创始人的创业故事，每个创始人其实都有一个美丽的创业故事，比起产品更容易打动用户；第二篇写产品，写出产品的情怀，写产品文章一定要很用心才行；第三篇写行业，告诉大家你做的这家公司在行业中的地位，你是领先者还是挑战者，抑或是颠覆者，从行业的角度再次审视你的公司。准备好三篇文章，剩下的就是广而

[①] 来源：创客总部。

告之。第二，做好全网布局。包括百度百科、百度问答、自媒体布局这三个方面，要在用户经常出入的地方设计一个"网络路牌"，让用户经常可以看到你发布的信息，想找你的时候可以很轻松地找到你。第三，快速积累种子用户。通过社群、粉丝互动、口碑传播把种子用户服务好，种子用户是创业公司最核心的部分，也是最重要的宣传资源。

创业者简介：牟家和，1977年3月出生于山东烟台，毕业于中国海洋大学，中国人民大学MBA，2014年，牟家和创办北京知家信息科技股份有限公司，链接传统企业与创客，成功研发《ZMO企业自媒体运营官课程》，打响传统企业转型第一课，独创"线下+线上+联盟"模式，帮助创客低成本打造品牌从0到1。

【案例6-4】VIPKID的创新与营销①

"聚焦于'超级用户'，不追求所谓的流量，不盲目扩张，而是沉住气用心打磨产品，为一直围绕着我们身边的用户提供最好的服务。通过良好的口碑产生杠杆效应，从而赢得更多的用户。"

罗振宇曾经将VIPKID作为"超级用户思维"的典型案例之一。虽然我们只拥有30万用户，年收入却达到了人民币50亿元。每个用户的客单价、付费意愿、付费能力都很高，90%以上的学员其家长年收入在30万元以上，续费率达到了95%。用户也都非常愿意为我们做口碑传播，我们的新增用户中有70%都来自老用户的推荐。

1. 冷启动：一开始就收费

在创办VIPKID前，我已经有16年的线下教育经验，深深理解线下教育的痛点。在研究了50多家教育机构后，我们设定了这样的商业模式：通过VIPKID的互联网学习平台，帮助500万~1000万北美K12老师和中国1.5亿适龄儿童实现高效的连接，在这个过程中发掘出愿意给我们付费的用户。

---

① 改编自混沌大学的微信公众号分享。

在传统观念看来，互联网应该是免费的，所以很多人觉得我们当时建立的这套商业模式不符合互联网逻辑。但在办公室和团队具备后，我就宣布开始招生。因为我希望能够快速启动、一鼓作气，在试错中调整，而不是无限期地拖延。

对第一批学员，我们选择了一开始就收费，但是上完一个单元再把学费返回去。VIPKID 的第一批学员来自创新工场高管的孩子，这些孩子的共同特点是家长有国际化教育的需求，但是孩子不爱学英语。

在第一批老师上课的时候，我们都非常担心。因为这些老师都不会中文，不知道能不能教好中国孩子。而且我们不知道这种在线教育的效果到底好不好，这种模式到底可不可行。

在第一堂课上完之后，我们大大地松了一口气。老师讲课的效果特别好，不仅用英语给孩子们带来了知识，还用吉他和歌声征服了孩子，下课后孩子们一直不愿意离开，要喊老师回来。

看到这一幕之后，我们团队所有人都非常激动，对我们的未来充满了信心。由于我们的产品起到了良好的效果，第一批学员最后全部选择了续费。

2. 不急于扩张，围绕用户体验进行快速迭代

在创业最初的一年半时间里，我们并没有去追求流量的扩张，而是把用户的规模保持在 100 多个。我们的主要精力放在打磨产品上，我们必须对自己的产品足够有信心，才能把它推向市场。

在那段时间里，VIPKID 的产品几乎是按天来迭代，我们希望这个产品推出来就能让孩子们更加高效、快乐地去学习。所以这个阶段 VIPKID 的主修课程不断地在测试中调整，根据 CCSS 课程教学大纲反复升级主修课的内容。

那时候我们几个创始人几乎每天都泡在各种妈妈群里，和家长聊天，孩子在 VIPKID 遇到的任何学习问题我们都会在第一时间跟进。我们所有的员工，也都是 VIPKID 的产品体验者，员工只要有孩子，就可以免费上课，这样可以随时反馈使用中遇到的问题。

3. 口碑裂变，产生杠杆效应

口碑裂变的根基，是长期的用户价值，是在用户中间构建的信任感、社

区感和归属感。如果这个根基做不好，就没有机会裂变。

VIPKID 被正式推向市场，其实是场意外。但推出后立马获得爆发式增长，则是源自"超级用户"带来的口碑裂变，这种增长模型完全出乎我们的意料。

这个意外，是由一个拥有 20 万粉丝的微博红人发起的。她在带孩子试听了我们的课程后，将孩子和老师互动的截图发在了自己的微博上，并给了 VIPKID 很积极的评价。接下来的一周时间里，有几千名家长给 VIPKID 打了咨询电话。

一旦进入了市场，超级用户就基于他们的使用感受，为 VIPKID 做口碑传播。

在一次活动上，前央视主持人张泉灵告诉我说："我都给你带来两百多个学生了。"

很多家长不断地在社交媒体上为我们代言、推荐，分享自己的使用感受。这些用户自发地成了 VIPKID 品牌口碑的放大者和连接新用户的渠道。

只用了三年的时间，我们的用户数量就从 100 多个增长到了 30 万个。现在每个月超过 70% 的新用户来自老用户推荐，通过这种方式带来的用户，对 VIPKID 更加了解、认同、有黏性。

口碑的杠杆效应在招聘老师的过程中也起到了重要作用。

VIPKID 的老师是一个质量非常高的群体。我们的老师比市场上所有其他老师好得可能不止 10 倍，这对于家长们来讲，是最重要的事情。

因为老师即产品，他们既能够成就一个学生，也能够毁掉一个学生。

所以 VIPKID 一定要挑选到最好的老师。只有让这些老师觉得这家公司没有欺骗自己，让他们有一个长足的成长和进步、职业收获和稳定的收入，他们才愿意长久地留下来。

为了能够和老师们保持充分的沟通，我自己的 Linkedin、Facebook 和 twitter，基本上成了收集老师们求助和批评的最佳渠道。老师们会觉得我是他们的代表，就像是工会主席一样，有什么事情都会直接来找我。

在这种情况下，老师们会更加积极主动地投入到教学中来，给用户制造惊喜。比如他们会做出丰富的教具、手偶，在万圣节打扮成各种好玩的样子等。就像我们去比较 Uber 和 lyft 的时候，明显 lyft 的司机更有爱、更开心一点，这是由公司的待遇、文化和氛围决定的。

在老师们对 VIPKID 有了更高的认同感和归属感之后，他们会积极地在自己的生活中和社交平台去传播我们的口碑。这种口碑效应带来的结果是，目前 VIPKID 的来自北美的老师中，75% 来自相互推荐和介绍。

4. 不断给用户带来兴奋值和期待感，让口碑持续升温

用户眼里的服务"好"，更多地在于你有没有为他持续地提供价值。而且随着用户个人水平的提升，产品输出的水平也要不断进步，产品必须和用户共同成长。所以，必须重视用户在每一个环节的体验，才能不断地给用户带来兴奋值和期待感，最终使口碑持续升温。

过去家长把孩子送到线下英语辅导班，有一个很大的痛点，就是很难看到孩子学习的效果到底怎么样。而在 VIPKID，孩子自己就能完成预习、课后练习、复习、知识拓展、延伸阅读等学习的全部流程，养成良好的学习习惯，把家长解放了出来，家长会觉得非常省心。很多家长工作忙碌，没时间看完整的视频回放，我们利用人工智能技术，把孩子学习的精彩瞬间剪辑到一起发给家长。让孩子的每一步成长都看得见。

为了提高用户的兴奋感，我们还运用了很多新技术。我们通过人脸识别技术，可以观察孩子上课的专注度、开心值和惊喜值。通过这种方式，我们可以分析出教师用什么样的行为可以帮助这个孩子学得更好。我们还通过互动特效来激励孩子，未来这些效果也可以通过迭代，实现更加个性化的奖励。

对于 VIPKID 来说，我们做这个事情不是为了做一个高端的少儿英语培训机构，更重要的是，它只是开启了一个机会的窗口，给我们提高了一个从 1 到 100 的可能性，这个时候我们可以做自己真正想做的事情。

我自己读书的经历比较坎坷，高中都没有读完，也没有读大学。激励我成长学习的动力是，我希望可以看到一个更大的世界，我希望创造更大的价值，我希望让更多人的生活变得不一样。

所以我也希望，通过我们的努力，让每一个小朋友在生活中遇到挫折或

者碰到学习中的困难时，他们也可以有这样的一种希望和想象，从而有动力去创造一个不一样的未来。

【投资人说6-1】徐新：好生意就是消费垄断[①]

好生意的定义是什么？好生意就是消费垄断。因为有了垄断，你有了高利润就可以做研发、做创意，可以做良性循环。

问题是现在APP已经长出来了，在座的各位都是小公司或者中型公司，你的机会在哪里呢？我们感觉当APP这么大的时候，可以做大数据，有大数据做分析是非常好的。

所以我们感觉，你既要靠这个大平台搞流量，自己也有要流量，实在不行我们就小而美，但是要"Hold"住用户，靠内容、频次吸引用户。

产品的品牌护城河在哪里？

我们一直觉得尽管是这样，中国还是有很多品类的机会，而且我正好感觉到这个冬天的来临是品牌诞生的时候，很多伟大的公司诞生在冬天，因为那个时候不是靠资本的热，不是靠广告，而是靠产品本身很好。

所以你抓住品类的机会先做，然后把价格定对，有个很好的持续策划，要做品牌关键是靠创始人，他有没有工匠的这颗心扎扎实实地做一个非常好的产品。

我为什么说品牌的机会来了？现在大公司也没有流量，宝洁这么有钱，欧莱雅这么有钱，娃哈哈也有钱，他们打广告也没有效果，因为消费者不看电视广告了，人家看网上的评价，要看内容。

我们在同一个起跑线上起跑，你如果把内容做得很好，你能打动他的心，你就是品牌。那么，什么时候才是安全的？如果你能够占领消费者的心智，做到占有30%的市场，比第二名大2倍，你就安全了。

在这之前你是不安全了，因为存量比增量大，随便杀出一个程咬金就把你给干掉了。我们感觉这个市场非常大，但是作为创业者一定要很聚焦、很

[①] 改编自钛媒体。

细分，抓一个细分市场，线下把它做到 30% 的市场占有率，线上你要做到百分之七八十你才安全。

投资人简介： 徐新，重庆人，1988 年毕业于南京大学外语系，曾在中国银行、霸菱投资集团工作，2005 年，创办今日资本集团。曾投资网易、携程、土豆网、唯品会 、京东商城、赶集网、美团、大众点评、贝贝网等。

7　融资：从存活到实现快速成长

无论是商业创业，还是公益创业，都需要有必要的资金支持来维持组织的存在。活下去才有实现梦想的可能性。

7.1 企业的基本融资方式有哪些?

> 资金对于企业，就像血液对于人，一旦干涸，企业将面临"死亡"。

融资是一个企业筹集资金的行为与过程，也就是企业根据自身生产经营状况、资金拥有状况、未来经济发展的需要等，采用一定的方式，从一定的渠道向投资者或债权人去筹集资金，以保证正常生产以及经营管理活动。

创业公司作为具有法人资格的经济组织，必须有一定的资产作为其经营活动的基础。公司资产，一种是公司股东投资所形成的财产，称为公司独立的法人财产权，当公司盈利时，向股东支付股息或红利；另一种是公司以承担债务为代价而获得的财产，也就是公司发行债券或向银行贷款而获得的资金，需要按照约定方式偿还。

7.1.1 债权融资

债权融资是指公司以发行债券、向银行借贷的方式向债权人筹集资金。通过债权融资所获得的资金，公司具有使用权和支配权，可以应用于公司的生产经营活动。债权融资是有偿使用公司外部资金的一种融资方式。公司运用这部分资金无论盈利还是亏损，首先要承担债权融资带来的利息，另外在借款到期后要向债权人偿还资金的本金。这种融资方式要求企业具备一定的资信，还要有足够的担保。

对于公司而言，债权融资既有优点，也有缺点。优点主要体现在：①债权融资不影响公司的所有权，公司可以保持对企业的重大决策权和有效控制，并且独享未来可能由企业成长带来的收益；②债权融资能够提高企业所有权资金的回报率，具有财务杠杆作用。缺点在于：①公司要按时清偿贷款，如果不能保证经营收益高于资金成本，企业就会收不抵支或亏损；②债权融资提高了企业的负债率，如果负债率过高，企业经营不善时将面临破产风险。

7.1.2 股权融资

股权融资是指公司以出让股份的方式向股东筹集资金，包括配股、增发新股等方式。资金提供者成为公司的股东，按照出资比例拥有相应的公司股份，享有公司控制权和决策权，并且承担公司的经营风险，股东不能从公司抽回资金，其获得的报酬依据公司经营活动的状况而定。股权融资形成的所有权结构其分布特点及股本额的大小和股东分散程度，决定了一个公司控制权、监督权和剩余价值索取权的分配结构，反映的是一种产权关系。

股权融资优点主要体现在：①投资者或资金提供者不要求使用债权融资中常见的担保、抵押等方式，而是要求按一定比例持有公司股权，并分享利润和资产处置收益，帮助公司分担经营可能的风险；②公司通过股权融资不仅能够获得资金，还能获得公司发展需要的各种资源，如社会关系、管理经验、技术诀窍等。

股权融资的缺点主要体现在：①在控制权方面，由于股份被稀释，原公司股东对企业的控制程度降低，在公司战略决策时不得不考虑资金提供方的意见，如果有分歧，将会造成决策效率低下，甚至改变原公司战略规划与投资方向；②在信息披露方面，资金提供方成为公司股东，公司的财务报表、经营信息都会被要求提供给齐，如果公司能够成功上市，在融资的同时，还要承担更为规范的信息披露责任，原公司股东可能会有所顾虑。

7.1.3 股权融资与债权融资的对比

股权融资与债权融资的最根本区别在于所有权的不同，即股权融资是股份制企业有偿发放给投资人企业所有权的过程，而债权融资只是企业有偿发放给投资人企业债权的过程。

股权融资的本金具有长期性、永久性，不需要企业归还，但可以向第三方转让，有助于保证企业长期稳定发展。而债权融资，企业必须到期归还本金并承担按期付息的义务。

股权融资的投资方通过企业成长、增值服务获取收益，主要体现在股利的支付，而股利的支付与否和支付多少根据公司的经营情况而定。债权融资的债权人无论企业盈亏，都按照事先约定的固定金额获取利息。

对于筹资公司来讲，股利从税后利润中支付，不具备抵税作用，而且股票的发行费用一般也高于其他证券，而债务性资金的利息费用在税前列支，具有抵税的作用。因此，股权融资的成本一般要高于债务融资成本。

股权融资与债权融资相比，股权融资的财务风险小。股权投资者以新股东和合作伙伴的身份介入公司，公司资产负债率低，且财务风险小。

企业举债比例越高，利息也就会越高，这就要求企业有较高的资产报酬率来支付固定利息，无形中也就增加了企业的经营风险。另外，过高的负债会增大经营中资金调度的压力，财务弹性因此而减低，当这种压力达到一定程度时，很容易引起公司的债务危机和信用危机，造成资金链断裂。

股权融资的投资者除了为企业发展提供所需要的资金外，还提供合理的管理制度、丰富的资本运作经验、市场渠道、监管体系和法律框架等，从而在比较短的时间内有效改善企业的治理结构、资本结构，提高企业核心竞争力并最终带来企业业绩和股东价值的提升。

与股权融资相比，债权融资除了在一些特定的情况下可能带来债权人对企业的控制和干预问题，比如濒临破产或因严重经营不善导致危机造成债务无法偿还的情形，一般不会产生对企业的控制权问题，对企业管理决策的影响力较弱。

对于创业者来说，愿意用债权作为融资工具，是创业者信心的体现，使用这种融资工具进行融资，虽然有还款压力，但可以保留更多的股权。债权融资更容易方便，并且成本也更低。

【观点 7-1】不要等到弹尽粮绝才想到融资

> 要为资金早作打算，千万不要等到弹尽粮绝的时候才想到去融资，那会让企业陷入十分被动的局面。

7.2 怎样做外部融资决策？

> 当内部资金不足的时候，需要寻求外部投资人的帮助。但千万不要用错方法，否则可能会招致企业控制权旁落，或者其他风险问题。

创业融资具有阶段性特征，不同的企业发展阶段，因企业规模、资金需求、投资风险等方面都有明显差别，因此企业需要制定不同的融资策略，选择合适的融资方式。

7.2.1　种子期

这一阶段基本上处于产品的研究和实验阶段，企业处于高度不确定的状态之中，风险程度非常高。这一阶段的融资方式大致可分为三类：①政府专项拨款、社会捐赠等；②天使投资类型的股权融资；③自我融资或亲朋好友的资金支持。

7.2.2　初创期

这一阶段，企业已经有了一个处于初级阶段的产品，产品已经上市，但仍未达到损益平衡点。这一阶段的技术风险与种子期相比，有较大幅度的下降，发展潜力逐渐显现，但投资成功率依然较低。

由于还没有获得正现金流，企业获得债务融资的难度较大。因此，此时创业融资的策略往往倾向于创业风险投资和天使投资。

7.2.3　成长期

处于成长阶段的企业，表现出良好的成长性，且具有一定的资产规模。同时，由于企业已经开始盈利，逐渐确立起相应的市场地位，在此阶段创业融资进入黄金时期，融资方式多元化态势呈现。

这一阶段，创业风险投资仍然是主要的融资方式，同时，企业已经具备取得银行流动资金贷款及通过商业担保公司取得中长期贷款的条件，可以寻求银行贷款、商业信用等债权融资方式。

7.2.4　成熟期

企业进入成熟期后，技术成熟、市场稳定，企业的管理与运作日臻完善。这一阶段，债券、股票等资本市场可以为企业提供丰富的资金来源。

除发展阶段的匹配之外，创业企业融资时，要考虑企业的实际情况，选择合适的融资方式。决策时主要考虑的因素如下：

（1）资金用途与融资方式的匹配。按资金使用期限可分为短期融资和长期融资。股权融资筹措的资金具有长期性和永久性。长期用途的融资适宜股权融资方式，而短期用途的融资最好采用债权融资方式，以免企业创始人的股权被过度稀释。

若是为了解决流动资金不足的问题，创业企业可以选择银行借款等短期融资方式。若是为研发活动和扩大固定资产规模等，则可以选择期限较长的融资工具，如银行长期贷款或者股权融资。

（2）融资成本。融资成本是指企业为筹集和使用资金而发生的代价，融资成本越低越能为企业带来价值。

过高的融资成本对创业企业来说是一个巨大的负担，而且会抵消企业的成长效应，因此，创业融资决策在于寻求一个较低的综合资金成本的融资组合。债权融资成本低于股权融资成本，如果能采用债权方式融资，则优先考虑债权融资方式。

（3）附加条件和控制权。尽量避免有诸多附加条件的融资，防范不必要的风险。同时，要保证企业控制权不能旁落他人，这一点在股权融资时尤其重要。

【观点 7-2】最了解你的人才是你的最佳融资对象

有些人，特别是一些大学生创业者，他们出于一些原因，不愿意向自己最亲近的人融资，例如有经济能力的父母、亲友。殊不知，他们才是大学生创业者的最佳融资对象。当然，我们希望大学生创业者在创业的时候，一定要考虑他们的经济状况。特别是当父母没有经济能力的情况下，不要逼迫他们拿出养老钱来帮助自己创业。

7.3　天使投资人是天使吗?

> 天使投资人,投资企业股权并在企业发展壮大之后通过出售股权来获利。

狭义上的天使投资,仅仅是指那些富有的个人,利用自己的自有资金,独立或者联合他人对创业企业进行投资。他们一般拥有自己的事业,兼职进行投资。这些利用自有资金对创业早期阶段的企业或尚未成立企业的团队进行投资,就是经典的、传统意义上的天使投资。随着天使投资的职业化,有的天使投资人干脆转型为职业天使投资人,他们不仅使用自有资金进行投资,而且还设立天使投资基金,从他人那里募集资金进行投资。典型的天使投资基金如泰山天使基金、真格基金等。

由于天使投资是一种分散的、个体的、小规模的投资模式,它的投资往往规模较小。如果你的项目暂时的资金需求为50万元到300万元,这些钱可以让你做出产品原型,由最早的客户开始使用,那么天使投资是你不错的选择。有时候,天使投资的投资金额也能够达到500万元,使你可以进行早期的客户开发。

天使投资人一般偏好投资种子期和初创期的企业,这两个阶段的企业单笔投资额较小,但投资风险较大。由于种子期和初创期的企业面临着“死亡之谷”的问题,所以天使投资是真正的“雪中送炭”。正因为其“雪中送炭”的行为,所以他们就像“天使”一般。

而实际上,大部分的天使投资人是希望通过投资获益的。他们在企业创建的早期进行投资,此时企业的技术还没有完全成熟,产品还没有得到市场的认可,经营模式还有待检验,管理团队羽翼未丰,然而这笔投资一旦成功,收益一般可达数十倍,特别成功的,收益甚至可达千倍以上。

传统的天使投资人投入的是自己的资金,对自有资金的使用不存在委托—代理问题,因此投资决策速度很快。而基金化的职业天使投资,因为单笔投资金额小，投资决策流程也会比风险投资要快得多。

天使投资人会与创业者保持紧密联系，以随时了解企业进展，同时天使投资人向创业者提供各方面的增值服务，帮助企业渡过难关。这也是天使投资人所体现的"天使"的一面。但创业者也需要注意，天使投资人的这一面，如果使用不当，就显得不那么"天使"了，有时候还很"魔鬼"。

目前，我国的个人天使投资人主要有两大类：一类是以成功企业家、成功创业者、VC 等为主的个人天使投资人，他们了解企业的难处，并能给予创业企业帮助，往往积极为公司提供一些增值服务，比如战略规划、人才引进、公关、人脉资源、后续融资等，在带来资金的同时也带来联系网络，是早期创业和创新的重要支柱；另一类是专业人士，比如律师、会计师、大型企业的高管以及一些行业专家，他们虽然没有太多创业经验和投资经验，但拥有闲置可投资金，以及相关行业资源。

一些天使投资人组织起来，组成天使俱乐部、天使联盟或天使投资协会，每家有几十位天使投资人，可以汇集项目来源，定期对项目进行交流和评估，会员之间可以分享行业经验和投资经验。对于合适的项目，有的兴趣会员可以按照各自的时间和经验，分配调查工作，并可以多人联合投资，以提高投资额度和风险承担能力。

为了克服以个人为投资主体的天使投资模式自身投资能力的局限性，由此形成专门的天使投资基金，这种基金基本上按照风险投资基金的模式设立和运作，由专业的管理团队进行管理。

有一类天使投资人，他们从事天使投资，就是为了履行成功企业家的社会责任。他们认为，投资的目的就是帮助年轻人成长和履行社会责任。他们手把手地帮助公司，并和公司建立起亲密无间的关系。这类投资者所投资的对象，主要偏重于那些致力于解决主要社会问题的创业企业，如环保、能源等。这类投资者往往继承了一大笔财富，因而赚钱不是第一位的。但他们在支持那些有较好社会效益项目的同时，也希望获得合理的投资回报。遇到较大的项目，自身力量不够，也会寻找与一些富有的人进行联合投资。

【观点7-3】天使投资人首先是投资人，然后才是天使

> 投资，是放弃现在的消费，期待未来的资金增值。天使投资人是投资人中专门投资初创企业的投资人，他们为创业者提供了最佳的创业资金来源。但创业者要清楚，他们首先是投资人，然后才是天使。

7.4 如何选择天使投资人?

> 创业者和天使投资人之间，是一种相互的选择。优秀的创业者吸引着天使投资人，优秀的天使投资人则是众多创业者的偶像。好的天使投资人是创业者身后的创业者。

在众多的天使投资人中，创业者如何找到适合自己的那一位?

首先，要考察天使投资人是否符合"合格投资者"的身份。虽然没有这个身份也可能是一个出色的天使投资人，但在不太熟悉对方的情况下，企业应当首选具有"合格投资者"身份的天使投资人。

其次，创业者要考察天使投资人是否具有一定的经验和经历，是否能够在企业成长过程中给予一定的非金钱的支持。创业者需要"聪明的钱"，即投资者既提供了资金，又能够为创业提供金钱以外的帮助。在技术、市场、运营、营销等方面，天使投资人的经验和能力不同，而每一个创业者需要的帮助也不同。

对于年轻的创业者来说，找到导师型的投资人可能是最佳的选择。有些天使投资人不仅仅是为了赚钱，他们更喜欢帮助年轻人成长，他们喜欢卷入这种创业的冲动氛围中，喜欢参与企业从小到大的过程，喜欢把自己过去的经验和教训与年轻的创业者分享。

何时可以找投资呢? 对于连续成功创业者，有一个创意之后，就可以开始着手融资。若已经组成了拥有豪华阵容的核心团队，融资估值会更高。对于非豪华阵容的创业团队，投资人需要看到产品上线，有实际的运营数据才可以。产品没有上线，只有 BP 便开始大量见投资人，只能是浪费自己的时间。对于一支相对优质的创业团队，拥有一个月左右的运营数据便可以启动天使融资了。

【观点7-4】最好的天使投资人，是成功的创业者或职业风险投资家

> 最好的天使投资人，是成功的创业者或职业风险投资家。他们可以作为创业者的导师，为创业者带来资金之外的诸多好处。

7.5 我的项目适合寻找风险投资吗？

> 赛道—赛马—赛手，是风险资本选择被投资企业的基本思维框架。

在风险投资领域，业内人士有选"赛道"和选"骑手"的不同投资风格，也有"投人还是投项目"的争论。这里面暗含着风险投资筛选企业的内在逻辑。对赛道的选择，实际上就是对商机的评估，赛马其实就是项目本身，骑手就是团队，商机（赛道）—创新（赛马）—团队（骑手），构成了投资人筛选项目的基本逻辑。

首先，商机的大小决定了创业企业对投资人的吸引力。投资人不愿意投资于天花板较低的行业，创新创业企业面向的市场应该较大，并且有增长空间。商机评估基于投资者选择的"赛道"。投资人一般都聚焦于特定的"赛道"上，而创业企业若不在"赛道"上，很难得到投资。另外，即便是同一条"赛道"，也会有不同的商业机会。

其次，对创新的评估，实质上就是投资者选项目（赛马）。有商业化潜力的创新项目，既可以被有能力的创业者成功商业化，也可以被无能力的创业者搁置。创业者要想成功地商业化其创新产品，必须依据创新的特点设计适宜的商业模式。不同的创业团队可能设计出不同的商业模式，选择并尊重那些能够成功商业化的适宜商业模式及其创业团队，是风险投资家明智的做法。另外，选择好的创新项目作为一项期权，在适当的时候替换无能力的创业者，是深度介入型的投资者（包括战略投资者）常用的策略。

最后，也是最本质的，对创业团队的评估，实质上就是选择"骑手"，这是"投入"型投资者的看家本领。好的创业团队可以适时调整企业战略，选择开展更适宜的项目。

【观点7-5】风投对你置之不理的最大可能性是你的企业还不适合风投

> 如果你的产品被市场认可，模式被验证，并且可以快速复制，行业天花板很高，团队中又有行业明星级的成员，那就是你获得风险资本的时候了。不过，有时候风险投资家可能看不懂你的项目，要知道他们也可能犯错误。

7.6 风险投资家除了资本还带来什么?

> 风险资本是聪明的钱，可以为创业者提供诸多资金之外的帮助。

对于创业者来说，寻找外部股权融资是对核心团队的历练，使团队对企业的外部环境和内部优势有更加清晰的认识，从而有利于企业制定正确的发展战略，增强核心团队成员和员工的信心。通过外部股权融资活动，客观上给企业股权一个市场定价。这是对企业价值的建议，有利于企业实施股权激励计划，让团队和员工看到企业股权的价值。通过外部股权融资，还可以获得有经验的投资人意见，为公司战略方向的调整提供依据。

在获得外部投资之后，天使投资人或风险投资家会加入董事会并参与创业企业的管理。为了增加创业企业的价值，风险投资家通常会积极运用各方面的知识、调动各方面的资源来帮助创业企业。

风险投资家通过以下增值服务来为创业企业和最终的出资人创造价值：

（1）风险投资家通过公司治理活动监督商业计划的执行，公司治理方法包括位于基础地位的股权结构设计和参与董事会。

（2）风险投资家利用自身的行业经验和敏锐的洞察力，为创业企业战略的制定提供意见和建议。

（3）风险投资家帮助创业者物色高素质的职业经理人，充实或更换创业企业管理层，帮助实现团队能力与企业发展相协调。

（4）风险投资家要求创业者加强企业内部控制和制度建设，规范企业管理，减少成本和不必要的费用开支，提高经营效率。

（5）风险投资家利用自身的资源为创业企业的快速发展提供帮助，通过策划兼并重组、后续融资等活动，为企业发展提供充足的资本。

【观点 7-6】与风险投资家做朋友，创业者会成长得更快

> 与风险投资家做朋友，创业者将成长得更快。创业者可以学到资本思维，但不要被资本绑架，不能忘记创业的初心。

7.7 股权融资时如何为公司估值？

> 对未上市创新型公司进行估值是一门艺术。创业者应了解估值的基本知识，以便在与投资者谈判的时候，具有沟通对话的基础。了解估值，还可以避免犯下各种"愚蠢"的错误。

所谓估值，就是对一个公司的内在价值进行估计，以此作为融资交易时

股权定价的依据。一般来说，内在价值是指公司未来创造的自由现金流的折现值，其含义是公司为股东创造的价值的现值。因此，对于投资项目进行价值评估使用的最基本方法是现金流折现法，但对于风险很大的创业企业，直接使用现金流折现法存在诸多的困难和不合理之处。

风险投资在发展过程中逐渐形成了自己独特的投资评估方法，被称为"风险资本法"。风险资本法运用乘数法和现金流贴现法估值的方法进行改进，将投资与回报、定价与股权份额融入估值之中，更贴近高风险、中长期的风险投资。在很多发达国家，尤其是美国，风险资本法被认为是可以为面向未来的、有着高度不确定性的投资提供粗略估值的最有效技术之一。更重要的是，这种方法是站在投资人的角度，而不是像传统方法那样依赖于公司的运营。

风险投资把对公司的评估分为"投资前价值"和"投资后价值"，其逻辑关系是：

投资后估值=投资前估值+投资额

投资者所占股份=投资额/投资后估值

投资后的估值，是投资家投资 t 年后退出时公司的价值。计算公司的终值最常见的方式是用传统的乘数法（可比公司法）进行估计，选取的可比公司必须是所在行业中运营业务、收入来源和商业模式相近的公司，选取的乘数指标也要符合公司的状况与环境。

将公司价值折现成现值。风险投资家一般使用目标回报率 r 作为折现率，这个折现率比传统的资本加权平均成本（WACC）要高很多。目标回报率是风险投资家认为特定投资的风险和投入所对应的必要回报率。

风险资本法更适用于高风险、中长期、面向未来的、有着高度不确定性的风险投资。需要注意的是，风险资本法的一个重要缺点是使用了非常高的折现率，一般在 40%~75%，有的早期风险投资者甚至采用超过 100%的折现率。使用如此高的折现率主要有以下几点原因：

（1）风险投资的公司往往不确定性非常大，风险非常高，高的折现率反映高风险。

（2）风险投资家通过投资获得的公司股权的流动性非常差，要选择较高的折现率进行流动性补偿，因此离退出阶段越远，流动性越差，选取的折现率也就越高。

（3）风险投资家不仅为公司提供资金，还为公司带来新的公司治理结构、先进的管理模式、指导并帮助公司发展等增值服务，他们认为提供的服务是有价值的，因此风险需要用高折现率进行补偿。

风险投资家认为创业者的预计往往过于乐观，因此他们要求用高折现率来调整这些过高的预计。

风险投资家注重的是企业的价值，即全部要素综合统计的价值。有时一项技术、一个创新、一个团队在风险投资家心目中的估值要高于厂房、设备甚至现金流。只有用这种非常规的估值方法才能找到非常规的企业，才能获得非常规的利润，这恐怕就是风险投资的魅力所在。

从早期的企业估值延伸来看，天使投资人对于被投项目的价值评估就更加个性化了，完全就是一种艺术。

天使投资一般采取下列评估模式：

（1）简单模式：1/3 法则。投资者大约占被投企业股份的 30%，往往在 20%~40%，这取决于投资者与被投企业之间的谈判。如果投资者认为企业未来具有很大的发展潜力，投资者可能占股份的 20%，而创业企业占股份的 80%。

有时，1/3 法则也被解读为 1/3 为投资者、1/3 为创业者、1/3 为管理层。这种解读体现了在创业公司的价值创造过程中，资本、创业者和管理者各自的贡献份额。在实际操作中，根据项目的不同，这个比例会有所调整，创业者经常会占有较大份额的股权比例。

（2）博卡斯模式。博卡斯模式可简述如表 7-1 所示

表 7-1　博卡斯模式

评估考察对象	估值（美元）
出色的想法	50 万~100 万
出色的管理团队	50 万~200 万
战略伙伴，市场进入门槛	可达 50 万
产品（服务）样品完成	50 万~100 万
有一定质量的董事会成员	可达 100 万
已有销售	可达 100 万
估值总额	250 万~600 万

此估值模式的应用会受到市场形势的影响。在投资火热的时期，对天使阶段的项目动辄估值数千万元也是常见的。

【观点 7-7】对于风险投资家来说能退出才是"王道"

对于风险投资家来说，估值是"假"的，能够在基金清算期内实现股权的退出，才是风险资本选择被投资企业时的"王道"。

7.8　如何使用股权众筹进行融资？

众筹是互联网送给创业者的一份大礼。

众筹指的是通过网站或者社交网络（无论线上还是线下）向特定投资人群体发布融资需求以筹集资金的方式。众筹是一种去中介化的融资方式，由资本供给方（资金盈余方）和需求方直接对接，特定的投资人群体自行对项目进行评估，做出投资决策。

股权众筹是指发起人给予支持者的回报为创业公司的股权，支持者成为创业公司的股东。该模式解决了线下投资者与创业者匹配困难的问题，使创业者可以在网络筹资平台上向众多的投资人公开展示自己的项目，从而大大地提高了融资成功率。在线下，创业者接触投资者的渠道及数量往往有限。而在线上，创业者一次就能接触到众多潜在投资者，他们来自各行各业，具有丰富的知识及投资经验，能够为创业者带来各种资源。

2015 年 7 月 18 日，中国人民银行等十部委发布《关于促进互联网金融健康发展的指导意见》（银发〔2015〕221 号）（以下简称《指导意见》），引起社会各界高度关注。《指导意见》第 9 条规定：股权众筹融资主要是指通过互联网形式进行公开小额股权融资的活动。股权众筹融资必须通过股权众筹融资中介机构平台（如互联网网站或其他类似的电子媒介）进行。股权众筹融资中介机构可以在符合法律法规规定的前提下，对业务模式进行创新探索，发挥股权众筹融资作为多层次资本市场有机组成部分的作用，更好地服务创新创业企业。股权众筹融资方应为小微企业，应通过股权众筹融资中介机构向投资人如实披露企业的商业模式、经营管理、财务、资金使用等关键信息，不得误导或欺诈投资者。投资者应当充分了解股权众筹融资活动风险，具备相应风险承受能力，进行小额投资。股权众筹融资业务由证监会负责监管。

《指导意见》中提到股权众筹融资是面向小微企业的小额融资。也就是说，通过互联网进行众筹的额度将会设置上限。另外，在投资者人数方面，根据《中华人民共和国证券法》规定，投资者不能超过 200 人。

在我国，针对股权众筹尚未出台专门的法律，属于法律真空地带。所以，在实际操作中，容易因不符合现行法律法规而产生法律风险。其中，最大的风险即是被认定为非法集资。

根据《中华人民共和国刑法》《最高人民法院关于审理非法集资刑事案件具体应用法律若干问题的解释》和《关于办理非法集资刑事案件适用法律若干问题的意见》等规定：非法集资是指未经有关部门依法批准，包括没有批准权限的部门批准的集资、有审批权限的部门超越权限批准集资，即集资者不具备集资的主体资格，承诺在一定期限内给出资人还本付息。

非法集资主要特征包括以下几个方面：

（1）未经有关部门依法批准，包括没有批准权限的部门批准的集资、有审批权限的部门超越权限批准集资，即集资者不具备集资的主体资格。

（2）承诺在一定期限内给出资人还本付息。还本付息的形式除了以货币形式为主体外，也有实物形式和其他形式。

（3）向社会不特定的对象筹集资金。这里"不特定的对象"是指社会公众，而不是指特定少数人。

（4）以合法形式掩盖非法集资的实质。为掩盖其非法目的，犯罪分子往往与投资者（受害人）签订合同，伪装成正常的生产经营活动，最大限度地实现其骗取资金的最终目的。

"非法集资罪"并非一个特定罪名，而是类似犯罪行为的统称，包括非法吸收公众存款罪、集资诈骗罪、欺诈发行股票债权罪以及擅自发行股票、公司、企业债权等罪名。

股权众筹项目如果存在虚假信息，则众筹发起者可能涉嫌集资诈骗罪。股权众筹平台在审核项目的真实性方面若能尽到严格审核义务，出现非法集资的风险则相对较小。因此，创业者一定要选择规范运营的众筹平台进行股权众筹，并做到严格按照平台的要求进行信息披露。

【观点7-8】股权众筹的本质是线上的天使投资

股权众筹的本质，是线上的天使投资。但由于参与人数多，且投资者的风险承受能力低于传统的天使投资人，所以股权众筹更加适合风险较低的创业类型。

7.9 如何利用产品众筹进行融资？

产品众筹最初被用于在线上测试新的想法，但其并不排斥那些已经比较成熟的产品。

产品众筹是指发起人给予支持者某项产品或服务作为回报，其交易模式是"团购+预售"。产品众筹具有提前锁定消费者、发布广告、募集生产资金、检验产品是否具有市场价值等多重功能。

产品众筹在帮助企业预售产品、获得早期支持者方面作用非常明显。经过几年发展，已有一大批企业在众筹平台成功募资。

产品众筹不涉及股权问题，众筹方式自由、灵活，既可以让创业者得到超过股权众筹的融资额度，也可以实现较大规模的资金募集。对于生产型企业的创业者，产品众筹还能帮助其获得最初的大量客户，有利于创业者降低生产成本。

产品众筹的支持者本身就是消费者，有些支持者还是技术发烧友，可以为产品设计提供专业意见或者提出有价值的见解。

产品众筹是重要的预售营销手段，是向市场推出新产品的新方式。预售营销是一种以客户为中心的商业模式，强调上市前和上市后的客户反馈和参与的重要性。客户反馈可以帮助创业者做出更好的产品决策，省去了推广新品时所需要的大笔市场调查费用。

产品众筹不仅适用于市场测试，而且同样适用于成熟企业的成熟产品的微创新。通过众筹渠道，企业提前获得订单，同时省去中间销售环节，节约了成本，还筹集到资金进行生产，可谓是一举多得。和团购模式不一样的是，在众筹过程中，筹资人可以和支持者进行强烈互动，为改进产品提供了宝贵的意见。

产品众筹提供了一个平台，活动参与者对所资助的活动可以畅所欲言。精明的项目创建者会合理运用反馈信息来打造他们的产品和服务。因此，集体智慧被视为众筹活动的优势。然而，集体意见也存在一些陷阱，例如，集体中的成员由于想和集体中的其他成员保持一致而做出了错误的假设或决定；集体中的一些成员会跟风犯同样的错误；高估自己的优点或低估自己的缺点。因此，众筹发起人在权衡集体的反馈意见时一定要格外谨慎。

公众反馈的意见对众筹发起人来说是宝贵的资源，但是管理反馈的意见对企业家来说则是挑战。企业家们对自己的项目通常很有激情，但是在发起众筹活动时一定要做好接受批评的心理准备。对任何众筹活动来说，接受批评和回应批评的能力极其重要。

产品众筹成功之后，最容易产生的问题是延期和产品差异。

由于创业者的经验不够丰富，低估了实际工作量，导致产品交付延期，这种情况十分常见于初次创业者。

由于创业者创新能力有限，导致最终交付的产品功能和外观与众筹平台上描述的具有较大差别，这种情况常见于创新性较大的产品，众筹发起者应当降低支持者的期望值，避免因沟通不充分带来不必要的麻烦。

对于处理延期交付产品的问题，众筹发起者应预先做好各方面的研究，以便更合理地估测时间，解决可能发生的问题。众筹发起者应尽量阐明自己的计划，即使计划发生了变化，也要尽快向支持者解释，隐瞒只能拖延一时，到期无法交付产品再进行解释，可能给自身造成更大的负面影响。

对于产品差异的问题，众筹发起者可以通过不断的反馈方式进行解决。校准支持者预期的最好方法就是不断地与其交流，积极请求他们进行反馈，并将反馈带进产品开发中去。众筹发起者的这种行为能让支持者更容易接受最终产品和计划产品之间的差异。

【观点 7-9】产品众筹是新产品的试金石

产品众筹是最能够吸收消费者意见的一种创新方式，在基本功能得到强化的同时，也可以满足客户个性化的需求。

【案例 7-1】Y Combinator 的 DEMO DAY

Y Combinator 每年为创业公司出资两次，分别在 1 月和 6 月。几周后，我们邀请所有我们知道的投资人来听这些创业公司介绍它们迄今为止取得的成果。

10 周的时间并不长。一般的创业公司在 10 周后可能并没有太多的成果能够展现，迎接它们的只有失败。当你去看那些做伟大事情的人，会发现很多事情开始的原型，都是在一周或两周的不间断工作中完成的。创业公司是欲速则不达的反例。

对创业公司来说，太多的钱似乎跟太多的时间一样不好，所以我们也不会给它们很多钱。

Demo Day 前一周，我们进行了彩排（这天叫作 Rehearsal Day）。在其他 Y Combinator 的活动上，我们允许有外宾在场，但 Rehearsal Day 不会有外宾。除其他创始人之外，没有人会看到我们的彩排。

Rehearsal Day 的演讲通常很粗略，但这是意料之中的。我们是在挑选有创造力的创始人，而不是华而不实的演讲者。一些创始人才刚刚毕业，一些仍然在读，他们甚至从来没有和一群陌生人交谈过。

所以我们专注于基础的东西。在 Demo Day，每个创业公司只有 10 分钟的时间，所以我们鼓励他们只专注于两个目标：第一，解释你在做什么；第二，解释为什么用户会想要这样的产品。

这听起来很简单，但是对于没有任何演讲经验的人来说并不容易，更何况他们是在向一个不太懂技术的观众解释技术问题。

创业公司向投资人介绍时会不断重演这种情况：不善解释的人跟不善理解的人交流。实际上，每个成功的创业公司，包括 Google 这样的创业之星，也会在做某些演讲时，因为投资人没有明白到他们的意思而被毙掉。这是因为创始人不善演讲，还是因为投资人太过迟钝？也许两者都有。

在最近的 Rehearsal Day，我们 4 个 YC 合伙人发现在过去的两次彩排中，我们说了很多同样的事。所以在当天晚餐后，我们收集了所有创业者向投资人做 Presentation 的建议。大多数创业公司面临着相似的挑战，所以我们希望这些建议对更广泛的创业者也能够起到一些作用。

1. 解释你在做什么

评估一个早期的创业公司时，投资人的主要问题是你是否做出了一个让人无法抗拒的产品。在他们能够判断你是否建立了一个好的 X 之前，他们必须明白你建立了什么样的 X。如果你不告诉他们你在做什么，只让他们坐着看一些 Preamble，他们会非常沮丧。

所以尽快说出你在做什么，最好开门见山，比如"我们是 Jeff 和 Bob，我们构建了一个易于使用的基于 Web 的数据库，现在我们将向您展示这个数据库并解释为什么人们需要它"。

如果你是一个很好的公众演讲者，你可以违背此规则。去年，一位创始人在整个上半场的演讲中，对传统桌面隐喻的局限性进行了精彩的分析，最后他成功了。但除非你是一个很有魅力的演讲者（然而大多数极客并不是），否则最好还是谨慎行事。

2. 快速进行到 Demo 部分

现在这个部分对创始人来说已经过时了，因为如今的 Demo Day 演讲很短，很少能包含很多内容。不过他们似乎做得很好，甚至让我觉得以前太过强调 Demo 是错误的。

做个 Demo 比任何口头描述都能更有效地解释你做出了什么。唯一值得先谈谈的是你正努力要解决的问题，以及为什么这个问题很重要。但不要在这上面花超过 1/10 的时间，然后就开始演示。

演示时，不要仅仅过一遍功能目录。从你要解决的问题开始说起，然后展示你的产品如何解决了这个问题。要有目的性地按顺序来展示你的功能，而不是碰巧屏幕上出现什么就展示什么。

如果你的演示是基于网络的，就要假设网络断开 30 秒时，你需要在笔记本电脑上运行的服务器软件副本。

3. 狭义的描述好过含糊的描述

创始人拒绝简明扼要地描述项目的一个原因是，在早期阶段有各种各样的可能性。最简洁的描述似乎太狭义，易使人误解。例如做了一个简单的基于 Web 的数据库的团队可能会拒绝这样称呼他们的应用程序，因为它有更多可能性，事实上，它可能是任何东西。

问题是，当你描述一些可能是任何东西的事物时，你描述的内容其实接近于零。如果你将数据库描述为"一个允许人们协同利用信息价值的系统"，那么投资人会把这句话当作毫无意义的陈词滥调，并且更加不耐烦，他们会希望你在接下来的叙述里能真正解释你所做的事情。

你的首要目标不是描述你的系统有一天会变成什么样，而是要让投资人相信你的项目值得进一步讨论。这就像一个算法通过连续地取近似值从而得到正确的答案。开始要有一个扣人心弦但可能过于狭义的描述，然后尽你所能将其延展并呈现出来。这与增量开发是相同的原则，即从一个简单的原型开始，然后添加特性，但是在每个点都有工作代码。在这种情况下，"工作代码"指的是让投资人认为可行的描述。

4. 不要一边说话一边操作电脑

一个人说话，另一个人操作电脑。如果一个人同时做这两件事，他们将不可避免地对着电脑屏幕喃喃自语，而不是清晰地在听众面前讲解。

只要你站在观众面前看着他们，礼貌和习惯就会迫使他们注意你。一旦你不再看着观众而是盯着你电脑上的东西，他们的注意力就会渐渐转移到别处。

5. 不要长时间谈论次要问题，把时间用在刀刃上

如果你只有几分钟的时间，就用来解释你的产品是做什么的，为什么它很棒。像竞品或简历这样的次要问题应该只用单张幻灯片，最后快速地过一遍。如果你有能令人印象深刻的简历，只需让它在屏幕上闪现 15 秒钟，然后说几句话即可。至于竞品，列出前三名，用一句话解释他们没有而你拥有的东西就行了。要先明确解释你所做的事情，把次要问题放在最后阐述。

6. 不要对商业模式谈得太过深入

谈论你打算如何赚钱是件好事，因为这表明你关心并考虑过这件事。不要过于详细地讨论你的商业模式，因为一来这不是聪明的投资人在简短的演示中所关心的内容，二来你在这一阶段讲的任何商业模式都可能是错误的。

最近，一位在 YC 演讲的 VC 谈到了他刚刚投资的一家公司，他说这家公司的商业模式是错误的，而且可能要改 3 次才能改对。创始人都是经验丰富的人，他们以前都创过业，还成功地从顶级的风险投资公司中获得数百万美元投资，但就连他们的商业模式都被认为不过关。

如果你正在解决一个重要的问题，谈论这个问题会比谈论商业模式显得更明智。商业模式只是一些猜测，而猜测可能不是你的专业。所以，如果你

能谈论你很了解的、具体的、有趣的事情，比如你正在解决的问题和你到目前为止所取得的成果，那就不要把少得可怜的宝贵时间花在那些废话上。如果你的商业模式看起来大错特错，那么你想让投资人记住的东西就会被其抛诸脑后。他们只会记住你们是想靠愚蠢的方法来赚钱的公司，而不是解决了重要问题的公司。

7. 讲话要慢，要清晰

在 Rehearsal Day，每个人都能看出那些具有向一群人做 Presentation 经验的人和没有这类经验的人的区别。你需要用一种跟平时说话完全不同的声音和举止与一屋子人交谈。这种事在日常生活中没有任何可以实践的机会。如果你还不能做到这一点，最好的办法就是把它当作演戏一样。

然而，这并不意味着你要像播音员那样说话，观众不会在意这些。你要做的是以某种修饰过的方式说话，但让它看起来像是很自然的交谈。写作也是一样的，好的写作就是努力让自己的作品看起来是发自内心的。

如果你想事先把你的报告写出来并背下来，那没问题。过去这个方法对一些团队确实起作用。但一定要写一些听起来像是发自内心的、不那么官方的话，并且自然地表达出来。宁可说得慢一点。在 Rehearsal Day，一位创始人提到了一个演员使用的规则：如果你觉得自己说得太慢了，那说明你在用正确的语速说话。

8. 一个人讲话就够了

初创公司往往希望证明所有的创始人都是平等的合作伙伴。这是一种很好的基因，投资人不喜欢不平衡的团队。但是试图通过多人分块演讲来显示这种平等是没必要的，这会分散观众注意力。你可以用其他方式来表达你对合作伙伴的尊重。举个例子，有一个团队在 Demo Day 发表演讲时，大部分的讲话都由两位创始人中性格更加外向的那位进行，但他说他的联合创始人是他见过的最好的编程专家，你可以看出他是真心的。

选择一个或者最多两个最好的演讲者，让他们来进行大部分的演讲。例外的情况是，如果其中一位创始人是某个特定技术领域的专家，那么用 1 分钟左右的时间，让他来谈论技术会比较好。即使观众不理解所有细节，但这种"专家证人"能增加可信度。如果乔布斯和沃兹尼亚克有 10 分钟的时间来展示 Apple 二代，那么很好的分配是：让乔布斯讲 9 分钟，让沃兹尼亚克在中间占用 1 分钟，讲解他在设计中完成的一些技术壮举。当然，如果两个人都是这方面的专家，整个 10 分钟都可以给乔布斯。

9. 自信一点

在时间有限、观众缺乏技术背景的情况下，许多观众很难评估你在做什么。也许在一开始最重要的是你的自信心，你必须表现出对自己所做的事情了如指掌。

我的意思是展示，而不是讲述。永远不要说"我们很热情"或"我们的产品很好"，人们通常会忽略这些，或者他们会认为你在说大话而摒弃你的项目。这些信息必须是隐含在展示中的。

不要让自己看起来很紧张，像是急于为自己辩白。如果你真的做了很棒的事，你告诉投资人就是帮了他们的忙。如果你不那么相信自己做的事，也许你就该改变一下了。如果你不相信你的初创公司有这样的能力，让别人投资是在帮他们的忙，那么你为什么还要把自己的时间投入其中呢？

10. 不要过分装饰自己

不要担心你的公司只开了几个月，还没有自己的办公室，或者你的创始人是没有商业经验的技术人员。Google 曾经也是这样，但它发展得很好。聪明的投资人可以透过这些表面上的缺陷看到内在的优势。他们不是在寻找完美流畅的 Presentation，他们是在寻找罕有的奇才。你需要让他们相信你很聪明，你正在做一些很棒的事。如果你太过努力地去掩盖自己的不足，试图让自己看起来很好合作，或者假装知道一些你不知道的事情，你可能是在隐藏自己的才华。

你可以坦率地谈论你还没搞清楚的事情，不要特意把它提出来（如专门做一张幻灯片来说项目未来可能会出错的地方），但也不要试图假装你能搞定所有事。如果你是一个编程专家，而你正在向有经验的投资人做展示，那么投资人辨别废话的能力可能比你说废话的能力更强。

11. 不要在幻灯片上放太多字

幻灯片上有很多字时，人们就会跳读。所以，看看你的幻灯片上的每一个单词，问问自己"我能划掉这个吗"，包括免费的剪贴画。如果可以的话，试着让你的幻灯片少于 20 个词。

不要读幻灯片。当你面对听众并与他们交谈时，幻灯片应该是背景，而不是你要面对着并向坐在你身后的听众朗读的东西。

凌乱的网站很糟糕，尤其是当它们被投影到大屏幕上时。至少要把字体放大到足以使所有文字清晰可见。但是，混乱的网站无论如何都很糟糕，所以也许你应该利用这个机会让你的设计更简单点。

12. 要有精确的数据

你有任何数据都要告诉观众，哪怕是初步的数据，因为数据能让人们记忆更加深刻。但是不要给他们超过 4 个或 5 个数据，而是只给他们你认为准确的数据。你不需要告诉他们你所在市场的精准规模，没有人在乎它到底是一年 5 亿美元还是 50 亿美元。谈论这件事就像一个演员在他的职业生涯初期告诉他的父母汤姆·汉克斯赚了多少钱。重要的不是汤姆·汉克斯一年挣1000 万美元还是 1 亿美元，而是你如何能挣那么多。

13. 谈论用户渴望的功能

投资人最怕的是早期创业者根据自己对世界的理解建立了一些东西，但是没有人真正想要。所以最好是你能谈论特定用户的问题，以及你如何解决这些问题。

Greg Mcadoo 说，红杉寻找的是"需求代理"。人们正在使用不好用的工具。所以你的产品能满足他们的需求吗？

还有一个标志是当人们为某样东西付出很多时，他们对更便宜的流行替代品是有很大需求的。如果你能保证让产品保持受欢迎的品质，就能很容易地说服投资人。

关于用户需求最好的故事是关于你自己的，许多著名的创业公司都是由创始人的需求开始的，例如苹果、微软、雅虎、谷歌。这样的故事会引起有经验的投资人的注意。另外是谈论你身边人的需求，比如你的朋友或兄弟姐妹。

14. 给投资人留下记忆点

专业投资人听了很多的推销，但这种记忆留不长。如何简单地让他们记住自己，有一个方法是想一个能让他们牢牢记住描述自己的短语。

在好莱坞，这些短语似乎都是当 X 遇上 Y（"x meets y"）。而在创业世界里，短语通常是"y 的 x"（"the x of y"）或是两者并列（"the x y"）。例如 Viaweb 的短语是"电子商务界的 Word"。

你最好在一开始的时候就想一个短语，并在交谈中清楚地（但很随意地）说出来。这是一个很好的练习，你可以坐下来，试着用一个令人信服的短语来描述你的公司。如果你无法做到，那么可能说明你的定位还不够清晰。

下篇 创业者的反思

　　不管创业遇到什么困难，哪怕是企业即将面临倒闭，也不可以走歪门邪道。创业不是一条不归路，走邪道的创业才是一条不归路。

　　创业者绝不要把企业仅仅当作赚钱机器。作为法人，企业和人一样，必须有底线，必须遵守法律、社会公德和社会主义核心价值观。在法律禁区、法律空白区和伦理争议区要谨慎行事，以国家和人民的利益为最高利益。在创业成功之后，也绝不可以肆意妄为，应做善事和公益，帮助更多的人实现成功，让自己变得高尚起来。

8　正道而行，勿入歧途

从法律红线到伦理道德，再到社会责任，对创业者的约束似乎越来越小。创业者如果没有正确的创业动机，没有道德底线，就可能在追逐财富的时候，走上一条真正的不归路，这时候他们就成了披着创业外衣的罪犯、帮凶、嗜血鬼。

创业者要想做成一个伟大的企业，必须守法守信，遵守社会公德，践行社会主义核心价值观，履行企业的社会责任。

8.1 创业者不能触碰的法律红线有哪些?

> 为了避免触碰"法律红线"，创业者不妨找一位行业前辈进行指导，聘请专业的律师获得付费服务，主动学习《中华人民共和国刑法》，切勿有侥幸心理。

与创业者相关的法律书籍中，都在讲公司法、合同法，也有讲劳动法、知识产权法，很少有讲刑法的，似乎刑法跟创业者没有关系。最近发生的"长生生物疫苗"事件，以及类似的这些在食品和药品领域发生的企业违法犯罪事件，造成了民众的恐慌，给人民的生命健康带来了极大的危害，使笔者觉得必须在本书里将创业者的法律红线圈为重点。

搜索相关文献可以发现，《中华人民共和国刑法》（以下简称《刑法》）中与企业相关的罪名有 100 多种，而其中有四类最常见的犯罪，这四类刑事法律风险对应着刑法规定的 170 多个罪名，实务中企业经常触犯的罪名则有百余个。主要的罪名见本节的专栏 8-1。

8.1.1 生产经营中的法律红线

生产经营活动要遵纪守法，一些行业被国家严格监管，企业的生产经营活动必须严格按照国家的监管政策进行。

在食品、药品和一些涉及国计民生以及与国家安全相关的领域，造假、售假、走私行为会给国家和人民带来严重危害。特别是药品领域的造假售假违法犯罪行为，对人民造成的危害是不可挽救的，用"伤天害理"来形容一点都不过分。企业必须做良心产品。针对在食品和药品领域的犯罪，法律实施的所有惩罚都不足以弥补犯罪行为对人民群众造成的伤害。

在电商领域，一些电商平台以只提供销售平台为由，推脱自己在售假过程中的责任，这种行为暂时处于法律空白地带，但终将不能逃脱。

在金融领域，企业没有获得国家的相关牌照之前，不可以进行金融业务。从事民间借贷的小贷公司，切勿心存侥幸，不能觉得暗地里交易只要不出事情就可以过关。

8.1.2　管理中的法律红线

管理中的刑事犯罪，高发于税务和会计领域。对于涉税违法犯罪，很多创业者都心存侥幸，觉得税务问题不伤害某个具体的自然人，所以不重视。如果企业没有税务风险管理意识，很容易出现税收违法行为，严重的则涉嫌税务犯罪。刑法分则第三章第六条规定的危害税收征管罪一共涉及16个罪名，比如逃税罪、虚开增值税专用发票罪等。

其他管理问题，例如劳动人事管理、一些行业所需要的合规管理，即便大多时候不会触犯刑法，但可能带来的民事法律官司和行政处罚都会给企业带来严重影响。

8.1.3　业务来往中的法律红线

中国是人情社会，企业为了获取订单或者各种政府许可，常常需要和权力机关或者客户搞好关系。官商勾结是近年来贪腐犯罪的重要表现，因为个别官员手握审批和许可的权力，他们利用权力"寻租"，而企业为了获得利益，铤而走险，给官员送礼行贿。有时候，为了获得有利的交易机会，在招投标过程中、销售过程中、验收过程中，针对非国家工作人员实施的商业贿赂也非常普遍。

如果不送礼行贿，拿不到相关许可，怎么办？这确实是个问题，需要政府管理部门解决。对于创业者来说，在不满足国家要求的情况下拿不到批文，这是理所当然的，不能通过行贿来获取捷径。在能满足国家要求的情况下，若仍然拿不到批文，创业者可以向上级主管部门反映。

在房地产行业，从拿地到销售需要20多个政府部门的审批，而万科集团把不行贿作为公司的共识，依然成长为国内最大的地产公司，这很值得创业者学习。

8.1.4　融资中的刑事法律风险

企业缺钱，是创业者经常面临的问题。但这个问题，很多时候也并不仅是缺钱这么简单，不能"头痛医头，脚痛医脚"，而要先从产品研发这一层面去解决，钱只是浮在表层的问题，最后再解决。

在浮躁的社会氛围中，一些创业者可能听到的"空手套白狼"的案例太多了，觉得没有资金，靠一些非正道的模式也可以快速融到钱，于是把心思用在怎么样让大家把钱掏出来由自己来管理。而创业者拿到钱之后，发现项目并不好做，利润并不好赚，分不了钱给大家，于是就卷款"跑路"。

【观点 8-1】刑事法律是悬在创业者头上的一把利剑

有些创业者心存侥幸，以为自己偶尔为之，"民不告，官不究"，这种心理确实要不得。侥幸过关一次，创业者尝到了甜头，一发而不可收，创业初心被获得不义之财的快感湮没，等到东窗事发，银铛入狱，甚至被处以极刑。

"人在做，天在看""要想人不知，除非己莫为"，这些从小听到大的教导和警示，被创业者遗忘在耳后。最终从一个高尚的有着远大理想和抱负的创业者，变成了一个十恶不赦的罪犯和吸血鬼。

【专栏 8-1】与经商相关的罪名（不完全目录）

（一）生产、销售伪劣商品罪

1. 生产、销售伪劣产品罪；

2. 生产、销售假药罪；

3. 生产、销售劣药罪；

4. 生产、销售不符合安全标准的食品罪；

5. 生产、销售有毒、有害食品罪；

6. 生产、销售不符合标准的卫生器材罪；

7. 生产、销售不符合安全标准的产品罪；

8. 生产、销售伪劣农药、兽药、化肥、种子罪；

9. 生产、销售不符合卫生标准的化妆品罪；

（二）走私罪

10. 走私武器、弹药罪；

11. 走私核材料罪；

12. 走私假币罪；

13. 走私文物罪；

14. 走私贵重金属罪；

15. 走私珍贵动物罪；

16. 走私珍贵动物制品罪；

17. 走私淫秽物品罪；

18. 走私普通货物、物品罪；

19. 走私废物罪；

（三）妨害对公司、企业的管理秩序罪

20. 虚报注册资本罪；

21. 虚假出资、抽逃出资罪；

22. 欺诈发行股票、债券罪；

23. 妨害清算罪；

24. 隐匿、故意销毁会计凭证、会计账簿、财务会计报告罪；

25. 非国家工作人员受贿罪；

26. 对非国家人员行贿罪；

27. 非法经营同类营业罪；

28. 为亲友非法牟利罪；

29. 签订、履行合同失职被骗罪；

30. 国有公司、企业、事业单位人员失职罪；

31. 国有公司、企业、事业单位人员滥用职权罪；

32. 徇私舞弊低价折股、出售国有资产罪；

（四）破坏金融管理秩序罪

33. 伪造货币罪；

34. 出售、购买、运输假币罪；

35. 金融工作人员购买假币、以假币换取货币罪；

36. 持有、使用假币罪；

37. 变造货币罪；

38. 擅自设立金融机构罪；

39. 伪造、变造、转让金融机构经营许可证、批准文件罪；

40. 高利转贷罪；

41. 非法吸收公众存款罪；

42. 伪造、变造金融票证罪；

43. 伪造、变造国家有价证券罪；

44. 伪造、变造股票、公司、企业债券罪；

45. 擅自发行股票、公司、企业债券罪；

46. 内幕交易、泄露内幕消息罪；

47. 编造并传播证券、期货交易虚假信息罪；

48. 诱骗投资者买卖证券、期货合约罪；

49、操纵证券、期货市场罪；

50. 违法发放贷款罪；

51. 违规出具金融票证罪；

52. 对违法票据承兑、付款、保证罪；

53. 逃汇罪；

54. 洗钱罪；

（五）金融诈骗罪

55. 集资诈骗罪；

56. 贷款诈骗罪；

57. 票据诈骗罪；

58. 金融凭证诈骗罪；

59. 信用证诈骗罪；

60. 信用卡诈骗罪；

61. 有价证券诈骗罪；

62. 保险诈骗罪；

（六）危害税收征管罪

63. 逃税罪；

64. 抗税罪；

65. 逃避追缴欠税罪；

66. 骗取出口退税罪；

67. 虚开增值税专用发票、用于骗取出口退税、抵扣税款发票罪；

68. 伪造、出售伪造的增值税专用发票罪；

69. 非法出售增值税专用发票罪；

70. 非法购买增值税专用发票、购买伪造的增值税专用发票罪；

71. 非法制造、出售非法制造的用于骗取出口退税、抵扣税款发票罪；

72. 非法制造、出售非法制造的发票罪；

73. 非法出售用于骗取出口退税、抵扣税款发票罪；

74. 非法出售发票罪；

（七）侵犯知识产权罪

75. 假冒注册商标罪；

76. 销售假冒注册商标的商品罪；

77. 非法制造、销售非法制造的注册商标标识罪；

78. 假冒专利罪；

79. 侵犯著作权罪；

80. 销售侵权复制品罪；

81. 侵犯商业秘密罪；

（八）扰乱市场秩序罪

82. 损害商业信誉、商品声誉罪；

83. 虚假广告罪；

84. 串通投标罪；

85. 合同诈骗罪；

86. 非法经营罪；

87. 强迫交易罪；

88. 伪造、倒卖伪造的有价票证罪；

89. 倒卖车票、船票罪；

90. 非法转让、倒卖土地使用权罪；

91. 提供虚假证明文件罪；

92. 出具证明文件重大失实罪；

93. 逃避商检罪；

（九）妨害社会管理秩序罪

94. 伪造、变造、买卖国家机关公文、证件、印章罪；

95. 伪造公司、企业、事业单位、人民团体印章罪；

96. 非法生产、买卖警用装备罪；

97. 非法生产、销售间谍专用器材罪；

98. 组织、领导、参加黑社会性质组织罪；

99. 拒不执行判决、裁定罪；

100. 出售出入境证件罪；

101. 非法向外国人出售、赠送珍贵文物罪；

102. 倒卖文物罪；

103. 非法出售、私赠文物藏品罪；

104. 盗掘古文化遗址、古墓葬罪；

105. 盗掘古人类化石、古脊椎动物化石罪；

106. 非法组织卖血罪；

107. 强迫卖血罪；

108. 非法行医罪；

109. 非法捕捞水产品罪；

110. 非法猎捕、杀害珍贵、濒危野生动物罪；

111. 非法收购、运输、出售珍贵濒危野生动物、珍贵、濒危野生动物制品罪；

112. 非法占用农用地罪；

113. 非法采矿罪;

114. 破坏性采矿罪;

115. 非法采伐、毁坏国家重点保护植物罪;

116. 盗伐林木罪;

117. 非法收购盗伐、滥伐的林木罪;

118. 走私、贩卖、运输、制造毒品罪;

119. 非法持有毒品罪;

120. 包庇毒品犯罪分子罪;

121. 窝藏、转移、隐瞒毒品、毒赃罪;

122. 走私制毒物品罪;

123. 非法买卖制毒物品罪;

124. 非法种植毒品原植物罪;

125. 非法买卖、运输、携带、持有毒品原植物种子、幼苗罪;

126. 组织卖淫罪;

127. 强迫卖淫罪;

128. 协助组织卖淫罪;

129. 引诱、容留、介绍卖淫罪;

130. 引诱幼女卖淫罪;

131. 制作、复制、出版、贩卖、传播淫秽物品牟利罪;

132. 为他人提供书号出版淫秽书刊罪;

133. 组织淫秽表演罪。

8.2　创业者为什么必须讲伦理道德?

> 伦理道德是人与企业都需要遵守的行为规范。

有人认为,伦理是人与人相处时应遵守的道德和行为准则。而企业是以盈利为目的，遵纪守法就好了，讲什么伦理呢？

企业由人组成，为人服务。在企业内部，有人与人的关系，如老板与管理层、管理层与员工等；在企业和客户之间，一样也有人与人的关系，如销售人员与顾客、服务人员与顾客、售后与顾客等。所以，企业也必须讲伦理道德。

没有伦理道德的企业，在经营活动中以次充好、损人肥己、助纣为虐，对内部员工要求苛刻、没有人性、侵犯人的尊严、践踏人的人格、破坏人的各种基本权利。

企业是一种营利组织而非公益性慈善组织，其任务是生产分配交换物质财富和经济价值，但企业不能没有伦理道德，否则会被看作"嗜血鬼"。电影《我不是药神》中的原型企业瑞士诺华公司把格列卫定价过高，被全球的医学专家联名指责。而我国长生生物公司更是过分地生产销售不合格的疫苗，不仅对狂犬病疫苗的生产记录造假，而且其生产的吸附无细胞百白破联合疫苗（简称"百白破"）检验不符合规定，遭到吉林省药监局的行政处罚。

即使从事合法的经营活动，如果不讲伦理道德，企业也会因为舆论的压力而陷入困境。不讲伦理道德会损坏企业的社会形象，而企业的信用、声誉是一种重要的无形资产。

如果因为不讲伦理道德造成严重后果的，则由法律来惩治。而那些未造成严重后果的，就只能靠人的道德来进行软性的约束。饭店使用地沟油、少上菜、多收单，商贩缺斤短两，农场使用剧毒农药，黑心景点坑害游客、导游助纣为虐，处理此类事件法律也鞭长莫及，而消费者保护自己权益的方式方法又匮乏，经常是不了了之。"能坑则坑，坑不了就退钱"，这些日常的"小事"，看似事小，却在冲击着人的道德底线，它坏了消费者的心情，也让世界变得不那么美好，这样做的人，是没有良知的奸商，而不是创业者。

【观点8-2】创业者之伟大，在于其良心产品

> 创业者为创造新价值而生，而不是为攫取财富而生。做良心产品，才能彰显创业者的伟大之处。

【专栏8-2】企业的价值观和企业伦理

价值观就是价值取向，即关于"价值"的基本观点和立场，其实质上是行为主体对一系列主客关系所作的伦理判断。价值观包含下列要素：①主体在角色扮演过程中构成了哪些主客关系，何种关系最为关键；②在处理主客关系中主体应承担哪些责任，何种责任优先；③主体在处理各种主客关系时应遵循何种原则；④主体在处理各种主客关系时应着重为谁谋求利益。由此可见，企业价值观决定了企业认为何事（或某利益相关者）有价值，值得去做（或交往），或更值得去做（或交往），何种责任、原则、利益是应该优先、坚持和实现的。

企业在经营过程中维持应然关系、承担特定责任可以依赖三种途径：一是体现科学化要求的技术途径，如高科技生产技术和通信技术手段；二是反映法制化趋势的制度途径，如环境审查制度和责任报告制度等；三是蕴涵价值追求的伦理途径，主要表现为伦理思考。显然，在这三个途径中，第三种途径是最根本的。因为缺乏对关系和责任"应该怎样"的伦理思考，如果没有伦理思考所给出的方向和价值，技术手段的运用甚至可能产生反作用力，制度体系的完备反而会成为不当行为的"保护伞"。可见，企业伦理学在保证企业"做正确的事"的层面上应当发挥关键性作用。

在企业内，企业经营者分别与企业所有者和员工构成两组重要的内部关系。把企业置于社会巨系统内，企业与消费者、供应商、竞争者、社区居民、政府、自然环境、金融组织和行业协会等又分别构成若干利益相关关系。

企业处理各种关系，无论就其表现还是就其本质而言，都是在扮演特定的角色，承担一定的责任，从而满足相应的角色期待。因此，在关注企业活

动领域内各种复杂关系的同时，企业伦理学还得思考和辨析企业活动主体的社会责任。通过界定企业社会责任和指导企业实现社会责任来维系应然的关系状态，这也是企业伦理学聚焦于企业如何"做正确的事"的题中之意。

伦理学是应社会生活的复杂化而产生的，目的是给解决社会矛盾开辟伦理维度、提供对话平台，以此达成社会共识。这些特性规定了企业伦理学并不执着和拘泥于具体方法和手段的设计与思考，而只是试图在原则和价值层面给出答案。这就使企业伦理学的致思路径在越过关系和责任两个环节之后，直接上升到伦理原则这一层面，并通过伦理原则的确定和诠释、观照和规范企业行为。

只有当企业遵守一定的是非准则时，企业与企业、企业与社会才能共同繁荣，国家的经济才能健康发展。社会的文明进步，既需要经济的繁荣发展，又需要包括企业伦理在内的文化道德的同步发展。

【案例 8-1】百度的竞价排名与魏则西事件

2016 年 4 月 12 日，魏则西父亲代他在知乎留言："我是魏则西的父亲魏海全，则西今天早上八点十七分去世。"两年前，魏则西患上了一种叫滑膜肉瘤的疾病。滑膜肉瘤是一种恶性肿瘤，目前没有有效的治疗手段。魏则西是家中独子，父母倾尽全力为他治病，辗转北上广各大肿瘤医院，手术、放疗、化疗，生不如死，死里逃生数次，最终他还是走了。

魏则西在大二被查出患有恶性肿瘤之后，曾随父母一起去各大城市的医院寻求治疗方案，在束手无策的情形下，当他们看到百度搜索头条上列着的某武警医院的生物免疫疗法时，感觉像是找到了救命稻草。

尽管如此，心存疑虑的魏则西还是专门又在百度搜索了一下这名医生，根据搜索结果，当时接待他们的李主任曾上过中央电视台第十频道的节目，还不止一次。而这个李医生又告诉他，这家医院是和斯坦福大学合作的，治疗成功率很高。于是他想：百度、三甲医院、中央电视台，还是斯坦福大学的技术，这下应该没有问题了吧。

然而，这是一项从未得到任何官方认可的癌症免疫疗法，百度的竞价排名为医疗公司过度的治疗宣传"助纣为虐",而且斯坦福大学并未与这家中国医院有过类似的合作。

据《南方周末》2014 年的报道,免疫细胞疗法在全世界都仅是临床研究,但却意外地在我国"遍地开花",这种情形与国外小心谨慎、不断试验求证的情形截然相反。而与之形成对比的是铺天盖地的宣传,单看广告的话,有的医院"荣获美国 FDA 认证",被"CCTV 头条重点报道",其网页上还充斥着"肿瘤治疗新传奇"、"破肿瘤不治之说"、"里程碑式的癌症治疗方式"等令人振奋的字眼。造成这种情况的原因主要是大量商业因素的介入。癌症重病患者对健康的追寻,成了这些没有道德底线的公司赚钱手段。

"魏则西事件"发酵后,迫于媒体和舆论压力,2016 年 5 月 1 日,百度公司内部发布公告称百度副总裁王湛因"违反职业道德、损害公司利益"而被百度开除。5 月 2 日,中国国家互联网信息办公室称已会同国家工商总局、原国家卫生计划生育委员会和北京市有关部门成立联合调查组进驻百度调查本次事件。5 月 9 日,国家网信办联合调查组公布了该事件的调查结果,调查组认为百度搜索相关关键词竞价排名结果,对魏则西选择就医产生了影响,其机制存在付费竞价权重过高、商业推广标识不清等问题;同时要求百度公司进行整改,包括全面清理整顿医疗类等的商业推广服务;在 2016 年 5 月 31 日前,要求改为以信誉度作为竞价排名标准,不能以给钱多少作为排位标准,并要求建立完善先行赔付等网民权益保障机制。

8.3 怎样理解和履行企业的社会责任?

> 社会责任是指企业在其商业运作里对其利害关系人应负的责任。它超越了法律对组织所要求的义务,要求企业以一种有利于社会的方式进行经营和管理。

人们普遍认为社会责任就是通俗意义上的承担责任,企业应该承担经济责任、法律责任等，但这些责任只是社会责任的一部分，社会责任还包括企业环境保护、安全生产、社会道德以及公共利益等方面。

国际上有 ISO26000《社会责任指南标准》。2015 年 6 月 2 日，我国国家质检总局和国家标准委联合发布了社会责任系列国家标准，即《社会责任指南》、《社会责任报告编写指南》和《社会责任绩效分类指引》，这是我国社会责任领域的第一份国家层面的标准性文件。

社会责任国家系列标准中，《社会责任指南》是最核心的标准，主要对什么是社会责任、包含哪些内容、如何履行给出指导，其内容基本沿袭了 ISO26000 的理念，但也根据我国的实际情况进行了调整。

什么是社会责任？通俗来讲，就是组织要对自身的影响负责任，也就是对自己的决策和活动对社会和环境产生的影响负责，包括实际影响和潜在影响，也可以分为正面影响和负面影响。组织要处理实际影响，管理潜在影响，强化积极影响，避免、减轻、消除负面影响。

组织如何对影响负责？要通过透明且道德的行为，对影响负责。这种行为体现着组织主动担责的意愿，符合可持续发展理念，充分考虑利益相关方的利益，且要符合法律法规和国际行为规范。

要弄清自己的影响，包括对社会的影响，以及对利益相关方的影响。比如，通过自己现有的义务，包括法定义务（如法律规定或合同约定的义务），还有其他义务（如组织对社会的承诺）。另外，组织可以根据社会责任核心主题及其相关议题来确定自己的影响。

利益相关方是利益受到组织影响而与组织发生关系的团体或个人。受组织影响的是利益相关方的利益，这种利益既可以是实实在在的东西，也可以是某项权利，甚至可能只是希望被倾听而已。要根据这些利益，来确定组织的利益相关方。

识别利益相关方后，还要动员利益相关方参与。参与是双向沟通，所以要与利益相关方多互动，多听取他们的意见。在参与范围上，要坚持普遍性与针对性统一的原则，尽量扩大参与的范围，同时确保利益相关方的针对性。

社会责任国家系列标准中提出社会责任应遵循的七大基本原则：担责、

透明、合乎道德、尊重利益相关方、尊重法治、尊重国际行为规范、尊重人权。担责原则要求组织要对自身影响负责，不只要有担责意愿，还要有担责行为，对担责行为监督并对监督做出回应。透明、合乎道德两个原则是对组织担责行为的进一步要求，要求组织全面、准确、及时地披露社会责任相关信息，确保组织文化和理念符合道德要求，治理程序和结构符合和体现道德标准。尊重利益相关方原则要求组织尊重利益相关方的利益，并对其作出回应。尊重法治和尊重国际行为规范两个原则是对组织履行社会责任的基本规范，要求组织首先要遵守法律法规，然后在法律法规没有规定或缺失的情况下，尽量遵守相关国际行为规范。尊重人权原则要求组织从实际出发，切实尊重人权，促进人权的实现。

社会责任七大核心主题包括：组织治理、人权、劳工实践、环境、公平运营、消费者问题、社区参与和发展。

组织要想履行好社会责任，要把社会责任的理念渗透到组织的文化、制度和体系中，使组织各项活动都体现社会责任理念和精神。当然，融入并不是要组织重新建立一套体系，而是要将其渗透到现有的政策、制度、结构中去。在融入的过程中，少不了实时监测，还要定期根据目标评审实施情况不断改进。

在融入的过程中，利益相关方的参与必不可少。一方面要注意听取利益相关方的意见，改进组织社会责任实践；另一方面也要通过利益相关方参与，提高组织社会责任可信度。企业要提升组织社会责任活动的可信度，包括上面提到的利益相关方参与，还包括对不同的社会责任议题进行认证，如环境认证、产品安全认证等，还有就是加入有关协会，以及提高透明度。

利害关系人是指所有可以影响或者会被企业的决策和行动所影响的个体或群体，包括员工、顾客、供应商、社区团体、母公司或附属公司、合作伙伴、投资者和股东。

【观点 8-3】创业者普遍忽视企业的社会责任

> 创业企业最突出的社会责任问题如下：①劳动用工：不签合同，少交社保，缺少对员工的教育培训；②不注重环境保护，甚至在环保方面违法犯罪；③生产运营方面：提供不合格的产品，夸大产品功能；④财务数据造假，"两本账"现象严重。

8.4 技术可以替代价值观?

> 不仅每个中国人要践行社会主义核心价值观，每个中国企业也同样需要践行社会主义核心价值观。

2012 年 11 月，党的十八大提出，要倡导富强、民主、文明、和谐，倡导自由、平等、公正、法治，倡导爱国、敬业、诚信、友善，积极培育和践行社会主义核心价值观。这与中国特色社会主义发展要求相契合，与中华优秀传统文化和人类文明优秀成果相承接，是我党凝聚全党全社会价值共识作出的重要论断。

中国的创业者所创建的企业，作为我国社会的经济元素，同样需要践行二十四字核心价值观。

（1）"富强、民主、文明、和谐"是我国社会主义现代化国家的建设目标，也是从价值目标层面对社会主义核心价值观基本理念的凝练，在社会主义核心价值观中居于最高层次，对其他层次的价值理念具有统领作用。

（2）"自由、平等、公正、法治"是对美好社会的生动表述，也是从社会层面对社会主义核心价值观基本理念的凝练，它反映了中国特色社会主义的基本属性，是我党矢志不渝、长期实践的核心价值理念。

（3）"爱国、敬业、诚信、友善"是公民基本道德规范，是从个人行为层面对社会主义核心价值观基本理念的凝练，它覆盖社会道德生活的各个领域，是公民必须恪守的基本道德准则，也是评价公民道德行为选择的基本价值标准。

企业的经营活动和企业的员工都应该以上述价值观作为基本的价值观，结合企业自身的特点，形成企业自己的价值观。

近几年，基于互联网和移动设备的普及，在游戏、影视、网络媒体以及视频分享等领域催生了一批"独角兽"企业，如"抖音"、"快手"、"今日头条"、"火山视频"等。这些企业发展速度非常快，但却忽视了社会主义核心价值观，尤其是其中的"文明"。

然而一些技术创业者误认为技术可以替代价值观。随着自媒体的兴起，编辑的作用似乎开始弱化，而基于推荐引擎的商业媒体平台则更是让把关人变为"算法"，影响这个算法的则是内容受众自己。机器算法极大地延伸了人们获取信息的能力，但问题是大众在内容选择上本身是盲目的。技术虽然是中立的，但如何使用技术、传播何种内容却体现了技术使用者的价值观。他们对自己网站上传播的内容审核不严格，让内容低俗甚至涉黄的视频或者文字在网络上传播，在社会上造成了不良影响。

2017 年 4 月，央视在公开报道中批评了"今日头条"，原因是其推送涉黄内容，特别是"今日头条"旗下的"火山直播"，内容涉及大量穿着暴露的女主播，通过各种低俗不堪的表演以吸引用户观看。2017 年 12 月 29 日，网信办就传播色情低俗信息、违规提供互联网新闻约谈"今日头条"，责令其整改。

从商业的角度，用户需要什么内容，媒体就提供什么内容，这看起来天经地义。然而，媒体平台具有一定公共属性，应起到教化公众、提升公众品位的作用。进入移动资讯时代，内容由用户自己产生，平台将内容的生产权交给了用户，即新媒体从业者。然而从业者鱼龙混杂，部分从业者欠缺职业道德，没有道德底线。在平台方现金分成的刺激下，这些自媒体人开始刻意追求阅读量，而不是新闻报道内容本身。

这些野蛮生长的内容确实处于监管空白地带，所以一些企业才屡次犯错，而效仿者不断产生。2018 年 4 月 4 日，国家广播电视总局会同属地管理部门严肃约谈了"今日头条"、"快手"两家网站主要负责人。经查，两家网站除上述问题外，长期无视法规训诫，在不具备《信息网络传播视听节目许可证》的情况下持续顶风拓展视听节目服务，扰乱网络视听行业秩序。依据《互联网视听节目服务管理规定》，国家广播电视总局责令两家网站立即采取以下整改措施：①全面清查库存节目，对网站上的低俗、暴力、血腥、色情、有害问题节目要立即下线；②停止新增视听节目上传账户，全面排查现有账户，对上传了违法违规有害节目的，要采取关停上传功能、永久封号等处理措施；③追究播出违法违规有害视听节目的网站审核人员、主管人员责任；④网站节目的上传总量和上线播出总量应立即调减至与网站审核管理力量相匹配的规模，确保未经审核的节目不得播出。国家广播电视总局将视两家网站的整改效果，依法采取进一步处置措施。

对此，快手公司的回应很坚决："在这里，再次向所有因为我们而受到伤害的用户和朋友们致以最深的歉意，希望你们能一如既往地关心、批评和支持我们。感谢监管部门和社会各界一直以来对快手的指导和帮助，使我们有机会认真审视和修正自身存在的问题。我们目前做得不好，但我们相信，所有善意的批评和监管都将使我们变得更好。"

【观点 8-4】没有正确价值观的企业是要被社会唾弃的

> 没有正确价值观的企业，必然在是非善恶方面不予区分，这种企业的用户越多，对社会的危害越大。

【案例 8-2】快手 CEO 宿华的致歉信①

亲爱的朋友们：

今年是快手社区诞生的第 8 个年头。它就像我的孩子，我和我的团队耗

---

① 来源：快手宿华的官方微信公众号。

费了无数的心血，但它却并没有长成我们理想中的样子，平台上出现了不该有的内容，对社会造成了非常不好的影响。十分感谢中央电视台等媒体对快手的批评，让我清醒地认识到自己的不足。

所有信赖、喜欢快手的用户，以及关心爱护快手的朋友，我要向你们说声对不起。

我一直在反思，我们做快手社区的初衷是希望让每一个人都有能力记录自己的生活，每一个人都有机会被世界看到，从而消解每一个人的孤独感，提升每一个人的幸福感。现在看起来，我们做得不好，社区发展在一定程度上偏离了原来的方向。

如果社区发展不能遵循初心，一切会变得没有意义。社区运行用到的算法是有价值观的，因为算法的背后是人，算法的价值观就是人的价值观，算法的缺陷是价值观上的缺陷。

今天，快手爆发出来的问题，是长久以来我们一直没能重视的问题，我们不会推诿责任和逃避监管。快手渴望跟所有的用户一起，与这个国家、这个时代共成长。

我们将重整社区运行规则，将正确的价值观贯穿到算法推荐的所有逻辑之中，坚决抵制和删除违法违规及色情低俗视频，建立专门的青少年保护体系，打造一个风清气朗、健康向上的负责任的互联网社区。

一、用正确的价值观指导算法

1. 只有符合国家法律法规、遵循社会公序良俗的作品，才能进行算法推荐。

2. 所有的算法规则，必须服从健康积极、阳光向上的价值观。

3. 改进算法，优先推荐个性化的更符合用户兴趣的正能量作品，放大优秀作品的影响力、感染力。

4. 与高校开展 AI 技术及人才合作，不断提升视频分析理解方面的算法技术能力，并应用到视频管理策略中去。

二、梳理完善社区运行规则

1. 从即日起，无限期关闭推荐相似用户的功能，直到确保该功能完全绿色正能量。

2. 完善身份认证措施，对于未成年用户，将用专门的策略限制内容展现和设置相应的社区权限。

3. 加强用户引导和教育，严厉打击各类以不当方式吸引眼球的行为。

三、建立未成年人保护体系

1. 对视频进行分级，对于未成年用户可能看到的视频，进行严格过滤。

2. 未成年用户上传的视频中如含有各类不合适内容，严格清理并进行引导教育。

3. 禁止未成年人在不受监管情况下注册消费，如有侵犯未成年人权益，平台将主动退还消费款项。对成人账号疑似被未成年人使用消费情形，平台将限制消费额度，并采取多次提醒家长制度。

4. 建立相关未成年人保护公益基金，尽可能帮助面临困难的未成年人。

5. 在社区内成立未成年未婚早育危害宣传委员会，帮助快手平台内的年轻人树立正确的婚恋观、价值观。

四、坚决打击和清除低俗色情内容

1. 打击各类使用低俗标题、封面诱导点击的行为。

2. 对低俗与"擦边球"内容全量多轮人工审核，研发升级算法识别体系。

3. 积极配合公安机关，对违反社会治安、行为可疑或体现明显恶意的用户进行举报。

4. 对色情内容"零容忍"，联合多平台共同打击跨网络犯罪团伙。

五、借助各方力量，共建清朗快手

1. 积极接受政府有关部门管理和指导，改进优化审核规则和算法推荐。

2. 邀请法律、传播、社会、伦理等领域学术专家，组建短视频内容合规性研究委员会，加大对视频内容合规性案例的分析研判。

3. 与高等院校和科研机构合作，利用平台获取的海量视频大数据，探讨用户体验和社会责任的合理界限。

4. 优化举报处置流程，加强举报处置团队建设，着手研究举报核实奖励机制，组建社区监督员队伍。

此时此刻，我必须再一次向所有因为我们的错误而受到伤害的用户和朋友们致以最深的歉意，希望你们能一如既往地关心、批评和支持我们。我也真诚接受并感谢媒体的监督与批评，认真落实管理部门的指导意见，不断优化和提升社区品质。

快手社区一路走来，离不开每一个用户的真诚陪伴。无论如何，我都希望你们相信，记录这个世界每个人平凡而美好的生活，让我们共同见证时间沉淀后的记录价值，是我永不改变的追求。

我希望总是能与你们站在一起。

2018 年 4 月 3 日

8.5　如何避免非法集资陷阱？

> 在当今法治社会，君子爱财，不仅要"取之有道"，还要合法合规。在企业融资过程中，切勿非法集资。

在全国范围内，非法集资类案件每年都在千起以上，而未浮出水面的非法集资事件则不知其数。这说明人们对于非法集资警戒心不够，而对于非法获财的贪欲太过于强烈。

"非法集资"并非一个特定罪名，而是类似犯罪行为的统称。主要有以下三种罪名：

8.5.1　非法吸收公众存款罪

非法吸收公众存款罪是指违反国家金融管理法律、法规的规定，非法吸收公众存款或者变相吸收公众存款，扰乱金融秩序的行为。非法吸收公众存款罪的行为人没有非法占有他人财物的目的，而是意图通过非法吸收公众存款来营利。《中华人民共和国刑法》第 176 条规定："非法吸收公众存款或者变相吸收公众存款，扰乱金融秩序的，处三年以下有期徒刑或者拘役，并处或者单处二万元以上二十万元以下罚金；数额巨大或者有其他严重情节的，处三年以上十年以下有期徒刑，并处五万元以上五十万元以下罚金。单位犯前款罪的，对单位判处罚金，并对其直接负责的主管人员和其他直接责任人员，依照前款的规定处罚。"

《最高人民法院关于审理非法集资刑事案件具体应用法律若干问题的解释》（法释〔2010〕18 号）规定，实施下列行为之一，应当依照刑法第 176 条的规定，以非法吸收公众存款罪定罪处罚：

（1）不具有房产销售的真实内容或者不以房产销售为主要目的，以返本销售、售后包租、约定回购、销售房产份额等方式非法吸收资金的；

（2）以转让林权并代为管护等方式非法吸收资金的；

（3）以代种植（养殖）、租种植（养殖）、联合种植（养殖）等方式非法吸收资金的；

（4）不具有销售商品、提供服务的真实内容或者不以销售商品、提供服务为主要目的，以商品回购、寄存代售等方式非法吸收资金的；

（5）不具有发行股票、债券的真实内容，以虚假转让股权、发售虚构债券等方式非法吸收资金的；

（6）不具有募集基金的真实内容，以假借境外基金、发售虚构基金等方式非法吸收资金的；

（7）不具有销售保险的真实内容，以假冒保险公司、伪造保险单据等方式非法吸收资金的；

（8）以投资入股的方式非法吸收资金的；

（9）以委托理财的方式非法吸收资金的；

（10）利用民间"会"、"社"等组织非法吸收资金的；

（11）其他非法吸收资金的行为。

《最高人民法院关于审理非法集资刑事案件具体应用法律若干问题的解释》中的"向社会公开宣传"，包括以各种途径向社会公众传播吸收资金的信息，以及明知吸收资金的信息向社会公众扩散而予以放任等情形。

《最高人民法院关于审理非法集资刑事案件具体应用法律若干问题的解释》规定，下列情形应当认定为向社会公众吸收资金：

（1）在向亲友或者单位内部人员吸收资金的过程中，明知亲友或者单位内部人员向不特定对象吸收资金而予以放任的；

（2）以吸收资金为目的，将社会人员吸收为单位内部人员，并向其吸收资金的。

《最高人民法院关于审理非法集资刑事案件具体应用法律若干问题的解释》规定，非法吸收或者变相吸收公众存款，具有下列情形之一的，应当依法追究刑事责任：

（1）个人非法吸收或者变相吸收公众存款，数额在 20 万元以上的，单位非法吸收或者变相吸收公众存款，数额在 100 万元以上的；

（2）个人非法吸收或者变相吸收公众存款对象 30 人以上的，单位非法吸收或者变相吸收公众存款对象 150 人以上的；

（3）个人非法吸收或者变相吸收公众存款，给存款人造成直接经济损失数额在 10 万元以上的，单位非法吸收或者变相吸收公众存款，给存款人造成直接经济损失数额在 50 万元以上的；

（4）造成恶劣社会影响或者其他严重后果的。

8.5.2　集资诈骗罪

集资诈骗罪是指以非法占有为目的，使用诈骗方法非法集资，数额较大的行为。集资诈骗罪的行为人主观上具有非法占有他人财物的目的，意图直接占有所募集的资金。《中华人民共和国刑法》第 192 条、第 193 条、第 199 条、第 200 条、第 224 条规定，犯集资诈骗罪的，处 5 年以下有期徒刑或者拘役，并处 2 万元以上 20 万元以下罚金；数额巨大或者有其他严重情节的，处 5 年以上 10 年以下有期徒刑，并处 5 万元以上 50 万元以下罚金；数额特别巨大或者有其他特别严重情节的，处 10 年以上有期徒刑或者无期徒刑，并处 5 万元以上 50 万元以下罚金或者没收财产；数额特别巨大并且给国家和人民利益造成特别重大损失的，处无期徒刑或者死刑，并处没收财产。

《最高人民法院关于审理非法集资刑事案件具体应用法律若干问题的解释》规定，以非法占有为目的，使用诈骗方法非法集资，个人进行集资数额在 10 万元以上的，单位进行集资数额在 50 万元以上的，应追究刑事责任。使用诈骗方法非法集资，具有下列情形之一的，可以认定为"以非法占有为目的"：

（1）集资后不用于生产经营活动或者用于生产经营活动与筹集资金规模明显不成比例，致使集资款不能返还的；

（2）肆意挥霍集资款，致使集资款不能返还的；

（3）携带集资款逃匿的；

（4）将集资款用于违法犯罪活动的；

（5）抽逃、转移资金、隐匿财产，逃避返还资金的；

（6）隐匿、销毁账目，或者搞假破产、假倒闭，逃避返还资金的；

（7）拒不交代资金去向，逃避返还资金的；

（8）其他可以认定非法占有目的的情形。

8.5.3　擅自发行股票、公司、企业债券罪

擅自发行股票、公司、企业债券罪是指未经国家有关主管部门批准，向社会不特定对象发行、以转让股权等方式变相发行股票或者公司、企业债券，或者向特定对象发行、变相发行股票或者公司、企业债券累计超过 200 人的，应当认定为《刑法》第 179 条规定的"擅自发行股票、公司、企业债券"。构成犯罪的，以擅自发行股票、公司、企业债券罪定罪处罚。

股权众筹在全世界刚刚兴起，美国通过立法使得股权众筹成为合法，而我们国家目前还在立法阶段，在法律出台之前，还属于法律空白。虽然国家鼓励和提倡发展股权众筹，但股权众筹一定要在我国现行法律体系的约束下合法合规进行。

创业者在了解上述关于非法集资的基本知识之后，可以审慎地设计自己的融资方案。在企业需要融资的时候，不妨仔细检查自己的融资方案，必要时请金融专业律师协助策划融资方案，避免步入非法集资陷阱。

【观点8-5】创业者融资过程中最好有专业律师指导，切勿轻信各种变通方法

创业融资中流行的一些变通方法并不一定都合法，创业者融资过程中，最好聘请专业律师，避免非法集资风险。例如设立多个股权合伙企业来实现扩大股东人数（超过200人），如果股权合伙企业未经基金业协会备案，那就需要"击穿"处理，以合伙企业的自然人股东来计算全部股东人数。

8.6 如何避免非法的资本运作?

资本运作是通过对资产的有效重组实现经营效率的提升，从而提升企业在资本市场中的估值水平。

在创业者获得初步创业成功之后，身边就会冒出这样一些人，他们声称可以为你提供资本运作帮助，让你快速扩大规模并尽快实现资本市场公开上市，获得二级市场溢价。这些顾问会声称，靠实业赚钱很辛苦，靠资本赚钱更快速。

关于资本运作，百度百科给出的一个定义是：利用资本市场，以小变大、以无生有的诀窍和手段，通过买卖企业和资产而赚钱的经营活动。这个定义给创业者无穷的想象力，仿佛"无生有"、"小变大"就这么一瞬间就实现了。

在《风险投资家》一书中，风险投资家为企业提供增值服务，其中资本运作就是关键的服务内容。书中定义资本运作是指以资本增值为目的，以价值管理为特征，将企业的各类资本不断地与其他企业、部门的资本进行流动与重组，实现生产要素的优化配置和产业结构的动态重组，以达到本企业自有资本不断增加这一最终目的。

然而，资本运作在一些不法分子手中走偏了，一些人把资本运作和传销结合，还有的人虚假出资，左手倒右手，虚构出一个企业帝国。

新型传销打着"资本运作"的旗号进行，并自诩为"阳光工程"。典型的案例如 1040 工程。这种传销，以亲情和友情的名义游说，以国家项目为幌子，虚构领导人讲话，再以巨额利润为诱饵，经过洗脑周期后，让你对财富的欲望达到顶峰，占据你全部的心灵空间。

【观点 8-6】企业在资本市场的价值表现取决于客户价值和经营效果

> 没有创造客户价值的资本运作就像是诈骗，没有经营效率提升的资本运作，就像是包装和圈钱。创业者必须清楚，一个企业在资本市场的价值表现，根本上取决于创造的客户价值和企业的经营效果。

【案例 8-3】吴小晖保险帝国的崩坍

吴小晖可以被称为是资本运作高手，但前提条件是他所设立的每一家公司的出资是真实的。保险企业收取保费为购买保险的人提供最后的保障，这样的行业岂能虚假出资或者出资不实？

安邦财险以代销车险起家，2004 年才在北京开设第一家分支机构，首任董事长乃时任上海汽车集团总经理胡茂元。2005 年，安邦财险第一次增资引进新股东央企中石化集团，注册资本也由 5 亿元增至 16.9 亿元，中石化成为与上汽集团并列的第一大股东，持股 20%。随后几年，安邦财险不断增资。到 2011 年 6 月，安邦财险完成第五次增资至 120 亿元，并重组更名为安邦保险集团。成为集团后的安邦，更是在 2014 年两度巨额增资，注册资本猛增至 619 亿元，成为全国注册资本最高的保险公司。

另外，安邦于 2010 年收购瑞福德健康保险，并更名为"和谐健康"，拿下健康险牌照。同年，安邦人寿成立，寿险牌照收入囊中。2011 年，安邦资产管理有限责任公司成立，资管牌照又被拿下。2014 年，安邦养老成立，收入养老牌照。短短四年时间，安邦拿下四张牌照。

保监会规定的第十三条终是打破了新年的梦幻，安邦集团被接管，原董事长、总经理吴小晖因涉嫌经济犯罪，被依法提起公诉。

保监会通知显示，自 2018 年 2 月 23 日起至 2019 年 2 月 22 日止，保监会开启对安邦为期一年的接管工作，并专门成立安邦保险集团接管工作组，由保监会发改部主任何肖锋领导，对公司所有资金往来、资产买卖、信息发布、除传统保险业务外的合同签订等进行接管。

据财新此前一篇《穿透安邦魔术》文章透露，安邦 37 家股东背后，通过 101 家公司层层叠叠可上溯到 86 名个人股东，均为安邦保险集团实际控制人吴小晖在浙江老家的亲属团。2014 年前后，吴小晖正式接替胡茂元成为安邦集团法定代表人。

对于吴小晖和安邦保险的行为，高层多次发出过警告和暗示。比如 2018 年 1 月 17 日，银监会主席郭树清在《人民日报》二版头条的位置发表文章谈金融监管。他在文章里警告说：少数不法分子通过复杂架构，虚假出资，循环注资，违规构建庞大的金融集团，已经成为深化金融改革和维护银行体系安全的严重障碍，必须依法予以严肃处理。

2018 年 1 月 31 日，保监会通过官网公布了保监会副主席陈文辉在厦门一次会议上的讲话：个别公司资本不实和股东占款，实际控制人挪用占用保险资金，自我注资、循环使用、虚增资本。……要牢牢树立依法合规意识。国家法律和监管制度是红线，绝不允许出现所谓的"特殊"公司，任何机构挑战法律的权威和监管的底线，都要付出追悔莫及的代价。

2018 年 2 月，上海检察院一分院对吴小晖提起公诉。公诉人的起诉书指控："2011 年 7 月，在投资型保险产品销售金额超过保监会批复规模后，吴小晖无视监管规定，仍然下达超大规模销售指标"，"虚构偿付能力，披露虚假信息，持续向社会公众进行虚假宣传"，"吴小晖在非法集资的过程中，采用了虚构安邦财险偿付能力及利润、隐藏保费收入和资金真实去向，持续向社会公众提供虚假财务报表等诈骗方法"，"吴小晖将非法吸收的公众资金假借投资等名义转移至个人实际控制的产业公司非法占为己有。"

2018 年 3 月 28 日，上海市第一中级人民法院公开审理此案，2018 年 5 月 10 日，上海市第一中级人民法院宣判：对吴小晖以集资诈骗罪判处有期徒刑 15 年，剥夺政治权利 4 年，并处没收财产人民币 95 亿元；以职务侵占罪判处有期徒刑 10 年，并处没收财产人民币 10 亿元。最终合并执行有期徒刑 18 年，剥夺政治权利 4 年，并处没收财产人民币 105 亿元，违法所得及其孳息予以追缴。

判决书中说，2011 年至 2017 年 1 月，吴小晖指令他人采用制作虚假财务报表、披露虚假信息、虚假增资、虚构偿付能力、瞒报并隐匿保费收入等手段，吸收巨额保险资金，并违规将这些超额募集的保费移至其个人实际控制的百余家公司，用于其个人归还公司债务、投资经营、向安邦集团增资等，至案发时涉及金额 652 亿元。判决书中还提到吴小晖利用职务便利非法侵占安邦财险保费资金 100 亿元。

8.7   如何辨别和避免陷入传销模式?

> 传销参与者为了财富不择手段，他们为了巨大的利益而昧着良心夸大产品的好处。

戴尔创造的电脑直销模式取得了巨大的成功。直销这种销售方式是企业直接面对消费者销售，没有任何中间商，一般在 to B 的业务中采用，在 to C 的业务中，直销需要企业面对众多的 C 端客户，而且需要自建销售团队，往往效率较低，但没有中间销售费用。通过代理销售，可以快速建立销售渠道，但需要花费中间费用。因此，大多数 to C 的厂商愿意采用代理销售的模式，利用代理商的渠道快速送达全国甚至全世界的客户。戴尔的直销模式除了去掉了中间商之外，还发挥了直销人员更强大的服务客户功能，满足每个客户需求的 C to B（客户定制化）能力，直接与顾客群体建立联系，以便更加了解客户的需求，提供完善的技术服务。

戴尔的定位是"IT 服务专家"，通过销售人员直接提供服务。传统的电脑公司则需要在中间商销售电脑之后，建立强大的售后服务团队来为客户进行服务。

　　和直销类似，传销看起来也没有中间商，所以传销者经常会说自己的模式是直销。实际上，两者有着本质的区别。直销这种模式，销售人员是企业的员工，而在传销模式中，传销者不是企业的员工，他们本质上是以自然人形式而存在的代理商，这些代理商花上一定的费用，获得代理资格，然后销售产品。传销者的重点不在于能为客户提供服务，而在于如何想办法把下线建立起来，即对潜在传销者进行洗脑，建立起人们对于模式（而非产品）的信念，利用人们追求一夜暴富的心态，拉人头"入会"，然后从下线的"入会"费中提取多级收益。传销让人对财富的追求变得疯狂，传销者大多从自己的亲人开始，然后从亲人的亲人、朋友和朋友的朋友入手进行"销售"。随着互联网的发展，传销的形式也通过传统的线下成交到网上成交，变得非常隐蔽。

　　有一种温和的传销（不限制行动自由，入会费较低）极其隐蔽。由于社会危害性小，不容易造成群体事件，所以政府部门打击的力度也小。这类传销一般销售一些通过正常销售渠道难以售卖的产品，例如没有品牌的劣质次品、一些无法用科学方法验证神奇效果的保健品等。这类传销瞄准特殊人群，例如"空巢"老人、农村待业青年。

　　"空巢"老人一般退休在家，心灵空虚，传销者乘虚而入，通过不厌其烦的洗脑和热情的服务，满足了这类人群的心理需要。有的老人还渴望通过财富来实现此生没有实现的"人生价值"。这些传销产品打健康牌，说"健康是1，财富是0，再多的财富，没有健康都是0"，然后推荐老人购买自己的"健康产品"。例如某螺旋藻、某黑茶、某醋、某床垫等诸如此类产品。由于这类传销比较温和，不容易引起群体事件，参与者似乎相信了产品的效用。而且传销组织者会采取很多方法来掩饰自己传销的本质，例如申请各类政府奖励、与大学合作建立研发基地、请一些专家坐台、编造一些子虚乌有的领导人讲话，以此来蒙骗潜在的传销者。老人们有时候把养老钱全部押上，但由于难以找到下线，只好自己消费这些"保健品"。

　　农村待业青年由于见世面少缺少判断力，但也有渴望成功的强烈欲望，突然有这么好的项目可以参与，他们一般都会丧失抵抗力，积极参加到传销项目中。如若亲友反对，他们还以为亲友在自己的成功路上设置障碍。有的传销以此类人群为突破口。例如，很多人推荐的购物网站，实质上是以传销为模式的在线购物网站，云在指尖、太平洋直购就是其中典型的电子商务传销网站。

根据《中华人民共和国刑法》第 224 条规定，组织、领导以推销商品、提供服务等经营活动为名，要求参加者以缴纳费用或者购买商品、服务等方式获得加入资格，并按照一定顺序组成层级，直接或者间接以发展人员的数量作为计酬或者返利依据，引诱、胁迫参加者继续发展他人参加，骗取财物，扰乱经济社会秩序的传销活动的，处 5 年以下有期徒刑或者拘役，并处罚金；情节严重的，处 5 年以上有期徒刑，并处罚金。

【观点8-7】传销是社会的毒瘤

> 传销，不仅严重扰乱社会正常的经济秩序，严重危害社会稳定，而且严重破坏社会诚信体系，冲击社会伦理道德底线，是将亲朋好友都拉入泥潭的传染性"毒瘤"，危害极大，背后是无数家庭的妻离子散、家破人亡。

【案例8-4】太平洋直购、"云在指尖"等传销大案

1. 太平洋直购

精彩生活公司于 2007 年 7 月 13 日在江西省南昌市工商局注册成立，公司旗下的电子商务平台"太平洋直购官方网"于 2008 年 12 月 18 日正式上线运营。凭借如此"超前"的经营理念和雄厚的营业额，太平洋直购官方网得到了当地政府的青睐。当地政府不仅免费为太平洋直购官方网提供了整层楼的精装修办公室，还提供了很多优惠政策。2010 年 9 月 20 日，作为政府招商引资的电子商务龙头企业，太平洋直购官方网顺利进驻江西慧谷红谷创意产业园。2012 年 6 月 1 日，江西精彩生活投资发展有限公司（以下简称精彩

生活公司）原董事长唐庆南因涉嫌组织领导传销活动罪被逮捕。

2014 年 5 月 29 日，江西高院终审宣判：维持一审原判。第一被告人被判 10 年有期徒刑，罚金 4000 万元，其他 5 人分别被判 8 年到 3 年有期徒刑。至此，太平洋直购官方网发展会员 680 多万人，敛财近 38 亿元。

在唐庆南等制定的"游戏规则"中，网站注册会员缴纳 7000 元购买 1000PV 后便可成为最低级别的"合格诚信渠道商"，并获得 20%PV 返利，从普通会员到顶级"全球诚信渠道商"，会员级别多达 16 级，缴纳 7000 万元保证金成为顶级会员后则可获 71%PV 返利。

2. 云在指尖

无独有偶。"只要一部手机，一个微信账号，消费 128 元就能代理整个商城产品，在家里发链接，就能轻松月入上万，甚至十几万！"这段充满诱惑的描述，最终让 260 万人陷入微商传销骗局。2016 年 9 月，咸宁市工商行政管理局对广州云在指尖电子商务有限公司做出行政处罚决定，认定该公司从事传销违法行为，涉案公众号"云在指尖"关注人数达 2400 万余人，缴费人数达 260 万余人，涉案金额 6.2 亿余元，没收违法所得 3950 万元，并处 150 万元罚款的处罚。2016 年 9 月 12 日，腾讯公司发布《微信公众平台关于整顿新型多级分销欺诈行为的公告》，对类似传销的多级分销欺诈行为开展专项打击治理行动。腾讯公司警示微信用户：天上掉馅饼，别轻信。尽管新的传销模式多被套上不同的商业模式，隐蔽性变强，但其实它的本质是不变的——通过层层分销机制，不依靠商品盈利，而是通过发展下线和向下压货来赚取利润。广大用户在面对花花世界的诱惑时，切勿相信"多层分佣""高额返利"等，要保持清醒，认清本质。

3. 百川币

在滨州市公安局沾化分局侦破的"百川币"互联网传销案件中，传销组织也假借"互联网+""一带一路"旗号，发展所谓"互联网金融"，涉及 24 个省区市 90 余万会员，会员层级多达 253 层，涉案金额 21 亿元。"百川币"传销组织主要头目仅有小学文化，却能把传销活动说成符合国家"互联网+"战略的重大项目，连地方党政干部也被蒙蔽，甚至为其站台。根据警方介绍和网上流传的地方电视台报道视频显示，这个传销组织曾于 2015 年召开 700 多名会员参与的"百川世界互联网峰会"，会议地点选择在中部某省一地级市市委党校，该市副市长到会致辞，商务局局长、副局长等领导干部出席。

4. 广西"资本运作"系列传销案

2018 年 5 月 14 日，广西壮族自治区公安厅召开新闻发布会。据悉，传销犯罪在广西的活动手法出现新的变种，传销人员交纳申购款、获取返利分红，都是通过第三方支付和现金交易，不留下传销申购单，不开具凭证。2017 年至 2018 年 4 月，全区公安机关共破获组织、领导传销活动犯罪案件 799 起，逮捕 1497 人，破获一大批在全国、全区有影响的大案要案。

这些传销违法犯罪活动，以打着"纯资本运作""阳光工程""北部湾工程""西部大开发""东盟商务开发""1040 工程"等名义的传统传销为主，犯罪形式多样，比如"拉人头式"传销，大多数是在广西发展外省人。

2017 年 5 月 1 日，南宁市公安局调集 2600 名民警，对"16·414"特大传销专案实施统一收网行动，共抓获 6 个传销组织 368 名涉嫌传销人员。这些人主要来自东北三省及山东、浙江等地。其中，有 82 人为传销"老总"级别，249 人为传销骨干人员，37 人为传销下层人员。行动中，警方查获涉案车辆 57 辆，查扣电脑、银行卡、传销账本、传销网络图等涉案物品一批。

经查，该传销组织以"纯资本运作""连锁经营"等投资项目为名，要求参加者缴纳 69800 元购买 21 份虚拟份额获得加入资格，并按照一定顺序组成上下线网络层级，以直接或者间接发展人员的数量作为计酬返利依据，引诱参加者继续发展他人参加，涉及人员 8000 余人，涉案金额 15.19 亿元。

8.8　收取的押金处置不当会怎么样?

> 资金池中金光璀璨，但诱惑中暗藏陷阱。押金不是企业的收入，企业负有返还押金的义务，所以创业者不能对押金动歪心思。

在金融学中，如果不需要投资就可以获利，这种情况叫作无风险套利，金融学认为，这种机会稍纵即逝，不可能长期存在，因为有大量套利交易者在场。在实体企业经营中，从现金流角度看，若有一种商业模式可以提前收取客户的使用费用，然后再提交产品或者服务，这种商业模式将消除市场风险，而且无须大量的投资，极端情况下任何投资都不需要。

押金，对于厂商来说，有返还给客户的义务，所以当企业收取客户的押金之后，企业应当妥善使用押金，避免出现押金兑付不了的情况。另外，企业应该诚信经营，不能收取押金之后一走了之。

类似押金的还有健身房的健身卡、电商或者线下商铺（超市）发的消费卡、餐馆的储值卡、租房交的房屋押金。

一些创业公司瞄准用户的押金，将押金看成一种商业模式。例如"家给我"的 CEO 王乐接受采访时称，他们会利用账期沉淀押金做金融业务；做家居租赁的创业公司租立方则跟优拜的投资人想法一样，利用押金沉淀获取利润。

在自行车租赁业，收押金成了业内通用的商业模式。町町单车因为押金被挪用，结果导致公司法人被抓。但押金并不是企业的收入，所以不能成为商业模式。企业还需要通过获得销售收入的方式获取经营活动现金流，这才是根本。目前哈罗单车、骑呗单车、小白单车、永安行做的共享单车等都接入了芝麻信用分，对用户免押金，更加方便用户骑行。

【观点 8-8】"押金"本身并不是一个商业模式

"押金"本身并不是一种商业模式，也不能挽救一个无法实现盈利的公司。靠押金来圈钱，最后的结局必将是悲剧。

【案例 8-5】町町单车的押金哪去了？

町町单车由南京铁拜网络科技有限公司运营，于 2016 年 11 月成立，"90

后"丁伟为创始人和原法定代表人。町町单车的使用方法与其他单车并未有较大不同，扫码解锁，每半小时 0.5 元。最大的不同就是该单车车身为绿色，与后来进入南京的摩拜、ofo 和小蓝单车并称"红黄蓝绿"。

从 2018 年 2 月开始，不断有用户在町町单车官方微博下反映押金和余额难退，4 月 22 日，町町单车官微发布了最后一条微博，并且关闭了评论。随后，不断有当地媒体报道町町单车押金难退的问题，起初联系人工客服后还可实现快速退款，不久用户发现客服逐渐离职，电话也很难再打通。町町单车账上的押金被丁伟的父母转走，是造成资金链断裂的关键原因。

町町单车用户维权代表马先生讲述了用户们艰难的维权过程。马先生在 6 月 20 日就申请了退款，但直至今日仍未成功。在建立维权 QQ 群之后，人数从 100 多人迅速增至目前的四五百人。在 8 月 6 日之前，一些用户通过向町町单车注册地所在的南京市栖霞区市场监督管理局马群分局投诉，陆续拿回了押金。不过 8 月 6 日后，用户们陆续收到了栖霞区市场监督管理局马群分局发送的短信，称 8 月 1 日已经无法与町町单车取得联系，该公司已不在登记住所经营，8 月 2 日已将其列入企业经营异常名录，因此终止调解。

于是马先生号召大家报警，但单人报警后的结果都是金额太小无法立案。8 月 8 日，他带着未退款的 200 人名单去了町町单车所在辖区马群派出所。马先生也找到了南京市工商局，"市工商局的回应是能做的都做了，包括列为异常经营公司、冻结股权转让和对公账户。建议我要么走法律途径，要么联系省消协代为起诉"。省消协方面表示，此事的受害主体明确，不符合代为起诉的条件，最终还是建议争取警方立案或者司法解决。

南京马群派出所就町町单车一事进行了调查，最后的调查结果是不予立案。15 万町町单车用户，已退还押金的用户数为 14 万，目前尚余 1 万用户的押金未退还，町町单车的公司账户上尚有 2 万元余额，市面上留存着 1 万余量单车，总价值高达千万元。

现在町町单车正在走正常的公司破产程序，创始人丁伟说："我非常想把押金的事解决了，但这都需要钱。而我现在去筹钱还押金根本不现实，我身上有近 200 万元的债，以后不知道还有多少。"

8.9　人情往来如何避免行贿罪？

> 创业者要保持清醒的头脑，利用正当的商业往来方式，切勿走上行贿犯罪道路。

相较于西方社会，中国是一个人情社会，更加重视人情往来，但在创业者的人情往来中，稍有不慎，都可能会触犯刑法。这不只是企业与政府主管部门之间才会存在，企业与事业单位之间、企业与企业之间，都有法律红线存在。这就是行贿罪和商业贿赂罪。

通常我们所说的行贿罪是指由自然人构成的行贿犯罪，而对于单位作为犯罪主体具有的行贿行为，是单独被规定为单位行贿罪的。

根据《刑法》第 390 条规定，对行贿罪的处罚有以下情形：

（1）对一般行贿罪，处 5 年以下有期徒刑或拘役；

（2）因行贿谋取不正当利益，情节严重的，或者使国家利益遭受重大损失的，处 5 年以上 10 年以下有期徒刑；

（3）情节特别严重的，处 10 年以上有期徒刑或者无期徒刑，可以并处没收财产，关于情节严重、情节特别严重的标准，法律未作具体规定；

（4）犯本罪的，因行贿取得的违法所得归个人所有的，依照《刑法》第 389 条、第 390 条规定的行贿罪定罪量刑。

单位行贿是由单位集体研究决定或者由其负责人决定以单位名义实施，获取的不正当利益也归单位所有。犯本罪的，对单位判处罚金，对单位直接负责的主管人员和其他直接责任人员，处 5 年以下有期徒刑或拘役。如果在单位行贿犯罪中，直接负责的主管人员和其他直接责任人员将单位行贿所取得的非法利益中饱私囊，归个人所有的，以个人行贿罪处罚。法律对单位犯行贿罪的往往采取的是双罚制，此时既要对单位进行处罚，同时也要对直接负责的责任人员进行处罚。

2012 年 12 月 31 日，最高人民法院、最高人民检察院联合发布《关于办理行贿刑事案件具体应用法律若干问题的解释》，对行贿罪的定罪和量刑标准予以明确。该解释规定，为谋取不正当利益向国家工作人员行贿，数额在 1 万元以上的，应按行贿罪追究刑事责任，处 5 年以下有期徒刑或者拘役。行贿数额在 20 万元以上不满 100 万元，或在 10 万元以上不满 20 万元，并具有四种特定情节之一的，属于法律规定的"情节严重"；因行贿谋取不正当利益，造成直接经济损失在 100 万元以上的，应认定为"使国家利益遭受重大损失"。行贿数额在 100 万元以上；或者造成直接经济损失在 500 万元以上；或者在 50 万元以上不满 100 万元，并具有四种特定情节之一的，属于"情节特别严重的"。

此外，企业间交往产生的贿赂问题，也有专门的罪名，即商业贿赂。商业贿赂是指经营者以排斥竞争对手为目的，为争取交易机会，暗中给予交易对方有关人员和能够影响交易的其他相关人员以财物或其他好处的不正当竞争行为，是贿赂的一种形式，但又不同于其他贿赂形式。针对商业贿赂，《反不正当竞争法》第 8 条规定，经营者不得采用财物或者其他手段进行贿赂以销售或者购买商品。在账外暗中给予对方单位或者个人回扣的，以行贿论处；对方单位或者个人在账外暗中收受回扣的，以受贿论处。经营者销售或者购买商品，可以以明示方式给对方折扣，可以给中间人佣金。经营者给对方折扣、给中间人佣金的，必须如实入账。

商业贿赂行为中构成犯罪的，适用刑法第 163 条规定：公司、企业或者其他单位的工作人员利用职务上的便利，索取他人财物或者非法收受他人财物，为他人牟取利益，数额较大的，处 5 年以下有期徒刑或者拘役；数额巨大的，处 5 年以上有期徒刑，可以并处没收财产。公司、企业或者其他单位的工作人员在经济往来中，利用职务上的便利，违反国家规定，收受各种名义的回扣、手续费，归个人所有的，依照前款的规定处罚。同时，《刑法》第 164 条规定：为牟取不正当利益，给予公司、企业或者其他单位的工作人员以财物，数额较大的，处 3 年以下有期徒刑或者拘役；数额巨大的，处 3 年以上 10 年以下有期徒刑，并处罚金。

商业贿赂入罪标准为：给付方个人行贿在 1 万元以上的，单位行贿数额在 20 万元以上的；商业贿赂的收受方如果将收受的贿赂款归个人所有，数额达到 5000 元以上的应予追诉。

一般贿赂罪侵害了国家廉洁制度，而商业贿赂罪侵害的客体是社会主义市场经济秩序。前者的社会危害性大于后者，因此刑法规定对一般贿赂罪的处罚后果重于商业贿赂罪。商业贿赂行为中的商业行贿是《反不正当竞争法》打击的重点，而《刑法》对受贿人的制裁远远重于行贿人。

【观点 8-9】人情往来切勿走歪，贿赂犯罪害己害人

在生意交往中，不要把超出法律界限的"人情往来"习以为常。走歪了人情，最终可能落得个"害人害己"的下场。

9　正视成败，做人生赢家

创业项目失败，并不等于创业者的失败。创业者真正的瓶颈，正是创业者自己。每一次失败，创业者都在成长。在创业者取得初步成功之后，内部创业或者二次创业势在必行。

创业过程中要有充沛的体力并保证身心健康，在创业成功之后切忌恣意妄为，要做力所能及的公益活动。

9.1 创业失败有哪些客观原因？

> 一次创业的失败并不等于创业者的失败。

创业者面对的是高度不确定的市场，失败可以说是创业项目的常态。据统计，创业者第一次创业失败率高达 88%。但一次创业的失败，并不等于创业失败。从客观上讲，创业失败有来自市场、竞争、资金、团队和技术五大风险要素，它们会直接导致创业项目的失败。

9.1.1 产品缺少市场，而你又过早地投入了太多资金和人力

这个问题反映的是商机判断的能力。你能够洞察到特定客户的需求，但满足这种需求给客户带来的价值和解决需求所花费的代价之间无法平衡。一定要选择具有巨大的应用场景的产品进行研发，而且客户愿意付费，或者你可以从第三方收到足够的广告费来弥补研发投入的成本。如果时机未到，而你是早早的先行者，那么请一定熬过市场教育期。

9.1.2 竞争对手开发能力比你还强，进入市场的行动比你还快

市场太大、竞争对手太强，是一些创业项目失败的原因。这是选择风口进行创业的创业者经常遇到的。在风口创业，你自身必须非常强大，而且能够整合一个顶级团队。

9.1.3 资金不足

在耗尽最后的资金之前，尚未使产品面世。出现这种情况的创业者选择了自己和团队依靠有限的资金实力但无法撬动的创业项目，而自己却乐观地认为，项目可以获得投资人后续资金的支持。一定要记住，投资人很少雪中送炭。

9.1.4 团队能力欠缺，特别是营销能力的欠缺

这使你的项目在投入巨资研发之后却不能够得到市场积极的反馈。有时候，重要团队成员离开，可能是创业领导者没有设计好股权架构，或者创始

人领导力不足，没有办法凝聚团队。

9.1.5　技术趋势发生变化，而你决策缓慢，最终逐渐走向衰落

最著名的案例就是柯达公司，没有主动迎接数码时代的到来，而失去了发展先机。

【观点9-1】创业失败的客观原因，大多数可以通过训练和审慎的决策避免

> 经过专门的创业训练，大部分客观原因导致的失败都可以避免。有时不得不采取避免失败的方式，就是暂缓开始你的创业，审慎地进行创业决策。

【案例9-1】营销能力不足导致创业失败①

营销能力是创业者及其团队需要具备的第一能力。对客户洞察不足，选择了错误的方法进行市场调研，结果得到了错误的结论。这种情况源于产品设计之初创业者的冲动决策。

我收到了不少潜在用户的积极反馈，这些数据表明用户对我们的理念和产品有着浓厚兴趣。我们以为这些反馈都是真实的，我们真是傻瓜。如果我们进行更深入的调查，我们可能就会改变成立创业公司的决定——人们说这是一个好主意并不意味着事实就是如此。

事实表明，即使潜在客户想要得到解决方案，但实际上并不一定会付出代价去解决这一问题。如果这一问题不够紧迫，不足以引发明显困扰，人们就会容忍其存在，避免花钱解决这一问题。主要教训是，当客户说了顺耳之言时，你不能一味听之信之。你必须看到他们积极地表现出将不惜一切代价来使用你的产品的样子，无论是要付出时间、金钱，还是两者都要。你应该测试的是客户行为，而非客户意见。在一些互联网创业项目中，创业者发现：

（1）公测名单中的大多数人甚至都不会继续使用该产品（说明公测名单

---

① 改编自：红杉汇（ID：Sequoiacap），原文作者：红杉。

并非目标客户）。

（2）使用过该产品的人只用了短短几天（说明产品并非目标客户经常使用）。

（3）他们并非每天都使用该产品的重要部分（说明本来以为的重要功能，客户并不认可）。

（4）没人为之付费（对客户的价值创造，不足以使他们愿意付费）。

即使你的想法得到了验证，产品已得到目标客户认可，也难以拉动客户数量增长，这可能是你的营销策略不佳。营销需要一定的专业知识。它不是一个可以由聪明的新手在短时间内能解决的问题。

如果你不想面临失败，就需要多花时间研究分销渠道。你需要确定哪些是能够接触到目标受众的最佳方法，你需要聘请那些具备独特创业营销经验的人才，让你的产品到达客户手中。

9.2　哪些主观原因导致你注定难以创业成功?

> 创业真正的"瓶颈"正是创业者自身。

如果说客观原因可以通过审慎的决策来避免，那么如果你有以下主观方面的问题，你的创业注定不会取得成功。即使运气来了，你取得了暂时的成功，也一定会在未来以失败告终。

9.2.1　半途而废，轻易放弃

创业需要面临诸多的困难，在困难面前，只有勇敢者继续前行。尽管我们从小就知道"挖井"典故，但"半途而废、轻易放弃"是创业者创业失败最常见的主观原因。

9.2.2　眼高手低，学习能力差

任何企业都可以确定一个最伟大的愿景，但只有少数人可以做到。从企业使命的角度看，要为客户创造独特的价值，也不是一件轻易的事情。你必

须有和你的梦想相匹配的强大的学习能力，才可以实现企业的使命，为客户创造价值。不能实现企业的使命，企业的愿景自然无法达成。

目标过高，会导致力不从心。学习能力不足的创业者不妨降维竞争，把力所能及的事情做到极致，也是不错的创业选择。

9.2.3　自私自利，不善分享

有一些创业者私心较重，遇到利益喜欢独占，总把功劳归于自己，把错误归于他人。不愿意分享财富，自然难以和团队共处。俞敏洪在回顾自己的创业经验时，把分享看得很重。他说自己从小就喜欢分享，小时候分享牛奶糖，到他家的小朋友，每次都能得到一块牛奶糖，然后，他就有了很多小朋友。而分享不是布施，需要技巧。创业的时候，把财富分享给大家，可以聚拢更多的人才，所谓财散人聚。但分享要公平，否则会引起众人的不满。

9.2.4　目光短浅，心胸狭隘

没有长远打算，只看中眼前利益的人，会经常做出错误的决策，因此难以成为成功的创业者。斤斤计较，心胸狭隘，就不能广纳贤能，形不成有战斗力的团队。

9.2.5　心存执念，心理扭曲

一些创业者过于关注自我享受和财富积累，例如，问及他的创业目标是什么，答曰我要几年内成为上市公司，或者我要拥有亿万财富。这种财富梦想扭曲了创业者的心灵，使其忘记了自己的创业初心。

然而，过于想要所谓的"成功"，反而很难成功。为了获得财富，此类创业者可能不择手段，忘掉做人的基本道德，就像长生生物疫苗事件的当事人，即使成为亿万富豪，不但得不到人们的尊敬，甚至沦为阶下囚。也有的创业者，在目标达成之前郁郁寡欢，创业路上只有压力而没有快乐可言。这种创业道路，更像是一条不归路。

9.2.6　喜欢浪费，不负责任

大手大脚花钱，把有限的创业资金挥霍一空。有些投资人因为不了解创业者的习惯，错误地把钱投入，而创业者在得到投资之后，把投资人的钱浪费一空。可想而知，在这笔资金用尽之后，他们不会投入第二笔钱。所以，一定要节俭，必须有一个财务计划和财务管控制度，明智且有计划地花钱。在创业初期要厉行节俭，不要在办公条件、员工福利以及差旅费用方面订立过高的标准。

在产品销售出去之前，把钱用到那些真正需要的东西上，对投资人和创业团队负责。

9.2.7 感情用事，缺少理性

在作重大决策时，一些创业者感情用事，缺少理性。例如，在用人决策方面，喜欢用听话的人，或者用那些和自己亲近的人，对待"小白兔"类型的员工过于宽容；在产品研发决策方面，对于一些明明没有前景但已经投入了不少精力的产品舍不得割舍；在寻找投资决策方面，放弃那些能够给企业提供帮助的投资人，而选择熟人或者出价高的陌生投资者。

【观点 9-2】让自己更加强大，是走向成功的唯一路径

> 创业者不是天生的，通过后天训练，完全可以把一个普通人变为优秀的创业领导者。作为创业领导者，要想创业成功，唯一的路径就是不断学习，让自己变得更加强大。

【案例 9-2】胡振宇能成功吗

胡振宇，国内首个由在校大学生组成的民间火箭爱好者团队的发起人。2013 年，他组织火箭爱好者在内蒙古发射国内首枚由大学生自制的探空火箭，后被称为"火箭少年"。2014 年，他创立中国首家私营航天公司翎客航天，任 CEO。

1993 年出生的创业者胡振宇，尽管受到种种质疑，却成为第一个"吃螃蟹"的人：中国民营航天领域第一人。胡振宇是那种敢为自己的爱好全部下注的创业者，由于他近于疯狂的状态，自然得不到社会大众的认可，但他得到了两个关键的认可：其一是他的团队成员的认可，虽然自己不是科班出身，

但他可以笼络一些业内专业人士加入公司；其二是来自于成功的企业家冯仑先生的认可，冯仑先生在微博中公开支持这样有梦想的年轻人。

冯仑曾经与胡振宇对话，在冯仑看来，胡振宇"长得非常稚气，身材瘦小，总让人觉得他还是一个刚刚进入社会的年轻人，但是如果你只听他说话，你会认为站在你对面的是一个成熟、自信的杰出创业者"，"他的言语中夹杂着自豪、兴奋，甚至是崇敬的感情，我被他的热情打动，决定跟他好好聊聊"。

在回答冯仑先生的问题"你现在还有什么困难"时，他说："我们面临的最大挑战就是缺少信任，我们需要让大家相信，我这个 24 岁的年轻人也能够带领这家公司成功。"

面对各界的质疑，胡振宇发现，需要用结结实实的成果、具有压倒性优势的东西来说服别人。"我可能需要做的并不是回应，而是尽快把这个技术做到更高的一个层次。"2015 年之后，公司一直潜心做可回收火箭技术。2017 年，翎客航天获得了冯仑、吴鹰等业界大佬领投的 PreA 轮投资。2018 年 1 月，翎客航天完成了火箭悬停及回收试验，翎客航天参与研制的风马牛一号卫星也于 2018 年 2 月发射成功。

胡振宇称自己曾经历"嚼着玻璃，凝视深渊"的创业"至暗时刻"。但他坚信母亲曾说的一句话——"永远不要给自己找退路"。当一个人足够惨的时候，还可能更惨。不要太乐观地去看待任何事情，也不要太悲观地去做它。

我们有理由相信，即使火箭项目失败，他亦可以在相关领域得到重生和成功。因为他坚定执着而且疯狂地做着"让人类挺进太空"的梦想。

9.3　如何正视失败，穿越"至暗时刻"？

"至暗时刻"意味着无比痛苦的煎熬，但对于足够强大的人来说，也常预示着涅槃时刻即将降临。

创业者必须有强大的内心，任凭万般打击，我自岿然不动，坚守内心的信念。要知道，留得青山在，不怕没柴烧。活着，就有机会再次崛起。"80后"创业者茅侃侃自杀身亡，永远失去了再次崛起的机会，给创业者敲响了警钟。

本·霍洛维茨在其著作《创业维艰》中写道："挣扎是违背承诺、粉碎梦想的地狱，是一身冷汗、五内俱焚的感觉。挣扎不是失败，但会导致失败。如果你孱弱不堪，你更容易失败……挣扎是成就伟大的竞技场。"

当一个创业者关掉了自己的公司，并且拆东墙补西墙地为各种债务伤神，当一个创业者因为公众事件而被千夫所指，当一个创业者因为创业失去了所有的一切，当组建不久的团队被解散，还拖欠着员工的工资和水电费的时候，大概这就是创业者进入的"至暗时刻"。

创业者开始在对自己的极度怀疑中拼命挣扎。"电话铃声恐惧症"对于那些靠不断借债来维持公司的创业者来说实属常态。或许，那些棘手的问题并不是"至暗"之所在，真正的要害是难以排解的不良情绪。孤独感、无力感、失控感以及来自舆论的压力，让人觉得这个世界完全不属于自己，包括创业者自己亲手打造的企业。外界似乎迫不及待地等着看一个创业者的陨落。

此时，需要用强大的情绪控制能力来对付强烈的孤独感。没有人能打败，除了你自己。创业者必须坚强地站出来，承担所有的一切，并图谋江山再起。如果身边有人拉一把，可以使自己快速走出至暗时刻。一个人生命中必须有一个或几个这样的朋友，可以在最困难的至暗时刻，走到自己身边，哪怕只是给一点光。

至暗时刻是一道"分水岭"，经历了它而未被摧垮的人会觉得天地大变。创业者在遭遇重挫时，会出现心理反弹，逃避现实乃至封闭自我。更有甚者，他们通过游戏、宗教乃至"黄赌毒"麻痹自己。

创业者应该相信，无论长短，至暗时刻总有结束。而创业者要么就此沉沦，要么重生涅槃。

面对"至暗时刻"，创业者如何顺利走出？领导力学者和心理学家给出了解答。

克服逃避冲动、选择直面现实，就迈出了走出至暗的第一步。真正能从至暗时刻汲取能量的人，这就是走向伟大的奠基石。而真正让人走出来的是意义感。对生命意义的追求，可以支撑当事者度过至暗时刻，并将之转化为力量。

在戈壁徒步第二天，酷暑难当，热浪翻滚。徒步走了二十几公里之后，我们已经到了极限。之所以能够坚持下去，就是想到戈壁行所带来的意义，想到在戈壁行众筹过程中给予支持的朋友和家人们，他们期望看到我们坚毅的精神，而我们也会因此获得一个对自己的全新认识。"不可能是认为的，可能是人为的"，这就是我们队伍的信条，我们必须把"不可能"变成"可能"。

戈壁行的难处和至暗时刻当然不能相提并论，其异曲同工之处在于，当你想要逃避的时候，当你想要放弃的时候，当你要被打败的时候，你又坚强地站了出来，继续行走，寻找意义，而后战胜困境。

对于创业者来说，至暗时刻是绝对的艰难考验，但在此过程中，创业者才会再次真正想到生命的终极意义，就像戈壁行的最后一天凌晨，在月空下，我们不断地问自己这个问题：我是谁，我从哪里来，要到哪里去？

经历过至暗时刻，若找到了意义感，就可以在未来的创业中，激发出更强烈更持久的热情。"世界上没有任何东西比生命中存在着意义更能帮助人在最恶劣的环境下生存下来"，《追寻生命的意义》一书的作者弗兰克尔写道。

冯仑回顾万通创业史时发出感叹："每次危机都有利益权衡，不敢牺牲就没有胜利，中年男人要保持这种牺牲精神，坚持理想是唯一的心理支撑。"

正视失败，穿越"至暗时刻"，将会迎来一片新天地。

【观点9-3】能正视失败，标志着一个创业者迈向成熟

> 失败的种子，可能在你创业一开始就埋下了。当它发生时，你唯一能做的正确的事情就是，正视失败，坦然面对，承担应该承担的一切。

【案例 9-3】"80 后" 创业者茅侃侃自杀①

2018 年 1 月 25 日，被誉为 "'80 后'最优秀创业者" 的茅侃侃自杀身亡。茅侃侃 19 岁开始创业，21 岁便做了 MaJoy 的总裁，而立之年踏入电竞圈，2015 年成立合资公司万家电竞并出任 CEO。这些经历非常光鲜亮丽，但是在光环和优秀履历背后，则是茅侃侃频频遭遇挫折等不为人知的经历。他的创业之路经历了什么？他又承受了怎样的压力？创业真的是一个孤独者的游戏吗？

"换种方式说，我比较接受不了自杀，所以我要想活下去我就把这件事情做好。" 多年前，时任时代美兆数字科技有限公司首席架构师的茅侃侃在接受媒体采访时是这样说的。然而 2018 年初，35 岁的他却选择了自己最不愿接受的方式结束了自己的生命。提到茅侃侃有太多的标签，"'80 后'创业者"、万家电竞 CEO、"亿万富翁"、"混世魔娃"。

有人说："其实我看到茅侃侃还是在一次电视节目中，不是我印象当中的那种创业者，他显得非常有抱负，同时也很时尚。他的白色休闲衬衫，黝黑的皮肤，甚至他身上的文身都让我觉得他并不是一个离我很远的人。" 很多人认识茅侃侃是通过央视《对话》栏目，在那期节目中，茅侃侃和时任泡泡网 CEO 李想、康盛创想 CEO 戴志康、Mysee CEO 高燃，一起被打造成 "80 后" 创业偶像。

然而在日后的创业过程中，茅侃侃似乎总是欠缺幸运女神的青睐。成立时代美兆公司之后，在移动互联网兴起的时代，他尝试做过实时路况信息应用程序 "哪儿堵"。2013 年，茅侃侃踏入电竞圈。2015 年，茅侃侃与万家文化成立合资公司万家电竞并出任 CEO。众多资料显示，在茅侃侃职业生涯的最后一站，他经历了人生最艰难的时刻。根据万家文化 2016 年度财务报告显示，万家电竞的主营业务收入仅有 53 万元，亏损高达 1382 万元，负债更是达到了 4315 万元，2017 年 11 月更传出公司已经拖欠员工两个月薪资大约

---

① 改编自：百家号/王春龙。

200 万元。

茅侃侃自杀事件引起了不小的轰动，创业之路的艰辛和重压成为人们热议的话题。对于创业者而言，创业总有失败，还是应该反思自己，并坦然接受一切后果。

【投资人说 9-1】徐小平：失败对于创业的意义正如死亡对于生命的意义①

失败之于创业的意义，如同死亡之于生命的意义。反思失败是为了找到创业的意义。在风起云涌的创投浪潮里，我们为什么要创业？创业对于我们每个人，对于社会、国家，究竟意味着什么？

我先来讲一个故事，在直播崛起的时候，真格投资了一家 20 多人的直播公司。有个朋友是一个传媒界大公司的高管，我鼓励他加入这家创业公司。我对他说，这家公司可能会成为下一个花椒、映客，成为 10 亿美元的独角兽，但它确实也有可能会垮掉，让你流离失所。从根本意义上，我让你去的不是这家公司，而是一个新兴的行业。

后来，这个朋友还真的加入了这家创业公司。不久之后，这家公司果真没有如愿做成。但这位朋友告诉我，在他有意离开这家公司之时，直播行业的头部公司纷纷向他发出邀约，请他去做高管。这个朋友在一家"失败"的创业公司，实现了人生的飞跃。他放弃了传统媒体的过去，拥有了新媒体的未来。

我过去曾经说过，创业者是不会失败的，只要他不放弃。这不完全准确，更为准确的是，公司可能会倒闭，但行业却基业常青。因为你创业，创的不只是自己的事业，而是一个行业，你自己的事业可能会失败，但你却获得了在全行业获得成功的优秀竞争力。只要你做人不失败，即使你的公司倒闭了，同行也必定会来邀请你加入。在行业水涨船高时，你的价值也在成倍地增长。

创业失败，确实会带来刻骨铭心的痛，但你的失败，意味着你获得了在新经济洪流里搏击风浪的资本。创业经历，即使是失败的，也依然是一笔宝

---

① 来源：从真格基金公号整理（有删减）。

贵财富。

我们希望这个时代不再认为创业失败是一种沉重的代价、一种难以启齿的丑闻，而把它看作一种潜伏，一种养精蓄锐、蓄势待发。在创业的蓝海里，失败只不过相当于呛了第一口水而已，而远方海岸线的壮丽风景依然在向你发出召唤。我们应该把创业失败，理解为是离创业成功更进一步的喜讯。

创业成功固然可喜可贺，创业失败，同样是人生点石成金的瞬间。人生远比我们想象得漫长，所以不争一城一池的得失，要把一切机会和挫折都放到尽可能长的周期里来思考。

9.4　如何从失败中学习和成长?

> 失败对于创业者的意义，在于让创业者全面成长。

创业者如何从失败中学习，从而使自己更接近成功呢？本书借鉴 2016 年 5 月《哈佛商业评论》中文版一篇文章《提升你的失败回报率》，将要点应用到创业情景分享给读者。

9.4.1　反思

反思失败的创业项目。当项目未按计划进行时，做出相应调整的机会就来了。你需要审视如下几个方面：客户和市场动态、业务流程、你和你的团队的不足。

9.4.2　分享教训

在整个团队分享、反思、发现教训，打造一个学习型的创业团队。分享既可以定期开展，也可以随时进行，它必须快速（fast）且中肯，在顺境逆境中都频繁（frequently）出现，而且总是向前看（forward-looking）并侧重学习。分享，使自己的团队更像是一个"学习型团队"，从经验总结中不断得到能力和认识的提升。

9.4.3　应用和改进

将经验教训应用到新的项目中。全面审视自己的创业项目，是否进行了必要而且快速的改进？在新的创业项目中，所需要避免的各种情况，是否依旧存在？如何改变这种状况？当这种状况不可改变的时候，有哪些风险点需要加强管控？

【观点9-4】复盘总结和分享，可以让创业失败对自己多一些意义

> 创业失败客观发生了，除了对于国家和行业的意义之外，认真复盘总结，避免再次创业的时候继续犯下同样的错误，可以让创业失败对自己更有意义。

【创业者说9-1】七次失败的创业者内心感悟[①]

作为创业者，你随时都可能面临失败。年轻人一定要学会摔倒之后爬起来，然后继续奔跑。创业者一定要具备"打不死的小强"精神，这点非常重要。

我的第一次创业是在大学期间，做了一个数值模型的网站。虽然做得很高兴，但那个时候我专注技术，不懂市场，表达能力也有限，在做了一年多之后网站就关闭了。

我第二次创业做的是中医检测的 ATA，就是自动化热像成像系统，我们申请到了国家及 PCT 的发明专利，获得了医疗行业必须的资格认证。在2007年正式成立了公司，之后的一两年里公司发展得很不错，团队也从最开始的几个人变成了30个人。这也让我曾经一度感到非常自豪，因为这家公司有可能上市，而且周围开始不断有人关注到我，称赞我能做成一件大事，慢慢地我陷入到了自己虚构出来的梦境里，变得飘飘然起来。

我自认为已经把第一次创业失败所得到的经验用到第二次上了，把工程、

[①]　改编自猎云网，有删减。

数学应用到市场里，我自己变得更加接地气了。但真实的情况是我们选择了一个医疗的赛道，没有这个行业的经验，不懂医疗这个市场该怎么做。同时我们还不懂财务控制。在 2009 年，随着公司大踏步地发展，我们的现金流突然就断裂了，所有的工作陷入了停滞。

当初我们对员工是很好的，甚至帮他们办理了户口。但是在资金断裂的两个月之内，我们就被员工告到法庭。这对一个踌躇满志的创业者而言，是一个极强的心理磨灭的过程。我感觉就像天塌下来了一样，我变得非常沮丧，甚至期间有想过跳楼自杀。

在失败之后的一段时间，我明白还是需要正视过往的失败与糊涂，不断地给自己补充正能量，让自己能从负能量里逃逸出来。所以，第二次创业刻骨铭心的失败，极大地增强了我的抗压能力。

同时通过这次创业，我意识到自己的知识结构及人脉圈子太过单一了，所以当时我决心要扩大自己的人脉，于是就开始了我第三次的创业，创办了青年精英商业联合汇，也叫凯业网。

这次创业同样也出现了非常多的问题。事后我分析到这个项目死因有两个：第一个，也是最大的一个问题，我当时为了笼络更多的人才参与到这个项目当中，稀释了太多的股权，我自己承担了公司的很多工作，却只占了 14% 的股份，出现这两种情况的公司最后的结局可能都太不好。第二个问题，没有明确的商业模式，没有收入来源，最后调整为非营利机构，大家动力全无。由于之前的创业失败，我已经有了经验，如果出现这种情况，该怎么办？就是斩断，不做了。这个就和分手或离婚一样，每一次挫败后，你都会强烈地反省甚至于怀疑自己的能力，我也一样。

第三次创业失败之后的一段时间，我看了很多的电影，其中《肖申克的救赎》我至少看了 50 遍，我不断地告诉自己要挺过去，告诉自己可以成功。

创业者最重要的就是再战再死，不断地调整自己的状态，重整旗鼓，毕竟创业失败是常态，成功才是偶发现象。我想这对于有过创业失败的人感触会更深。

当我走出第三次创业失败的阴影之后，我又先后开始了四次创业，但皆以失败告终，这其中包括软硬件结合的开发公司、红酒批发商、开快餐连锁店以及金融工程咨询企业。

所以当我历经过很多起伏之后，我自己感悟到最深的一点就是，创业时不要背负太多的个人面子。其实很多时候最过不去的那一关就是自己，具体来说就是整个社会对你的评判和影响。哪怕你最后失败了，只要勇敢地去面对和承担，你每一次失败的经验积累就都会转变成你独特的财富。

我的创业经历可能比起很多成功的大企业家来讲是微不足道的，但历经过多次的起伏，最重要的是得到了心理的锻炼。我也希望大家能了解到这样一个规律，在跌入谷底陷入困境时，要敢于面对，不要气馁，勇于向前奔跑，你终将会赢得胜利。

创业者简介：杨歌，星瀚资本创始合伙人。作为一名连续创业者，参与创办了东信康达红外数字医疗及凯业网等，曾担任北国投投资总监、大江投资副总裁、毕马威咨询师。投资的案例包括口碑街、言几又、人人财务、V. Fine 等。拥有清华大学工学硕士与学士学位。

9.5　如何在创业的高压下保证身心健康？

> 一夜白头、半夜哭醒、因病英年早逝以及抑郁自杀的背后，是无数创业者的生死挣扎。

身心健康的创业者可以更加自如地应对创业中的各种困难，而有能力缓解创业带来的高压，可以让创业者身心更加健康。

2018 年 1 月，"80 后"创业者茅侃侃自杀身亡。

2016 年 10 月，"春雨医生"的创始人张锐因心梗猝死，年仅 44 岁。

2016 年 3 月，苏州金龙总经理吴文文自杀身亡，年仅 46 岁，长期患有抑郁症。

2015 年 11 月，上市公司金莱特董事长田畴因突发心肌梗塞去世，年仅 43 岁。

2011 年，上市仅 3 天的万昌科技股份有限公司董事长高庆昌坠楼自杀，据了解他生前患有严重抑郁症。

曾有人针对两百多位创业者进行调查，结果显示，其中 49% 的创业者都有不同程度的心理疾病，其中占比最高的是抑郁症，其次是注意缺陷障碍以及焦虑症。

有创业者说，一旦选择创业，就像选择了一条不归路。一年 365 天 24 小时永不停息地运转，常年在这样的状态下工作，家庭生活几乎都顾不上，高压之下就容易患上心理疾病。

"春雨医生"的创始人张锐生前曾说："我确实很焦虑，每天吃不好睡不好，晚上睡前会担心资金链断了怎么办，早上又打起精神鼓励自己说，自己的产品解决了那么多人的痛苦，这么有价值，一定会拿到钱，只是'缘分未到'。"

对于创业者来说，很多时候他们自己的成长速度和公司的成长速度会远远超过他们的承受能力，他们甚至会处于一直不停被外界逼着成长、逼着蜕变的状态，这种感觉实在痛苦极了。甚至有些人还要经历被好朋友欺骗、被自己爱的人背弃、被自己信任的人反咬一口这些人性的阴暗面。而这些经历所带来的孤独、焦虑、暴躁、失落、恐惧、患得患失和诚惶诚恐是常人理解不了的。

创业者的一些伤痛，大多来自自己承受了过大的压力。就像负重前行，背负的重量超过自己的极限时，势必带来对身体的伤害。爱好徒步的创业者，一定会有脚底磨出血疱的经历，减少走路的里程或者放慢走路的速度，都可以避免磨出血疱。

做好创业的心理和物质准备，可以避免自己承受过大的压力。必需的资金、家人的支持、适合的装备，以及轻装上阵、不要设定过高的目标、调低期望值，甚至"降维 PK"，都可以让你的心态更加轻松。

在创业过程中，创业团队精诚合作，互相鼓励和帮助，也可以将许多创业困难化险为夷。不要担心团队在一起工作会降低速度，一个人虽然走得更快，但团队在一起可以走得更远。有了团队的力量，还可以抵抗更高的风险，使你创业的路上不再感到孤独无力。

在遇到难题的时候，不妨向前辈和专家求教。他们可以作为你的导师，引领你渡过难关，甚至可以给予你一些关键的帮助。

在危机到来之时，团队的通力合作和朋友们的鼎力帮助有利于渡过难关。

想一想戈壁徒步的经验。在戈壁行全程，全体人员戒酒戒烟，规律作息，全程保持充沛的体力。同时劳逸结合，晚上不但有联欢会，让队友们缓解压力和疲劳，更有感悟分享会，让大家进行精神交流和经验分享，团队成员得到有效的沟通，目标更加一致，凝聚力也更强。这样全身心的投入，没有消耗多余的体力，没有外界的干扰，打造了一支高绩效的团队。

【观点9-5】劳逸结合，团队合作，是应对创业高压的良药

> 身体是革命的本钱。没有身心健康，即便创业成功，对于创业者而言也毫无意义。在创业过程中，劳逸结合，量力而行，加强团队合作，是应对创业高压的良药。

9.6　如何实现持续成功？

> 原有的业务会走向尽头。原本有利可图的生意，会因为竞争对手的增加而变得无利可图。要想实现持续成功，必须寻找并跨越第二曲线。

企业的增长，会因为旧的业务达到增长极限而停滞。从一种业务跨越到新的业务，做出漂亮的战略转型，被称为跨越到"第二曲线"。如果组织和企业能在第一曲线到达巅峰之前，找到带领企业二次腾飞的"第二曲线"，并且第二曲线必须在第一曲线达到顶点前开始增长，以确保资金和资源能够支撑第二曲线投入初期的消耗，这样企业就可以实现永续增长。

在寻找第二曲线的道路上，创业者必须向死而生，另辟蹊径。然而，这个时间点又恰好接近顶峰，公司处于此时间点也就是处于黄金时代，创业领导人很少有远见和勇气在公司高歌猛进的时候偏离已有的成功路径，投入充分的资源来培植一种短期内没有收益的业务。通常的情况是，直到现有的成长曲线明显下滑时，企业的领导人才想到另辟新的成长曲线，所以人们通常把拐点当作公司的战略转折点。但在原有的业务进入下行的时候，企业能够调动的有形无形的资源都在明显减少，已有和新出现的竞争对手很可能趁此时机穷追猛打，公司内部已经明显缺乏创造一条新的业务成长曲线所需要的从容和自信。

"如果你过度相信和依恋导致你过去成功的逻辑，那么成功的逻辑必然会把你带向失败或平庸"，《第二曲线》作者查尔斯·汉迪在书中告诫创业者。

要想实现持续成功，就要成功找到第二曲线。知道第二曲线大概的位置，是跨向第二曲线的前提。

初步成功的创业者要保持积极进取的进攻心态，并且要像投资人一样思考，未来的方向在哪里？技术会发生怎样的变化？我能够在哪个领域脱颖而出？

【观点 9-6】最好的防守就是进攻

> 就像足球比赛，保守的战略难以取得比赛的胜利。创业者应对竞争对手的进攻，最好的防守就是选择一个出其不意的领域，发起新的进攻。

【案例 9-4】Netflix 的第二曲线①

"我搞砸了，我欠你们一个道歉。从过去两个月的反馈中可以清楚地看

---

① 改编自混沌大学公众号。

出，许多成员认为我们在宣布 DVD 和流媒体分离以及价格变化方面缺乏对用户的尊重和谦虚。"但是，哈斯廷斯依然没有放弃。

哈斯廷斯说："在过去的五年间，我最大的恐惧是，我们不能从 DVD 的成功跳跃到流媒体的成功。"

面对两条曲线，即使第一条曲线非常赚钱，然而一旦把第二条曲线的业务剥离出来，第二条曲线一定会亏损，即便是这样的情形，他也在坚持做这件事情。

哈斯廷斯为什么要放弃原有业务而转型流媒体？因为哈斯廷斯做了一个令人沮丧的预测：2013 年 DVD 业务会到达极限点，然后会下滑。

事实上，极限点的到来，比预想的还快。2011 年 Netflix 有 2000 万订阅数，2011 年已经下降为 1390 万，2010 年以后以每年 30% 的速度下降——2010 年就是极限点，提前了三年。

那么，在大部分人都反对，甚至消费者也反对的情形下，究竟是什么样的力量支持哈斯廷斯笃定地投入巨资去做流媒体？

哈斯廷斯看到了重要的关键点：

Netflix 的核心业务根本不是 DVD，甚至不是流媒体，而是用户。DVD 租赁从来都不是 Netflix 的最终目标——"它们只是这家新公司在竞争激烈的市场上暂时立足的一种方式"。2013 年，Netflix 投资 1 亿美元，推出《纸牌屋》，一头扎进了原创节目的世界。这是 Netflix 成长的关键转折点。与好莱坞不同，《纸牌屋》开辟了一套新的制作与宣发逻辑——以用户为中心，并最终取得了重大成功。

自此以后，原创内容开始成为增长的新动力。Netflix 制作的优质内容越多，吸引的用户就越多。这会增加收入，反过来这意味着可以为制作原创内容提供更多的资金。Netflix 试图谋取一种硅谷式的垄断式模式冲击娱乐业。2017 年，Netflix 的用户数量超过了美国有线电视用户总数。

9.7 成功之后哪些事情不能做？

> 创业成功之后，你将实现财务自由，此时切不可恣意妄为，要保持敬畏之心。

创业成功之后，你的人生进入一个新境界。此时，你已经实现财务自由，金钱仿佛只是账户中的数字，你可以随意支配。你大概也实现了时间自由，得力的团队帮你把公司中的一切巨细事务都打理好。你可能还要追求空间自由，看起来你好像只需要四处游玩，在关键的会议才出现，在重要的决策时才到场。

创业成功之后，你就是一名公众人物，你是企业家了。你的一言一行都被社会所关注，被社会赋予更多的责任。但你仍然是人，是人就可能会犯错误。所以要每日三省其身，谨言慎行，作出表率。创业成功之后，最忌狂妄自大。真正的成功人士，都保持着一颗谦逊的心，他们没有架子，与谁都能交谈，在众人中树立异常亲和的形象。

遵纪守法不用说，你还不能做任何有悖道德伦理和社会主义价值观的事情。成功的创业者和暴发户不一样，创业者有梦想、有责任、有担当。你是人们心中的神，所以不能像暴发户那样恣意妄为，暴殄天物。

此时，你可能要开始四处演讲，宣扬自己的人生哲学和创业成功的经验，因为你是众多初级创业者甚至是普通老百姓崇拜的偶像，在他们的心目中，你就像大神一样存在。

有的创业者，还说不上太成功，但自己飘飘然，仿佛就跃上了神坛一样到处演讲，激扬的言辞好像从来不假思索，一些不恰当的比喻掩饰不住自己内心的浅薄，这些演讲有时候在年轻的学子面前就像毒鸡汤。更有一些年轻的创业者，刚刚 20 多岁，以获得风险资本的投资作为创业成功的标志。一旦获得了某著名风投的投资，就得意忘形，忘记了自己的万里长征才刚刚走出第一步。

【观点 9-7】时势造英雄，而不是英雄造时势

> 成功的创业者是历史潮流中的幸运儿。成功的创业者一定要知道自己如何走上的神坛，不能忘本。

【案例 9-5】被疑"跑路"的企业家曹德旺[①]

移民海外生活，是很多创业者创业成功之后的生活选择。作为公众人物，似乎移民海外能够和转移财富联系起来，成为敏感话题。自媒体时代，很多人出于吸引眼球的目的（甚者还有其他不良动机），在没有弄清楚事情原委的情况下，就撰写文章在网络上传播。因为在美国投资建厂的曹德旺就因此遭到了质疑。

2017 年年初，记者采访曹德旺，曹德旺说他在美国投资已 22 年。他说："事情发生后，很多人都在替我担心，我自己反而没有。企业家的职业是非常伟大的，我认为自己的国家观念非常强。我从 1988 年开始到现在，交了 127 亿元的税，从 1983 年到现在，捐了 80 亿元人民币。我跑出去干什么，我一不反党，二不反社会，三不反国家，四不反人民，我为什么要出去？""能够出国投资建厂是非常光荣的事情，因为在国内有这个水平和战略的中国企业家还不到十家，我认为只有国际知名品牌才有资格走出去。""但把福耀玻璃做成知名的国际品牌，是我们永恒的目标。我创办玻璃厂的心愿就是为中国人做一片用得开心、用得舒心、用得好的汽车玻璃。我的第二个计划就是把这片玻璃拿到国际上去卖，不管是通过展览还是推荐，只要能够走出国门，就代表了中国制造的形象。""我不会跑，我不是为了钱，不是为了享受，为了中国靠我们共同努力而强大起来。这是我真心的话。企业家必须有这样的境界与胸怀，国家会因为有你而强大，社会会因为有你而进步，人民会因为有你而富足。这就是企业家，你所做的事情，必须瞄准国家的需要，

---

① 来源：根据曹德旺接受采访的视频整理。

社会的需要，你才会做得起来。我1995年移民美国，拿到美国人的绿卡，到2005年，我发现福耀两个字将会是中国汽车玻璃的代名词。这时候，我跟美国人说，我把绿卡还给你，不要了。全家撤出，一个都不留（美国），三个孩子和我老婆全部撤回去。留在这里不能继承财产。我们不能移民，我们曹家移民，中国人就没有玻璃了。你知道中国政府给我多少的恩情吗？没有改革开放就没有我，没有改革开放就没有福耀。我是世界知名品牌，我必须跟着市场走（这就是海外建厂的原因）。选择移民的都不是企业家，都是小老板。真正成（企业）家的，有抱负的，他不会移民。他是人物，必须向历史负责。我七十岁了，我不会不守晚节。做个真正有理性的人，必须坚守（爱）中国这个底线。"

9.8 创业成功之后该做些什么？

> 每个创业者成功的背后，都有着父母养育、家庭支持、亲友陪伴、社会培养等因素。

一个人从出生之后，经历了受教育的过程，然后不断成长、奋斗。若是草根创业者，他可能经过了最初的打工、然后可能经营一个小生意（或者起点高的知识创业者开始一个自己的小项目），获得了原始的财富积累之后，开始走向创业之路。成功的创业者虽然性格各异，路径不同，承受的磨难也有多有少，但对于创业成功而言，最重要的因素毫无疑问是自己的努力和奋斗。但同时，在创业者走向成功的过程中，必然有个体以外的因素对创业成功起着作用，包括家庭的养育、亲友的支持、社会的培养等。

创业者成功之后，成了社会公众人物，是年轻人学习的偶像。创业者要为年轻人树立榜样，帮助他人成长。所以创业者在创业成功之后，大多都会把一部分精力用在培养年轻人上。

有人研究发现，金钱的作用有其"临界值"。在达到这个临界值之前，金钱是和个人幸福感正相关的。但是，一旦突破这个临界值（根据美国人的研究是年收入 7.5 万美元），金钱就不再直接创造幸福感，而是变成一种工具。创业者要利用自己所创造的财富，在帮助这个羸弱的世界中获得进一步的幸福感。这也就是我们经常说的，要在成功之后回报这个社会。

创业者成功之后投身公益事业的企业家不胜枚举，下面只是一些代表。

捐赠并组织捐赠：裸捐的比尔·盖茨和巴菲特、王石、李连杰、马云、马化腾、曹德旺、牛根生等。他们专门成立了慈善（公益）基金会。

捐资教育：邵逸夫、田家炳、李嘉诚。

捐赠母校：马云、邓峰、雷军、丁磊、李彦宏、段永平等。

投资家乡：刘强东、陈吉虎、黄绍武等。

【观点 9-8】穷则独善其身，达则兼济天下

穷则独善其身，达则兼济天下。真正的创业者成功后无不选择用慈善和公益来回馈社会，这是他们对待财富的正确方式。

【创业者说 9-2】王石：慈善公益的本质是什么①

2003 年，我被朋友带着去参观一位德国女士开的盲童学校。我想可能是让我去捐钱吧，心里带着一丝"给予者"的优越感。

孩子们唱歌欢迎我们的到来。领唱的男孩来自拉萨，叫久美，他纯真、激情而富有表现力的嗓音令人联想到意大利盲人歌手安德烈·波切利。

在之后的交谈中，久美抓住我的手不放，他用手把我的脸从上到下细细摸过一遍，笑着说："叔叔，您是个好人！"那一刹那，我心里打了一个激灵。

一个世人眼中身有残缺的孩子，却是那么自信，对世界的看法是那么美好、积极。他扬起的笑脸，给予我许多能量，让我一下子从自以为是的捐赠

---

① 改编自王石在"回归未来 2017~2018 跨年之夜"的主题演讲。

者的心态上降了下来。所谓做慈善、做公益，不仅仅是施与受的关系，不仅仅是给钱给物，更是平等的关注和互相给予。

2004 年，我们起程去北极，北京大学生物系的潘文石教授来首都机场送行。潘教授是我国自然保护事业的先驱、大熊猫研究的大腕，常年扎根野外做调查、搞研究。在机场，潘教授交给我两样东西，一个是北大崇左生物多样性保护基地的旗帜，希望我带到极点去。另一个是一封信，信的大意是他非常佩服探险的英雄行为，他觉得探险是对大自然的尊重，与环境保护、生态保护等在精神上是一致的，他衷心祝愿我们成功。

但我知道自己身上没有教授所说的这种精神。作为一个户外活动爱好者，我肯定不会有意破坏环境，但我仅仅把户外探险活动当作张扬自己个性的行为，从没想过把它作为一种社会正面的指向。当然，我是个明白人，能读懂老教授的言外之意：你是一个公众人物，可以利用自己的影响力，以高尚的行为带动整个社会。从此，我再也不能为了张扬而张扬，应该尝试把自己的户外探险活动与公益活动结合起来。探险有极，公益无限，在接下来的探险活动中，我都尽量赋予其一个公益主题，如南极，为了拯救白头叶猴进行募捐；珠峰，践行零垃圾登顶；等等。

创业者简介：王石，1951 年生于广西柳州，兰州交通大学毕业，万科企业股份有限公司创始人，原任万科集团董事会主席，万科董事会名誉主席，万科公益基金会理事长。2018 年 8 月，出任华大控股联席董事长。

9.9　怎样才算是人生赢家？

> 创业是人生的一种选择，也是一种生活方式，但创业的成功并不等于人生的成功。

创业的路，看起来就像是一条不归路。创业路上的人（并不都是创业者）一路跌跌撞撞，历经坎坷，有的身体垮掉，英年早逝；有的被压力摧残，患上心理疾病，郁郁寡欢，甚至自残自杀；有的经历家庭变故，妻离子散；有的臭名昭著，甚至面临牢狱之灾，落得人人喊打。

创业者是这种人：自己不拿工资，但员工的工资必须按时发放；自己没有基本的保障，还需要给别人保障。创业者之所以创业，是因为心中的梦想。他们希望人生更加灿烂，事业更加辉煌，希望世界更加美好，希望自己有更多的自由。

但创业者首先是人，他们也是普通人，他（她）是普通人的丈夫、妻子、子女、父母，也有七情六欲。在创业成功之外，还有人生成功的标准在考量他们。

为了人生的成功，创业者要讲究平衡，特别是平衡创业和家庭生活的关系，平衡团队能力、资源和机会，平衡合伙伙伴之间的利益。这些平衡可以为自己带来良好的生活秩序和工作氛围。

在创业目标的阶梯设定、调整和个人能力增长以及团队发展之间建立关联。避免小牛拉大车，必要时"降维"竞争。创业者虽然需要砥砺前行，但也要量力而行。

创业者要保证睡眠充足和适当的体育锻炼，改掉不良的生活习惯。

创业者还应该建立或参与有共同兴趣爱好或者公益心的圈子，在有限的范围内增加深度社交时间，建立真正有效的朋友网络。

【观点9-9】连家庭责任都不担当的人，怎么值得团队追随？

创业者担负的责任比普通人要大多了。普通人在做好岗位职责工作的基础上微创新，同时有足够的时间来履行家庭成员的职责。创业者心中则有一盘以事业为主的大棋，这盘大棋经常会挤得家庭生活没有位置。优秀的创业者，必然也会担当家庭责任。连家庭责任都不担当的人，怎么值得团队追随？

【专栏9-1】人生赢家的影响因素——格兰特研究结果

哈佛大学一项持续了 76 年、花费超过 2000 万美元的追踪调查研究（著名的格兰特研究）设定了一种人生赢家的标准，其中有两项跟收入有关，有四项和身心健康有关，有四项和亲密关系以及社会支持有关。这些标准包括：必须 80 岁后仍身体健康、心智清明；60~75 岁与孩子关系紧密；65~75 岁除了妻子儿女外仍有其他社会支持（亲友熟人）等；60~85 岁拥有良好的婚姻关系；收入水平居于前 25%。

以下因素则不太影响"人生成功"：最早猜测的"男子气概"、智商、家庭的经济社会地位、性格外向内向。

真正能达到"十项全能"、帮你迈向繁盛人生的，是如下因素：自己不酗酒不吸烟、锻炼充足、保持健康体重、童年被爱、共情能力高、青年时能建立亲密关系。

与母亲关系亲密者，跟兄弟姐妹相亲相爱者，能在 30 岁前找到"真爱"。研究者瓦利恩特说，爱、温暖和亲密关系会直接影响一个人的"应对机制"。他认为，每个人都会不断遇到意外和挫折，而每个人采取的应对手段不同，"近乎疯狂类"的猜疑恐惧是最差的，稍好一点的是"不够成熟类"，比如消极、易怒，还有"神经质类"如压抑、情感抽离，较好的是"成熟健康类"如无私、幽默和升华。

一个活在爱里的人，在面对挫折时，他可能会选择拿自己开个玩笑，和朋友一起运动流汗宣泄，接受家人的抚慰和鼓励。这些"应对方式"，能帮一个人迅速进入健康振奋的良性循环。反之，一个"缺爱"的人，遇到挫折时往往得不到援手、需要独自疗伤，而酗酒、吸烟等常见的"自我疗伤方式"，则是早死的主要诱因。

瓦利恩特说："温暖亲密的关系是美好生活的最重要开场。"当然，并不是每个人都能幸运地拥有美好童年，但好消息是，无论你今年儿岁，都有机会"在爱里获得重生"。

【专栏9-2】阿里钉钉地铁广告注解

2017年，阿里钉钉投放在地铁里的广告引起了无数共鸣。其中一些说法充满了正能量，而一些说法还需要辩证地看待。笔者在括号中给出了自己的注解。

（1）通宵练习了10个版本的BP，没有见到1个投资人（也许，客户价值没有提炼清楚）。

（2）因为理想成了兄弟；因为钱，成了仇敌（是找错合作伙伴还是不会分享财富？要善于察人用人，要学会分享）。

（3）28岁，头发白了一半（要注意身心健康，不必有过大的心理压力）。

（4）投资人表示很喜欢这个项目，决定自己上（确实有这样的投资人，解决办法不是不找投资人，而是要找到靠谱的投资人，而且创业团队要保持创新能力，不断推出新产品）。

（5）输不丢人，怕才丢人（要宠辱不惊，用平常心对待输赢）。

（6）别人只看到我很惨，我却明白自己的使命感（燕雀安知鸿鹄之志！阿里巴巴曾砍掉唯一赚钱的业务，坚持创业初心，集中精力服务中小企业主）。

（7）如今共苦，迟早共甘（合伙人在创业初期需要承受太多的苦难，永不放弃，坚定同行，坚信美好的未来一定会实现）。

（8）只怕一生碌碌无为（这是你选择创业的一项重要理由，行动吧）。

（9）危机，熬过去就是转机（坚定信念，坚持而不固执，多方寻找资源支持）。

（10）陪聊，陪酒，赔笑，赔本（聊出机会，笑出健康，其实多笑很不错；而陪酒大可不必；若赔了本，也不必惊慌，创新无法保证能成功，一定是哪里出了问题，哪里跌倒就在哪里爬起来）。

（11）没有过不去的坎，只有过不完的坎（过一个坎，就上一个台阶，坚持就是胜利）。

（12）营业额降了，发际线高了（营业额降了，是竞争对手太强了吗？那就开辟新市场去；发际线高了？是心理压力太大了吧，要学会减压）。

（13）没有安全感的人，却要让大家有安全感（创业者身上肩负的责任，让员工、投资人以及其他利益相关者得到安全感）。

（14）刚来三天的新同事提离职，理由是他也决定去创业（一定是自己的能力被他鄙视了）。

（15）感觉自己这次会成功，这种感觉已经是第六次（创业不能跟着感觉走，多做些功课，做好风险管理）。

（16）把房子卖了，把工资发了（这是创业者的责任）。

（17）在车里哭完，笑着走进办公室（独自哭泣，不如找朋友倾诉，找到问题症结）。

（18）怕配不上曾经的梦想，也怕辜负了所受的苦难（努力，努力，再努力）。

（19）创业永远不是浪漫的游戏（有时候，可以浪漫一下，创业未必都那么苦逼，享受创业的过程，以苦为乐、苦中作乐也未尝不可）。

（20）下一次，不会再为了钱低头（永远都不要为了钱低头，创业者要昂首挺胸，阔步前行）。

（21）亏了钱，失去了健康（创业或者不创业，都要每天锻炼身体，身体是革命的本钱）。

（22）质疑抱怨的员工少了，慕名而来的伙伴多了（好现象，戒骄戒躁，要不忘初心才是）。

（23）曾经仰望的行业巨头，现在成了竞争对手（下一步，要做引领者，与自己赛跑）。

（24）没有人是工作狂，只是不愿意输（即使不创业，你也不愿意输，享受工作的乐趣，学会平衡工作和生活）。

（25）试别人不敢试的噩梦，造别人不敢造的美梦（创造新价值，就是需要试错，找到对的，噩梦就会过去，美梦终将到来）。

附　录
创业文学作品鉴赏

创业者宣言（青春版）

为了心中的梦想，
敢闯未知的远方。
不怕激流险滩，
也不怕惊涛骇浪。
我们是无所畏惧的青春力量，
哪怕沉沙折戟，也要演绎生命之光。

我们手执创新之剑，
书写人生的华彩篇章。
我们是中华骄子，
铮铮铁骨挺起民族的脊梁。
我们为创而生，
笃定前行，勇于担当！

创业者准则

我们中华儿女，勇把重任担当；
立志创新创业，实现心中梦想。

我们勤劳勇敢，忠诚守信善良；
我们坚定执着，积极进取向上。
我们同甘共苦，意志无比坚强；
我们团结合作，昂首阔步起航！

我们脚踏实地，专注敬业，投入全部力量；
我们不忘初心，挑战自我，引领变革方向；
我们承受孤独，战胜磨难，铸就事业辉煌，
我们感恩帮助，回馈社会，播撒温暖阳光！

我们向全世界郑重宣告：
我必将成为杰出的创业者，
让祖国更富强，人民更安康！

创业犹如戈壁行

罗国锋

带着对未来的茫然，来一场自虐的旅行，
热情冷酷的戈壁，带来了快乐和伤痛。
挑破脚掌的水疱，藐视毒蛇和蚊虫，
不怕炎热的天气，无惧突然的狂风。
冷却之后的大漠，祥和而宁静，
风沙洗礼后的苍穹，缀满了明亮的星星。
创业者的路，本来就坎坷不平，
让我们挽起手来向前冲，黑暗过后，必是黎明。

带着对未来的期盼，来一场修心的旅行。
变化无常的戈壁，反衬着出彩的人生。
揉搓拉伤的肌肉，抚慰受伤的心灵，
战胜内心的恐惧，克服慵懒的惰性。
健步如飞的我们，从容而淡定，
坚定不移的脚步，是因为伟大的使命。
创业者的心，从来就不怕逆境，
让我们挽起手来向前冲，熬过苦难，就是成功。

创业犹如戈壁行，勇敢开启新征程，
同甘共苦的兄弟，置之死地而后生。
前进前进再前进，战斗战斗直到赢。
待到凯旋归来时，鼓乐齐鸣举杯庆。

中国创业者之歌

史竹琴

时代潮流　浩浩荡荡
创新创业　旗帜高扬

唯创新者胜　唯创业者强
时代召唤　创新勇立潮头
人民幸福　创业我们担当
唯创新者胜　唯创业者强
民族振兴　实体经济担纲
国家富强　英雄儿女激昂

唯创新者胜　唯创业者强
逢山开道　踏石留印好儿郎
遇水搭桥　抓铁有痕巾国忙
唯创新者胜　唯创新者强
听从内心呼唤　致力国家富强
冲破陈规陋俗　聚力中华梦想

唯创新者胜　唯创业者强
一带一路
创新创业的新天地我们践行畅想
唯创新者胜　唯创业者强
中华复兴
振聋发聩的主旋律我们合力奏响

中国梦，创客梦

游幼华

创客——为梦想而生

真的创客，成功的创新者

创客，是一种信仰

创客，是一种精神

创客，是一种心态

创客，是一种内心的强大

创客，是一群怀着梦想的人

创客，是一群具有行动力的人

创客，是一群懂得协作的人

创客，是一群懂得感恩的人

不管你在哪里

不管你在做什么

你，在为梦想而改变

你，就是创客

创客是梦想

创客是改变

创客是激情

创客是开始，是过程，也是结果

创客是一切正能量之和

你是一个 SALESMAN

你在改变提升产品的流通

你，就是创客

你是一个工程师

你在改变科技的进步

你，就是创客

你是一个创业者

你在改变促进民族的经济

你，就是创客

芸芸众生中，你我也许都是小小的人物

在生活，在工作，在奋斗

在为每一件小事而努力

我们都在改变一些什么

变得更好

我们都是创客

我们在为中国梦努力改变自己，实现梦想

我们就是爱国的创客

满江红——创业情

王飞寰

大江奔腾，流向东，气势如虹。

抬望眼，极目苍穹，心潮难平。

无限风光在险峰，莫辜负百年人生。

念初衷、携手踏征程，马不停。

创业情，日益浓。

勇攀登，敢争锋。

真英雄，拔剑舞天地惊。

日月星辰藏于胸，能从容唤雨呼风。

君且听、举国齐声唱，东方红。

我要创业

王飞寰

不要问我来自哪里

曾经怎样贫贱的生活

不屈的心

造就了我倔强的性格

我拒绝平庸

我抛弃浑浑噩噩

我要奏响新时代的创业之歌

创业不是随便说说

行动起来吧

让我们甩掉曾经的困惑

看准前进的方向

劈波斩浪永不退缩

掌好舵

坚定且执着

创业的身体虽然苦着累着痛着

心却有说不出的快乐

我要创业

我要改造日月山河

我要做新世纪的楷模

我要做勇往直前的创业者

我要向全世界宣告：我们创造的

必定是一个欣欣向荣的中国

题赠创业伙伴

宋健

创业艰难百战多，酸甜苦辣本自知。

胸怀大志独孤行，理想目标顾自持。

有朝一日逢腾起，不在有人笑癫痴。

推杯换盏同相庆，挥斥方道万户侯。

梦想为我导航

李扬勇

我有一个梦想

是我前进的方向

行走在这条路上

初心永不会忘

坎坷无阻，风雨无挡

一步一步，迈向前方

或许路还很长很长

我已准备好远征的行囊

我知道，我一定会到达我要去的地方

因为我有理想为我导航

新华都商学院创立五周年有感

谭　琨

缘起清溪一粒种，撒播福地便发萌。

三年五载光阴速，四面八方气候成。

引水百川循少穆，齐心大众效愚公。

此行善业仍千里，桃李无言处处风。

缘起清溪一粒种，散播福地便发萌。清溪，福建省泉州市安溪县的古称，以盛产茶叶闻名，是铁观音的发源地，陈发树先生就出生在这里。他家境贫寒，从小未能读书，逐渐开始经商，木材经营、零售百货、房地产投资，创立了新华都集团，登上了福布斯富豪榜。因为一个未了的求学之梦，陈先生在 2010 年向闽江学院捐赠 5 亿元人民币，在福州市创立了一所新华都商学院，以自己的慈善基金会冠名，也成为国内第一个创业创新 MBA 学位的授予机构。

三年五载光阴速，四面八方气候成。时间过得飞快，一转眼就五年了，新华都商学院在福州、北京、上海、瑞士四地办学，开展了本科、MBA、海外联合硕士、商务培训、创业孵化等几大项目。自从学院创办以来，历经了艰辛与磨难、压力与挑战，围绕着如何开展创业创新教育，在实践中摸索前进，积累了一些经验，逐步有了一些成果，对未来也充满了更高的期盼。

引水百川循少穆，齐心大众效愚公。少穆，林则徐的字，晚清福州人，因虎门销烟而著称于世，被誉为民族英雄。"海纳百川有容乃大，壁立千仞无欲则刚"，是林则徐写下的一副名联，要开创一番事业，必须有开阔包容的文化。新华都商学院的教职员工，来自全国各地、国内国外、高校企业，文化融合在这里成为一个重要课题。只有接纳不同观念，打造团队精神，加之以坚定的信念和持之以恒的奋斗，发挥出"愚公移山"的精神，才能创出特色、取得佳绩。

此行善业仍千里，桃李无言处处风。新华都商学院非常年轻，学院的发展本身就是一条创业之路。更为特殊的是，这所教育机构是因为慈善而生，又通过教育——慈善的一种形式去回报乡里、回馈社会，意义非凡。"爱国爱乡、海纳百川、乐善好施、敢拼会赢"，这十六个字的福建精神，也许正是这一群教育战线的创业者们前进的动力、真实的写照、不懈的追求。所谓行善积德、功德无量、育人育德、义不容辞。

倚楼听风雨，笑看逝日如梦

许宜才

一次邂逅，一场落幕，衣衫轻薄，夜微凉，一场盛世繁华，演绎了多少创业者似水流年的故事，掩盖了多少守业人沧海桑田的岁月。不如守着一颗初心，倚楼听风雨，淡看逝日如梦。

回首昔日花开花败，红尘云烟，多少岁月匆匆擦肩而过，不是光阴无情，而是人事易分，在光阴的轴线上，我们终究无法冲破，挽住流年。只是时光在远去，诉说着年华往事。一路走来，岁月留下的斑驳记忆，一季花的落败，充满了惆怅，一年的等待，充满了感伤，自此，只愿时光安好，不再流离于天地之外，花开若相惜，花落莫相离。

一路的风景总是不断地更迭，南来北往的人群，我们能记住多少？迎来送去，不断折柳挥袖，谁是谁的过客，谁是谁的笑话，谁把谁当真？一切都会化为乌有，花开几许，叶落几层，春去秋来，谁能把曾经梦想风干成现实，随年华变更而更醇香。

韶光故事不相同，创业之路觅觅寻寻，自古多情留余恨，乱世桃花落水流，世间无数落花有意，流水无心。无妨，爱与不爱都体会过，才会把历程都看透，过尽千帆，愿归来仍是创业人，随世事流转，站在风华之外，淡看过往故事。

流年似水，似水流年。这一程山水，有相过，有相伤，也有相忘，当所有的过往都在岁月里尘埃落定时，内心萦绕的，只有想不想都会成长，收不收获都是经过。曾经不去问故事的结局，也不去纠结未来还有多远，只当这一路的感动与欢愉于时光深处，把寒凉过在往日的云烟里，把心的纹路放在手掌里，以静水深流的姿势，笑看江湖路。

人生二十年

卖灯郎

二十年时间，足够长，但也足够短。

1997~2017 年，长得足够重塑了整个中国的经济社会面貌。中国经济发展一路狂奔，社会面貌日新月异，互联网在不断改变人们的思维模式和行为方式。

1997~2017 年，短得让许多人对这个社会感到茫然，甚至有些不知所措，人们看不懂，来不及。岁月如握不住的流水，曾经的青春少年如今已是满头白发，心中的壮志豪情还在，但却依然不名一文。

不管是太快还是太慢。二十年时光，总有许多东西值得我去追忆。有失败的教训，也有成功的喜悦。于自己，对于照明行业，我想说：这二十年时光，每一天都未曾被辜负！

我不曾遗漏这个行业的每个重要的节点！

我没有在激荡的市场变革中迷失自己！

我将继续书写这个行业更精彩的创业故事！

行业给我生路，我以一生相许！

活着就有机会！

她

魏文杰

我想，这条路上，我提不起柔情的笔描绘篇章；

一行文字；三行情诗；却已泪千行。

殊不知不能理解苦与愁，且终究化成故事里的酒。

只喜翻过这个山丘，跨过那个山头。

走在前面才是目标，才是追求。

我想，对于梦想，我还是会一股柔情等她绽放；

一种情怀，背影成双，三五人渴望。

早不知朝九晚五何滋味，也不问今朝有酒醉何方。

总要有更进一步的期望，总会出现盼头。

风里雨里我在等你，我在等你。

创业英雄

创业英雄

1=♭B 4/4

未名 东创 词
詹少杰 曲

因为 一回回跌倒 才有了 站立的迷茫 不知 道多少人 折断了
因为 看不到前路 才熄灭 前进的想象 谁还 能为我们 点亮那

生命的翅膀 也曾 经问苍天 一次次 苦苦的冥想 谁是
智慧的光芒 让我 们挽起手 紧紧地 靠近臂膀 谁是

英雄 创业的英雄 踏上 巨人的肩 膀 我要
传说 普罗米修斯 拥抱 崭新的太 阳 我要

推开世界的窗 给天 地万丈光芒 我要开始生 长给生 命 一缕阳
打开成功殿堂 让创 业凝聚力量 我要敢为人 先让创 新 一路歌

光 我要 让所有地方 都看 到思想在飞 飞向远 方 飞向远 方
唱 我要 让所有渴望 都看 到梦想在飞 飞向辉 煌 飞向辉 煌

转调1=G（合唱）

成功在唱 失败在想 孤独 在舞 荣辱飞 扬

勇敢面对 独自彷徨 我们要 高声 唱 高声 唱

创业者之歌

创业者之歌

1=F 4/4

激情豪迈地

东 创 词
詹少杰 曲

5· 5 3 1 ｜ 5 － － － ｜ 6 7 1 6 ｜ 5 － － － ｜

中 华 好 儿 女　　　勇 敢 闯 四 方

中 华 好 儿 女　　　创 新 创 业 忙

3 3 4 6 6·6 ｜ 6 4 3 2 － ｜ 6·5 3 3 0 2 1 2 ｜ 1 － － － ｜

我 们 是 青 春 的 力 量　　笃 定 前 行 斗 志 昂 扬

我 们 要 绚 丽 的 绽 放　　不 忘 初 心 奋 发 图 强

6 6·7 1 1 ｜ 2·2 1 2 6 － ｜ 7 7·1 2 6 ｜ 6·5 2 4 3 5 5 ｜

我 们 是 雄 鹰 展 翅 翱 翔　　我 们 是 骏 马 驰 骋 疆 场 我 们

我 们 用 汗 水 凝 聚 力 量　　我 们 用 热 血 铸 就 辉 煌 我 们

5 6 5 5 4 ｜ 3·3 3 2 3 6 6 ｜ 6 7 6 6 5 ｜ 4·4 4 5 2 5 5 ｜

闯 闯 闯 闯 出 人 生 一 片 天 我 们　　创 创 创 创 造 新 的 方 向 我 们

5 6 5 5 4 ｜ 3·3 3 2 3 6 6 ｜ 6 7 6 5 4 ｜ [1. 3·3 2 5 1 0 ‖

闯 闯 闯 闯 出 复 兴 之 路 我 们　　创 创 创 创 造 中 国 梦 想

[2. 3·3 2 5 1 5 5 ｜ 6 6 6 5 4 ｜ 3·3 3 2 3 6 6 ｜

中 国 梦 想 我 们　　闯 闯 闯 闯 出 人 生 一 片 天 我 们

6 7 6 6 5 ｜ 4·4 4 5 2 5 5 ｜ 5 6 5 5 4 ｜ 3·3 3 2 3 6 6 ｜

创 创 创 创 造 新 的 方 向 我 们　　闯 闯 闯 闯 出 复 兴 之 路 我 们

6 7 6 5 4 ｜ 3· 3 5 6 ｜ 7 － － － ｜ 5·5 2 3 1 0 ‖

创 创 创 创 造 中 国 梦 想　　伟 大 荣 光

梦开始的地方

梦开始的地方
青创学堂主题曲

1=G 4/4　铿锵有力 ♩=120

作词：东 创
作曲：李晓白

0 1 1 1 | 1 6 | 7 1 1 - | 1 2 | 7 7 7 7 5 | 7 6 6 - - |
激情燃 烧的 青春 有着 擎 天 撼地 的 力量
锐意进 取的 创新 引领 社 会 变革 的 方向

0 1 1 1 | 1 6 | 7 1 1 - | 1 2 | 3 3 3 3 2 | 2 3 3 - 1 2 |
热血沸 腾的 青年 胸怀 壮 志 凌云 的 梦想 青创
艰苦卓 绝的 创业 改变 命 运 谱写 华章 青创

3. 3 3 3 1 | 2 2 3 2 2 - | 1 6 0 0 0 | 0 0 0 1 2 |
学 堂 让青 春的 力量 绽放 青创
学 堂 让创 新的 力量 绽放 青创

3. 3 3 - | 0 3 3 3 1 3 2 | 0 0 0 5 | 6 - - - |
学 堂 让青年的 梦想 点 亮
学 堂 让创业的 梦想 点 亮

0 0 1 1 | 1 6 6 - 5 3 | 5 3 3 - 5 3 | 5. 5 5 6 5 5 |
青 创 学堂 共创 辉煌 誓把 双创 智 慧

3 2 3 3 1 6 | 1 6 5 5 5. 3 | 5 6 6 0 1 6 | 1 6 0 1 6 0 |
传 四方 青创 学堂 梦开 始的 地方 你我 携手 一起

1 1 6 1 1 - | 1 - - - ‖
扬帆 远航

后 记

为创而生——《创业者宣言》诞生记

创业者是一类人，他们既可以来自不同的职业，也可以位于不同的阶层；既可以具有不同的性格特点，也可以有不同的信仰和教育背景。若要找一个创业者的共同特点，那一定是创业者精神。创业者精神，是创业者区别于普通人的最本质的特征。所以我们认为，从根本上说，创业者就是一些平凡的人，踏踏实实进行新价值创造的人。他们之所以"生而骄傲"，是因为他们不惜以自己微小的力量，来博取世界大的改变。

在创新创业教学中，如果能有一篇《创业者宣言》，可以帮助学生和社会上的创业者找到一种身份认同，那一定可以提升创新创业教育的效果。网络中流传的《创业者宣言》（美国）（也被译作《企业家宣言》）属于西方的文化和价值体系，有些词句与我们东方文化和价值体系有冲突。所以，十分有必要创作一篇我们中国人自己的《创业者宣言》，要符合中国人审美，同时也符合中国的实际。

创作过程

2017年7月15日是暑假的第一天，我们开始了艰难的创作之旅。这一天，我组建了一个微信讨论群，话题就是要创作中国版的"创业者宣言"。由于我们自己能力有限，所以就需要调动众人的力量共同参与创作。

我们的主创团队，由我、张立克博士、张文亭博士和张彦惠副教授组成。在大家的积极发动和参与下，微信群人数越来越多。为何创作《创业者宣言》这样一件事情，可以被广泛关注？我想，这就是顺应历史潮流并且有着

广泛用户基础的新价值创造过程。创作《创业者宣言》，符合国家当前的
"双创"政策，顺应历史潮流，同时又有足够的正能量。所以，创作一篇能
够为中国创业者提供精神食粮的《创业者宣言》，就像一面大旗，号召着众
多的创业者以及相关领域的人员参加进来。这些创业者是《创业者宣言》的
用户，他们需要一种精神食粮，而我们所做的这件事情，就是生产创业者的
精神食粮，这本身就是一种创业活动，我们创造性地整合了一些关键资源，
创造了新的产品和价值。

我们开始广泛征求意见，向中国创业教育顶级专家李家华教授求教，李
教授当然早就在我们的微信群里，并且经常发言给予指导，但我们仍然坚持
向李教授当面求教。两个小时的时间，李老师给了我们非常好的意见。同时，
我们也听取吸收创业教育领域一众专家的意见，我们请真正的、正在创业的
创业者试读了几个版本，倾听他们的意见。辗转反复 50 余天，到后来我的创
业者朋友们都快要不敢接我的电话了，因为电话一定会是关于"创业者宣
言"的。

2017 年 9 月 9 日，是一个非常值得纪念的日子。这一天，我们邀请了 40
余位专家和创业者在东北大学秦皇岛分校召开创业者精神论坛。在论坛中，
我们通过年轻的学生集体诵读，正式向外界发布了《创业者宣言》。

发动参与

建群之后，我们在群内公告如下：

我们正在发起创作一个属于中国人的《创业者宣言》。做这个宣言的目
的是帮助创业者坚定信念、端正动机、鼓舞斗志、调整心态，以此激励创业
者前行，并成为创业者的准则。

我们已经测试了数个版本，但我们自己并不满意。我们在共创群内抛砖
引玉，希望能够使《创业者宣言》快速迭代。我们甚至不惜把一切推倒重
来，只要能够创作出一个更好的版本。

人无高低贵贱，创业不分先后。尽管 1000 个创业者，每个人都会有自己
的宣言，但其中必有共同的东西，这就是我们想要的。

我们深知，唯有更多的创业者、投资人、创业学者和文采飞扬的专业作者加入，才能够成就传唱经年的不朽作品。

来吧，加入我们的《创业者宣言》共创群，说出自己对创业的理解，将最有力量的语言在群中说出来，为中国的创业者提供正能量！

与李家华教授讨论对话

李家华：

@国锋　愿创业者与创业教育者共美。

罗国锋：

创业教育者，是更广义的创业者。创业者教育能有今天，得益于包括李老师在内的几位前辈的引领。

李家华：

创业教育者首选应是具有创业精神的自我挑战者。

愿我们共同努力成为具有创业精神的创业型创业教育工作者。

罗国锋：

《自我挑战者》这个词太好了！

李家华：

@国锋　创业教育的基础环节是创业意识的唤醒。您做得很好！

罗国锋：

谢谢李老师的褒奖，我做得还很不够。中国的年轻人创业面临的最大的障碍，就是社会的不理解与不支持。当然，这不代表中国的全部城市，（在很多长者眼里）创业经常被认为是离经叛道。

有些孩子创业，是要瞒着自己的家庭。创业成功了，告诉父母。创业失败了，独吞苦果。

李家华：

@国锋　这有待于中国创业文化的真正形成。

@国锋　您坚持创作出最好的《创业者宣言》，这本身就是在普及创业文化。

罗国锋：

这也得益于群内 300 多位创业者、投资人、导师、媒体工作者、专业作家等朋友们的默默支持！大家的支持，给了我前进的力量。《创业者宣言》也必将给予创业者以力量。

李家华：

愿《创业者宣言》成为创业教育的好教材。

（群友胡占超在此时发言，这句话就像是美妙的画外音）：

以某种仪式感的形式流淌到创业者的灵魂里面去，当他困顿、迷茫的时候，有一首写给自己的歌，让自己重新充满力量。

罗国锋：

所以，叨扰了 300 多位朋友，一起来创作。我相信草根时代创业者获胜的法宝，就是众创。当我在授课的时候，我希望有这样的东西可以让孩子们朗诵，将准则记在心中。

李家华：

@国锋　我相信：众志成城，众智成文。

罗国锋：

创业者的最终成功不是来自创造发明，也不是自于商业模型，而是来自对自我弱点的战胜和健全人格的形成。

李家华：

@国锋　我今后上课也采用您创作的《创业者宣言》，增加仪式感。

罗国锋：

这是我们共创的结果、共同的孩子，是大家一起创造的产品。

李家华：

是的。创业教育的要诀之一是：创业者人格塑造。

罗国锋：

这种形式的创业者教育，可以提前至中小学。别让孩子们到了大学，甚至研究生毕业，还没有人生目标。

李家华：

是的。我 10 年前就提出过"创业教育从娃娃抓起"。

童言无忌，儿童往往最具有创新性。

罗国锋：

一定要到中小学。创业者教育，不是商业教育。而是一种伟大精神的传承，人类从古至今，没有创业精神，将不可想象会是什么样子。

李家华：

从小培养，有利于让创新成为习惯。

人生成功的关键是形成健康积极的习惯。

罗国锋：

我们不仅有创富的创业，也有创美的创业，还有创爱的创业。一切对真善美追求和改善人，都值得被尊敬为创业者。

所以有创业型大学、创业型政府等各种创业型组织。

李家华：

创业可以作广义与狭义的区分。

罗国锋：

从过去版本（创业者宣言）的创造客户价值，改为创造新价值，就是希望，把创业者宣言，做成广义的创业者宣言。讲这些是希望在群友中达成一个共识。

创业的本质是创新。创新不是发明创造，而是带来新价值，只要带来新价值，大家都是创业者。像董卿的《朗读者》，王利芬的《赢在中国》，他们是媒体界的体制内的创业者。

罗国锋：

李老师讲的"从小培养，让创新成为习惯，并奠定人生成功的基础"，中小学将成为创业教育者下一个阶段的重要阵地，这为我们提出了一个新课题。

李家华：

创业教育的价值链可以延伸。

微信讨论群内的观点交锋

张海升：想干事的心情、干不成不罢休的决心、科学干事的行为、诚信担当的精神、事情符合产业方向、商业模式可实现、天大困难能坚持，这些是基本条件。干成事百里有一，特不容易，需有心胸。

夏军：既要有坚定的创业信念，更要通俗、口语。要传播，口口相传。

张建军：创业无关成败，起步即有未来，人生百炼成金，达成终于心态。

万勇：我以为，创业者要的不是鸡汤，而是共鸣！创业者从来都是九死一生。创业是条不归路，永远没有风平浪静。曾经的雅虎多牛啊！现在连个名字都没有留下。

现在很多的所谓创业者，并不知道什么是创业，只是一窝蜂地拥进来，然后又一窝蜂地退下去。

李钧：过于武断了，其实创业就是人的心态在另一个层面的展现，有人创业是为了谋生，有人创业是为了成就自己，有人创业是为了反哺社会。创业应该是件快乐的事情，不要描述得过于悲观，成功了固然好，失败了也不见得人生就等于失败。

杨凤：我是"90后"，当初创业是因为想要尝试，真正开始做了以后才感受到责任与坚持。

李保全：人为什么创业？一是有理想、有梦想、有憧憬；二是生活所迫、形势所迫；三是为了热爱。从境界看，初创者绝大部分为了赚钱，成为理想中的有钱人。少部分是想把某种成果转化。初创者境界要高一些，有了更高层次的诉求。

不怕失败，就怕失败不起。把小事当大事做，就能做出精品。学院派要听听从业者的声音，不要在自己"想象的现实"中耕耘。

袁晓鹄：通过自己的努力，让家人幸福地生活，可能是大部分人创业的初衷，进一步才是回馈社会。

张涵：世界上没有谁优不优秀，逼到绝路谁都卓越，有了退路谁都平庸。世界上有条很长很美的路叫作梦想，还有堵很高很硬的墙叫现实。翻越那堵墙，叫作坚持；推倒那堵墙，叫作突破；战胜自己，才是命运的强者！

刘雍：创业者宣言。

我是一名勇敢的创业者！我将胸怀利他的价值观！

秉持中华民族的优秀品质，先做人后做事。

在团队里坚守忠义，在市场里恪守诚信，在利益前保持善良。

我将以为社会做出巨大贡献的企业家为榜样，勤勉、谦虚、智慧、充满正能量。

以乐业为目标，以和谐为标准，以创新为原则，以责任为动力。

身体力行，意志坚定，遵守法律，完善自我，不忘家庭，以客观规律为依据，以公众利益为己任，为梦想、为团队、为国家而努力奋斗！

罗国锋：人无高低贵贱，创业不分先后。尽管1000个创业者，每个人都会有自己的宣言，但其中必有共同的东西。这就是我们想要的。

万勇：创业者要的不是高大上，要的不是喊口号，要的是接地气。这也是对创业者和创业项目最基本的要求。而往往就是这个最基本的要求，却最容易被人忽略。绝大多数创业者都会被舞台上成功者的光鲜亮丽所迷惑，却不知成功者背后所付出的辛酸和苦泪，不知他们所承受的委屈，不知他们所放弃的一切。不是每个人都适合创业，也不欢迎所有人都来创业。但一旦选择了这条不归路，就必须做好心理准备。

薛魁中：我创立过三次公司，我觉得创业并不是别人说的痛苦，遵循当下发生的一切，好好享受创业，并全力以赴，成功失败不重要，重点是敢于挑战，创业者要的是坚定不移信念和发自内心的追求。互联网时代下，看清趋势、抓住机会，哪怕是短暂的成功，我觉得也值得！

万勇：创业是一种天生的资质，对于具备这种天生资质的人来说，创业是一种享受，而对于不具备这种资质的人，创业就是一种痛苦。

薛魁中：如果创业是一种痛苦，就没有必要创业，否则是花钱找罪受。

万勇：@薛魁中 对的。但痛苦是个很奇妙的体验，在没有尝试之前，没有人知道是什么滋味的。所以，才会有那么多的人前赴后继地投身创业，直到发现苦不堪言后，才黯然离场。我觉得我们需要告诉大家，创业绝不是想象中的"过家家"，它比世上任何一项工作都要辛苦。如果你是忍受不了工作的苦闷、忍受不了人际的排挤而选择逃离、选择创业，你是不会成功的。

张海升：@万勇 说得有道理，口号要有，目标、愿景、艰辛、努力和坚持都需要。

王艳茹：感觉可以有庄严版、诗歌版等版本，还可以有学生版、教师版，只有广为宣传才能使更多人了解。

史竹琴：@罗教授，《创业者宣言》和《创业者之歌》，都在普及双创文化，都印出来！

董小泰：创业的本质是对生命的负责。创新的本质是为了解决问题，不局限于现有方案的大胆实践。

张立克：企业家是真刀真枪的实战，创业教育者是在为创业生态培植土壤，两者相辅相成，我想《创业者宣言》就是培植土壤的重要的一环，对创业教育乃至创业生态都很有价值。

李世杰：做研究的、讲课的，要对市场有敬畏之心。我们随随便便一句话一个结论，上下嘴唇一闭一张了事。到了市场上，企业家玩的可是真金白银。

张仁江：很多创业者之所以说"难"，很大的原因是因为对企业成长规律不了解，盲动的结果。

罗国锋：宣言和准则，一个需要热血沸腾，一个需要冷静清醒，就像水与火。

董小泰：创业要实干，所谓宣言，没有什么实际意义。把宝贵的时间用在文字游戏上，没有意义。就创业辅导来说，要接地气，从学生的现实出发加以引导。打鸡血偶尔为之即可。创业是长跑，需要必须有长期枯燥无味的工作，比如客户、产品、营销、服务等。

旗帜的力量：@董小泰 创业者需要激情，说白了就是打点鸡血，这东西看自己怎样掌握了。我个人认为有比没有好。创业中我们会经常遇到挫折，非常灰心，这时就需要一点精神食粮。

韦金红：赞同。创业必须实干，但也少不了精神食粮。成功的企业，都有自己深入人心的企业文化，这些东西可以辅佐团队创造出更大的辉煌。

　　李钧：创业不是普通人能做的，有企业家精神和素质的人是比较少的，能成为企业家的更是凤毛麟角。市场上一旦出现一哄而上的事情，我觉得都要特别小心。万众创新、万众创业、万众创投、万众天使等，对这些都要特别警惕和小心。所有的企业都需要创新，但创业只有少数人能做，创投更是只有极少数人可以做，天使也不是人人都能做的。

　　王维：创业者是要实现价值，而价值不等于钱。钱是一种衡量方式，一个角度。其实很多人不是因为赚钱而创业，但都会相信实现了梦想，自然收获丰厚回报，包含物质回报。价值取向很重要，让付出的人获得更多。创业是一种追求，一种坚定自己可以改变并实现价值的追求、信仰。而经营过程，其中一个指标是收益和利润，但不是全部。每一个创业者都不相同，选择创业都有一个自己的原因，或为了赚钱，或不好找工作，或钱多搞点事，或几人价值观相同准备干事业等，非常非常多的原因。我认为所有选择创业的人都是值得尊重的，不管有没有成功，他们至少为了自己的目标、梦想或愿望在努力，在拼搏，在路上。只有真正创业的人才能了解创业过程中的酸甜苦辣，很多时候是一种选择、一种方式、一种自己对自己的认可，也有放弃了的，但不会后悔这途中的风景、遇到过的人。即便上当受骗、即便亏了金钱，但会收获自己的历练。人生，生不带来死不带去，人来到世上的价值或使命究竟是什么，每个人都有自己的答案。

破茧而出

　　随着大家不断争论，越来越多的人参与到了微信讨论中。微信群越来越大，最后达到了500人。人员增多是把"双刃剑"，一方面，创作力量越来越大，但另一方面也越来越众口难调。宣言经过了6次大改，近百次迭代，群内的专家、创业者、投资人、文艺工作者、心理学家、媒体人等，他们已经开始审美疲劳了。对于第6个和第7个版本，那是真的越看越没有感觉，创作陷入了某种难以自拔的死胡同里。不断有人退群，也不断有新生力量加入。每次新人加入，我都把之前的版本以及几个版本的朗读视频发到群里，供大家参考。下面是几个典型的版本。

创业者宣言 1.0

我要有梦想，也要脚踏实地。

我具有健全的人格，勇敢而且坚定。

我要做有价值的创新，要做有意义的冒险。

我将用价值，赢得客户的共鸣。

我要与小伙伴同甘共苦，和他们分享财富。

我要创造性整合关键资源，感恩所有帮助我的人。

我愿意过几年甚至几十年绝大多数人不屑的生活；

然后尽我所能回馈父母和社会。

无论成败，我都要光荣面对。

我要说，我有权成为杰出的创业者，创造更加美好的未来。

创业准则与宣言 2.0

我脚踏实地，心怀梦想。

我勇敢坚定，积极向上。

我做有意义的冒险，做有价值的创新。

我与团队同甘共苦，和他们荣辱与共。

我团结一切可能的力量，共同为客户创造价值。

我愿过几年甚至几十年，大多数人不屑的生活，

然后尽我所能，回馈父母与社会。

我感恩所有的帮助，也感激所有的磨难。

我将忍受孤独，直面挫折，笑对风险。

我向全世界郑重宣告：

我将成为杰出的创业者，创造更加美好的未来！

1.0 和 2.0 版本，这两个版本分别在不同的班级试读，读起来感觉还不错。但他们受美国《创业者宣言》的影响非常大，似乎难以摆脱美国《创业

者宣言》的影子。

创业者宣言3.0（这是"抛砖引玉"版本，建群讨论此版，标志着共创开始）

> 我脚踏实地，积极向上；
>
> 我坚定勇敢，心怀梦想。
>
> 我与团队同甘共苦，共同成长。
>
> 为了创造新的价值，我愿团结一切力量！
>
> 我把握时代的脉搏，追随内心的选择。
>
> 我承受创业的孤独，收获创造的快乐。
>
> 我感恩所有的帮助，感激所有的鞭策。
>
> 我要向全世界宣告：我必将成为杰出的创业者，创造美好的未来！

创业者宣言4.0

> 时代在召唤，快投身双创。
>
> 中华好儿女，岂能不担当？
>
> 我们勤劳务实，天性忠诚善良；
>
> 我们坚定勇敢，心怀伟大梦想。
>
> 我们同甘共苦，蜕变跨越成长；
>
> 我们创造新价值，愿意团结一切力量。
>
> 我们追随内心的选择，引领社会变革方向；
>
> 我们承受创业的孤独，面对磨难从不彷徨；
>
> 我们感恩所有的帮助，誓为寒冬带来暖阳。
>
> 我们向全世界郑重宣告：
>
> 我们必将成为杰出的创业者，让祖国更富强，人民更安康！

经过历次修改，4.0 版本的终结版 4.9 诞生了。

创业者宣言 4.9

我们中华儿女，勇把重任担当；

立志创新创业，实现心中梦想。

我们勤劳勇敢，忠诚守信善良；

我们坚定执着，积极进取向上。

我们同甘共苦，意志无比坚强；

我们整合资源，昂首扬帆启航！

我们脚踏实地，专注敬业，投入全部力量；

我们不忘初心，挑战自我，引领变革方向；

我们承受孤独，战胜磨难，铸就事业辉煌，

我们感恩帮助，回馈社会，共浴温暖阳光！

我们郑重宣告：

我们必将成为杰出的创业者，让祖国更富强，人民更安康！

第四版宣言的创作，强调规则和创业者的价值观。语句有点生硬和冰冷，最终，4.9 版本演变成了创业者准则（见附录）。创作似乎陷入了死胡同，我跟张立克博士讲，让他排除一切干扰，把之前的全都推倒重来，做一个第五版。于是，有了 5.0 版本。

创业者宣言 5.0（"拍砖"版）

我们不愿乐享一世的安稳，

渴望夏花般绚烂的人生。

我们不愿屈服于流俗，

立志实现渴望的改变。

我们热爱生活和自由，

相信创造能够成就梦想。

我们平凡，但生而骄傲，

即使在贫瘠的土地上，也要做个拓荒的人。

我们要做创业者，创造新价值，改变旧格局；

我们就是创业者，谁也无法阻挡我们的征程。

创新是我们的根，创业是我们的魂。

我们为创而生，

不怨不悔！

这个版本出来后，我正在合肥与一帮同仁小聚。当晚就由来自武汉的任鹏和合肥工业大学的汤汇道老师试读了两个迭代版本，经过数天的修改，终于达到一种比较满意的状态。

宣言的最后，"为创而生"这四个字，受到了电影《战狼2》中一个镜头的启发。在电影的最后，男主角高举战旗，背景里面闪过一面巨大的墙体，墙体上有一行字：中国维和，为和平而生。我想，创业者也应该这样。为创而生，就是创业者的宿命。

虽然比较满意了，但创作还在继续。我们不怕推倒重来，你的支持就是我们开启重新创作的动力！

我们不怕推倒重来，你的支持就是我们开启重新创作的动力！

虽然我们不断地为群内的创友打"鸡血"，激发大家的灵感，但持久战让团队陷入陷阱似的状态中。就在此时，李家华老师给出了最关键的指导。经过讨论，我们确定了第六版《创业者宣言》创作的原则：唤醒+激励+意境（诗言志）+普适性。在我自己做了一番单人的"头脑风暴"之后，我有了几个意象。然后，晚上受邀参加了本丛书常务编委之一、中国实践教育产学研创新联盟执行秘书长王维的一个饭局。饭局中我受到了极大的启发，有一位创业老前辈激情地讲述自己团队的创业故事。我一边听一边改着这一稿。饭后就有了诗情画意而又铿锵有力的 6.0 版。

创业者宣言6.0（"引玉"版）

一道亮丽的闪电，唤醒了睡梦中人，

雨水浸润过的土地，青春之花绚丽绽放；

梦想的野马，在我心底嘶鸣，

雪山之巅，雄鹰要纵情飞翔！

不怕激流险滩，也无惧惊涛骇浪，

为了渴望的改变，敢闯未知的远方。

征战的勇士，誓把热血点燃，

哪怕沉沙折戟，也要演绎出炫彩的生命之光。

我们手执创新之剑，刻画美好的未来世界，

我们心怀爱国之情，用青春书写祖国的华彩篇章。

我们是中华之骄子，绝不辜负人民的期望，

我们为创业而生，笃定前行，勇于担当！

这版宣言，气势轩昂，押韵，有力量。但好像没有直接切入主题，即创业和创业者。进一步修改完善之后，就迭代到了歌曲版的宣言，即《创业者宣言》6.2。

创业者宣言6.2（歌曲版）

中华好儿女　勇敢闯四方

我们是青春力量

雄姿勃发　斗志昂扬

我们像雄鹰一样展翅翱翔

中华好儿女　投身创业忙

我们不惧山高水长

不忘初心　敢拼敢闯

我们把命运掌握在自己手上

中华好儿女　反哺社会家乡

我们要绚丽绽放

做青春榜样　谱多彩乐章

让世人仰望伟大的中国梦想

中华好儿女　勇把使命担当

我们是新时代的榜样

我们闯闯闯　闯出一片天

我们创创创　创祖国富强

共同复兴华夏的灿烂辉煌

经过修改这个版本的《创业者宣言》，最终衍生出了一首歌曲——《创业者之歌》。同时，经过精简和语句调整，产生了一篇新的宣言，我们叫这个宣言为青春版。[歌曲和宣言（青春版）见附录]

一共做了6个版本，到底采用哪个版本？经仔细斟酌，我们认为，最符合中国审美、价值观以及国情的版本，当属5.0版。所以，最终《创业者宣言》以5.0版为基调，缩减和修改为13句，并放在了本书的扉页。

在宣言创作过程中，衍生出三首歌曲和一系列诗歌，《创业英雄》《创业者之歌》和《创业者说》三首歌曲先后完成了词曲的创作，《创业英雄》还进一步制作成歌曲投稿到中央电视台"创业英雄汇"栏目。值得一提的是，这首歌曲是由两位音乐教育领域的创业者亲自演唱，由一位独立制作人制作。另外，来自全国的朋友们用诗歌、散文等文学的方式，演绎了他们对于创业和创业者的理解。我们精选了部分内容放在了本书的附录部分。

两个版本的《创业者宣言》于2017年9月9日在首届创业者精神论坛正式发布。面向青年学生的《创业者宣言》（青春版），深受学生喜爱。而正式版的《创业者宣言》则更加深沉和内敛。《创业者宣言》语句不多，用 13 行字将三种典型的创业动机、创业者的定义、创业者的准则和创业决心用中国人的方式表现出来。此后，在西北工业大学、南京大学、人民大学、天津工业大学、南阳创业大街以及钟祥市创新创业大赛，《创业者宣言》和歌曲《创业英雄》多次在创业者的聚会场合以及多次面向高校的创业师资培训班上被诵读和聆听，效果应该说还不错。

首届创业者精神论坛隆重召开

2017 年 9 月 9 日，美丽的海滨城市秦皇岛迎来了全国各地 30 余位创新创业领域的重量级嘉宾，他们是专程为参加全国首届创业者精神论坛而来的。本次论坛由北京炎黄英才创新创业科技发展中心、北京市创业创新协会和中关村中科创新创业教育基金会三家公益组织主办，由中国管理现代化研究会风险投资研究专业委员会、中国实践教育产学研创新联盟、山西省科技创新创业服务大平台、南京建邺巾帼创客家公益服务中心、贵安互联网企业发展协会、中关村众筹联盟以及秦皇岛众筹爱心企业联盟社会团体协办，由中国发展出版社、中国风险投资研究院以及创新与创业教育杂志社等研究和出版机构支持，由东北大学秦皇岛分校承办，大学生创新创业中心与管理学院联合组织。

上午 9 时，论坛如期开幕。东北大学秦皇岛分校副校长王雷震教授代表承办方致辞，他指出在"大众创业、万众创新"的时代背景下，首届创业者精神论坛在如火如荼的"双创"背景下成功召开具有非凡的时代意义，创新创业是没有规则、没有模式的，支撑创业者走到最后的一定不是方法而是精神。接着主办单位代表、中国社会科学院博士生导师王国成教授和协办单位代表山西省科技创新大平台孙俊科主任分别致辞，开幕式由东北大学秦皇岛分校管理学院院长苏锋教授主持。

在论坛主旨演讲部分，我国创新创业教育的开拓者、中国青年政治干部学院博士生导师李家华教授、南开大学滨海学院张仁江博士、著名天使投资学者、中国管理现代化研究会风险投资专委会执行秘书长王佳妮博士从各自研究和实践角度对创业者精神和教育者责任分别做分享演讲。李家华教授第一次给出了"创业者精神是创业者在实践体验基础上凝练形成的主观认同和文化价值"的定义，并对创业者精神培育的理论意义和实践价值做了独特分析和讲述。张仁江博士从学术层面对创业者精神的内涵及语义的演变做出辨析。王佳妮博士从天使投资人的视角对创业者精神做出独特解读。

论坛共分为"创业者精神：内涵、场景与语义辨析""创业者精神与大学教育者的责任""创业者精神与社会教育者的责任""创业故事分享会（主题：我的创业人生）"4个板块进行。每个板块都做了专题讨论，分别由张仁江博士、李家华教授、中国实践教育联盟执行秘书长王维以及汉生农业董事长徐湘煦主持。参与讨论的嘉宾有吴长明、何彩章、尚鹏博、杨保、张星、王立朋、张菁、于雪松、马琰琳、曹红志、马力、何晋喜、张立克、关耀渠、卢帅、陈娟、韦金红、孙德杰等。大家分别就"创业者精神与职业经理人、音乐家、教师、投资人等各种职业的关系""创业者精神与大学生精神动力""大学对学生的培养目标设置""社会教育机构的目标与创业者精神教育""孵化器、投资人实际承担的教育职责""创业导师的作用与责任""创业者的孤独感和挫败感""创业者最感动的事儿""创业者的精神支柱"和"女性创业者（家庭与企业的博弈）"等论题进行了全面细致的探讨，整个论坛新意频出，掌声不断，气氛轻松，交流活跃。

17时许，数十名东北大学秦皇岛分校学子，在老师的带领下高声朗诵《创业者宣言》，首届创业者精神论坛在激情高亢的朗诵声中落下帷幕。

来自学生的反馈

论坛结束后的第二周，一个同学到办公室来谈《创业者宣言》朗读视频录制的事情。我借机即兴采访了这位同学。

罗国锋：在论坛过程中听了很多嘉宾的分享，对你触动最大的话，或者说你认为对你来说最有价值的是哪一句？

大学生：我印象比较深的有张老师说的：做一件事情是从自己的兴趣爱好开始，最后变成了自己的一种责任，然后坚持到现在，成为一种使命感，这种使命感促使自己继续坚持下去做这件事情。我觉得这句话对我的影响很深。我刚又想到了另外一句，交流会刚开始的时候，有一位专家说过，对于大学生来说，创业这方面最主要是你要知道这个行业需要什么，然后是现在的自己有哪方面的优势，而不是盲目地觉得创业非常好就去创业，应该找准这个行业和自己的方向，坚持到底，在低谷期的时候也要坚持到底，不要轻易放弃。

罗国锋：你还听了其他哪些场次呢？

大学生：王佳妮老师讲天使投资人的那个，我有听过。

罗国锋：那么佳妮老师的分享对你来说，你觉得哪一些内容最受用？

大学生：我觉得印象比较深的是佳妮老师说，每个创业者都会经历一段他们称为"死亡谷"的时期，那个时候没有资金，也没有任何其他的项目投入，你在那个时候更要坚持下去，而且是你要看准那个时机，包括对于天使投资人来说，在那个时候，应该是他会觉得那些谈吐比较不凡，比较有自己的气场，知道自己方向的人才会更容易得到天使投资人的青睐。

罗国锋：那么假定，如果你不去创业——这个创业是狭义的——创建一个新企业，你觉得创业者精神是不是会有一些对事业成功的帮助？

大学生：我觉得有。比方说，不管你做什么事情，不一定要创业，但都要有那种坚持到底、永不服输的精神，而且我觉得不管在哪个行业，都会经历一段很迷茫也没有什么收益的时候，在这个时候更应该找准自己的方向，而且就像刚才说的，我们要认清楚这个行业或者说现在这个潮流所需要什么，然后自己也不断地成长改进。

罗国锋：好，除了刚才说永不服输、永不言弃这些内容之外，你觉得创业者精神，它还包括哪些方面？

大学生：还包括勇于发现自己身上那种不安分的因子，所有的创业者好像刚开始都是从那种很安稳的生活中，发现自己身上那种不安分因子之后，才勇于去探索的，我觉得还有一个就是要勇敢去探索这方面，不要安于现状。

罗国锋：好，《创业者宣言》你参与朗诵了吗？

大学生：我参与朗诵了。

罗国锋：朗诵的时候有什么感受？

大学生：朗诵的时候，觉得能感觉到吴长明老师写的字句里面很骄傲的感觉，"我是创业者，我们为创而生"，说出来的是创业者那种很骄傲的感觉。

罗国锋：青春版《创业者宣言》朗诵起来，同学们感觉怎么样？读起来有难度吗，是不是足够顺畅？

大学生：读起来还挺顺畅，就是有些还是那种很骄傲的感觉，我们为创而生，铮铮铁骨，挺起民族的脊梁这样子，对于我来说，可能觉得这首诗读起来就是偏向自己很骄傲、自己是创业者的那种感觉。

罗国锋：所以整体来看，还是能接受是吧？

大学生：能接受。

罗国锋：如果在一些活动场所，比如说开一些创业方面的活动，在讨论会做宣言的话，大家能够接受，也没那么矫情是吗？

大学生：对，而且一说出来，就是那种充满希望、充满自豪的感觉，一上台就觉得很好，自己也有那种感觉。

罗国锋：好，今天谢谢你过来，接受我做的这个即兴采访。